Institut für ausländisches öffentliches Recht
und Völkerrecht

Beiträge
zum
ausländischen öffentlichen Recht und Völkerrecht

Herausgegeben in Gemeinschaft mit

Friedrich Glum, Ludwig Kaas, Erich Kaufmann, Ernst Schmitz, Rudolf Smend, Heinrich Triepel

von

Viktor Bruns

Heft 15

Berlin und Leipzig 1932

Walter de Gruyter & Co.

vormals G. J. Göschen'sche Verlagshandlung — J. Guttentag, Verlagsbuchhandlung
Georg Reimer — Karl J. Trübner — Veit & Comp.

Die
Verfassungswandlung

Von

Dr. iur. Hsü Dau-Lin

Berlin und Leipzig 1932

Walter de Gruyter & Co.

vormals G. J. Göschen'sche Verlagshandlung — J. Guttentag, Verlagsbuchhandlung
Georg Reimer — Karl J. Trübner — Veit & Comp.

Archiv-Nr. 24 05 32.

Druck von Ferdinand Berger in Horn.

Meinem Lehrer
Herrn Prof. D. Dr. R. Smend
in größter Verehrung

Vorwort.

Ausgehend von einem grundlegenden Lehrsatz der konfuzianischen Staats- und Rechtsphilosophie, daß es regierende Menschen, aber kein regierendes Recht (Gesetz) gebe,[1]) hegte ich am Anfang meiner Studien in der abendländischen Jurisprudenz immer ein gewisses Mißtrauen gegen das positive Rechtssystem. Als ich einmal das Problem der Verfassungswandlung bei Jellinek angedeutet fand,[2]) stand ich diesem gleich sehr interessiert — und nicht ohne eine gewisse Sympathie — gegenüber: wenn selbst die Verfassung, das höchste Gesetz jeder Rechtsordnung, in Frage gestellt werden kann und in Frage gestellt wird, was ist der Wert der tausend geschriebenen Paragraphen?

Als ich dem Problem etwas nachgegangen war — zuerst durch die deutsche und dann durch die „ausländische" Literatur —, sah ich mich bald inmitten einer bunten Fülle eigenwertiger Probleme, die im wesentlichen um die verfassungsrechtliche Disziplin zentriert sind, die aber mit meiner ursprünglichen Fragestellung nur noch in einem mittelbaren Zusammenhang stehen. Aus diesen Studien ist die vorliegende Arbeit entstanden, die einen bescheidenen Versuch in doppelter Hinsicht darstellt: einmal, die in der Literatur angedeuteten Probleme zu verstehen, sodann diese auch zu lösen. Welches nun am Ergebnis dieser Arbeit der chinesische Anteil ist, vermag ich selbst nicht mehr zu beurteilen.

---

[1]) Vgl. darüber etwa Leang Ki Tschao, La conception de la loi et les théories des légistes à la veille des Tsin (französische Übersetzung J. Escarra et R. Germain), Pékin, 1926.
[2]) Allgemeine Staatslehre, 3. Aufl. Berlin, 1914 (neuer Abdruck, 1922), S. 537.

Wenn ich im Laufe der Arbeit oft an deutsche Vertreter der verfassungsrechtlichen Disziplin, besonders die der Vorkriegspublizistik, recht polemisch herantrete, so liegt das lediglich an der Materie meiner Behandlung. Ich bin mir wohl bewußt, was ich der deutschen Rechtswissenschaft, von der aus ich doch erst einen Einblick in das westliche geisteswissenschaftliche Denken gewinnen konnte, zu verdanken und wie ich sie zu schätzen habe.

Berlin, im August 1931.

Hsü Dau-Lin

Inhaltsübersicht.

Vorwort 7
Inhaltsübersicht 9
Einleitung 13

Erster Teil. Begriff und Arten der Verfassungswandlung.

Allgemeines und Übersicht 17

Verfassungswandlung bedeutet eine Inkongruenz zwischen Verfassungsnormen und Verfassungswirklichkeit (S. 17). Das Problem der Verfassungswandlung ist besonders bedeutungsvoll bei den „starren" Verfassungen (S. 18). — Die vier Arten der Verfassungswandlung (S. 19). Ein Schema (S. 20).

I. Verfassungswandlung durch eine formal die Verfassung nicht verletzende Verfassungspraxis (S. 21). Die kaiserliche Initiative (S. 22). Stellvertretende Bevollmächtigte zum Bundesrat (S. 23). Stellvertretung des Reichskanzlers (S. 24). Die „parliamentary committees" in den Vereinigten Staaten (S. 24).

II. Verfassungswandlung durch die Unmöglichkeit der Ausübung verfassungsgesetzlich statuierter Machtbefugnisse (S. 25). Das Auflösungsrecht des Präsidenten der französischen Republik (S. 26). Staatsrechtliche Ministerverantwortlichkeit (S. 27). Das Recht des Präsidenten der französischen Republik auf die Wiederwahl (S. 29).

III. Verfassungswandlung durch eine verfassungswidrige Praxis (S. 29). Das Reichsbahngesetz (S. 30). Das Gesetz über die Befriedung des Reichstags- und der Landtagsgebäude (S. 31). Das Begnadigungsrecht des Reichspräsidenten, Art. 49 RV. (S. 31). Franckenstein'sche Klausel (S. 32). Bevollmächtigte der Länder zu den Sitzungen des Reichstags und §§ 96, 97 der GO. des Reichstags (S. 33). Die Permanenz des Reichsrates (S. 33). Die Permanenz des Bundesrates (S. 34).

IV. Verfassungswandlung durch die Interpretation der Verfassung (S. 35). Das Abolitionsrecht des Großherzogs von Baden (S. 36). Der Gleichheitssatz in der preußischen Verfassung (S. 36). Die Bedeutung der „Verordnung" im Art. 10 des Österreichischen Staatsgrundgesetzes von 1867 (S. 37). Die „legal tender cases" (S. 38).

Verfassungslücken und Verfassungswandlung 39

Das Problem von Rechts- und Gesetzeslücken (S. 39). Das Mißverhältnis von Bedeutung und Behandlung des Problems (S. 40). Der Unterschied von echten und technischen Rechtsnormen ist hier übersehen worden (S. 43). Das „Recht" hat keine Lücken (S. 44). Der „Lückenmaßstab" (S. 45).

Das Problem von den Verfassungslücken (S. 46). Die Unterscheidung von öffentlichem und Privatrecht (S. 46). Die bisherige Literatur verkennt das Wesen der Verfassung (S. 47).

Die Verfassung ist keine Kodifikation zur „vollständigen" Regelung einzelner Staatsrechtsverhältnisse (S. 48). Verfassungswesentliche und verfassungsindifferente Verfassungsrechtsnormen (S. 49). Geschlossenheit (Sinnsystemhaftigkeit) statt Vollständigkeit (Ausdrücklichkeit) der Verfassung (S. 52). Die Schulbeispiele der Verfassungslücken (S. 53). Es sind zwei verschiedene Fragegruppen (S. 54). Die Frage nach den Verfassungslücken ist die natürliche Verzweiflung des verfassungstheoretischen Formalismus (S. 56).

Das Verhältnis von Verfassungslücken und Verfassungswandlung (S. 57). Bei Verfassungswandlung handelt es sich nicht um Verfassungslücken (S. 58).

Das Obsolet-Werden von Rechtssätze und die Verfassungswandlung — 59

Ein Rechtssatz kann obsolet werden (S. 59). Das wandelbare Wesen des Rechts (S. 60). Der formaljuristische und der rechtsphilosophische Geltungsbegriff (S. 60). Die Frage der Sozialgeltung in der normlogischen Schule (S. 61). Die Obsolet-Werdung eines Rechtssatzes (S. 67). Die Positivsten (S. 63). Die Gründe für die Beibehaltung der „Formalexistenz" eines obsolet gewordenen Rechtssatzes (S. 66). Ein obsolet gewordener Verfassungsrechtssatz führt zu Verfassungswandlung (S. 66).

Die „materielle" Verfassungsänderung und die Verfassungswandlung — 67

Das Problem der materiellen Verfassungsänderung (S. 67). Die verschiedene Behandlung des Problems in der Vorkriegs- und der Nachkriegszeit (S. 68).

Die drei Arten der materiellen Verfassungsänderung (S. 70). Die kenntlich gemachte materielle Verfassungsänderung (S. 71). Die nicht kenntlich gemachte materielle Verfassungsänderung (S. 73). Die zufällige materielle Verfassungsänderung (S. 77).

Verfassungsinterpretation und Verfassungswandlung — 79

Das Problem der Verfassungsinterpretation (S. 79). Nicht die Gesetzesinterpretation überhaupt (S. 80). Auch nicht die „authentische" Interpretation (S. 81).

Das Problem der Verfassungsinterpretation in den Vereinigten Staaten (S. 81). — Die drei Bedingtheiten dieser Problemlage (S. 82). Die Rolle der Supreme Court für die Verfassungsinterpretation (S. 85). Die „attacks" auf die judicial review (S. 85). Chief Justice John Marshall (S. 86). Die Rechtsprechung der Supreme Court (S. 86). Die „Doktrinen" Marshalls (S. 88). „Lose construction" und „strict interpretation" (S. 89). Die Lehre von den „implied powers" (S. 90). Diese Interpretationsmethode in der Praxis (S. 91). In der Wissenschaft (S. 93). Die unproblematische Haltung der amerikanischen Verfassungsrechtstheorie (S. 95). Diese spezifisch amerikanische Eigentümlichkeit darf nicht verallgemeinert werden (S. 95).

Zweiter Teil. Verfassungswandlung als Rechts- und als Verfassungsproblem.

Die Problematik der Verfassungswandlung — 97

Die Stellung des Problems bei Laband (S. 97). Bei Jellinek (S. 99). In der bisherigen Literatur (S. 99). Die Verkennung der wahren Problemlage (S. 100).

Verfassungswandlung und Gewohnheitsrecht 101

Gewohnheitsrechtliche Erklärung der Verfassungswandlung (S. 101). Die Theorie des Gewohnheitsrechts (S. 101). Sie ist keine deutsche Spezialität (S. 102).

Ein Überblick über die Entwicklung der Gewohnheitsrechtstheorie (S. 102). 1. Die Romantik (S. 102). 2. Die modifizierte romantische Theorie (S. 103). 3. Die positivistische Theorie (S. 103) 4. Die soziologische Theorie (S. 104). 5. Die Richterrechtstheorie (S. 104). — Kritik (S. 105).

Das Problem des Gewohnheitsrechts im Verfassungsrecht (S. 106). 1. Die „Gestattungstheorie" (S. 106). 2. Die Theorie der derogatorischen Kraft des Gewohnheitsrechts (S. 107). 3. Die vermittelnde Theorie (S. 108). 4. Die Leugnung des Gewohnheitsrechts im Vrfassungsrecht (S. 109). — Kritik dieser Theorien (S. 109).

Die Lehre vom Gewohnheitsrecht ist zur Erklärung des Problems der Verfassungswandlung unbrauchbar (S. 112). Die formaljuristische Denkweise in solchen Erklärungsversuchen (S. 114).

Die Lehre von der normativen Kraft des Faktischen (S. 115). Die Unhaltbarkeit dieser Lehre (S. 116). Ihre beschränkte Anwendbarkeit bei technischen Rechtsnormen (S. 118). Aber zur Erklärung des Problems der Verfassungswandlung ist auch diese Lehre unzulänglich (S. 119).

Verfassungswandlung und Konventionalregeln 120

Hatschek erklärt das Problem der Verfassungswandlung mit dem Begriff der Konventionalregel (S. 120). Die Notwendigkeit der Betrachtung der conventions of the constitution in der englischen Verfassungsrechtstheorie (S. 120).

Die drei Eigentümlichkeiten des englischen Verfassungsrechts (S. 121). 1. Die Rechtsauffassung (S. 122). 2. Die Funktion der Gerichte bei der Rechtsbildung (S. 123). 3. Die „sovereignity of the Parliament" (S. 124). Die Unterscheidung von law of the constitution und conventions of the constititution (S. 124). Die Elastizität der conventions of the constitution (S. 126). Die Lehre von den conventions of the constitution ist nur für das englische Verfassungsrecht brauchbar (S. 128).

Die Lehre von den usages of the constitution in den Vereinigten Staaten (S. 131). Im Vergleich zu den conventions of the constitution (S. 132). Beispiele (S. 133). Ihre Elastizität (S. 135).

Die Lehre von den Konventionalregeln bei Hatschek (S. 135). Ihre Orientierung an der englischen Theorie (S. 138). Die Unzulänglichkeit dieser Theorie (S. 138). Die Polemik bei Tezner (S. 139). Die Unterscheidung von Rechtsregeln und Konventionalregeln bei Redslob (S. 140).

Mit keiner dieser Theorien kann das Problem der Verfassungswandlung gelöst werden (S. 141).

Verfassungswandlung als Verfassungsverletzung 143

Die Deutung der Verfassungswandlung als Rechtsverletzung bei Hildesheimer (S. 143). Die Leugnung des Problems in der normlogischen Schule (S. 144).

Die positivistische französische Verfassungsrechtstheorie (S. 145). M. Hauriou (S. 145). Die völlig unproblematische Haltung gegenüber dem Problem (S. 146). Sie ist bedingt 1. durch die Eigenart der französischen Verfassungsgesetze (S. 147). 2. Durch die allgemeine Rechtsauffassung (S. 148).

Mit der positivistischen Betrachtungsweise kann unser Problem geleugnet, aber nicht erklärt werden (S. 150).

Verfassungswandlung als Verfassungsproblem 152

I. Die Sonderstellung unseres Problems in der allgemeinen Rechtsquellentheorie (S. 152). Die Verfassungswandlung ist das natürliche Ergebnis des eigentümlichen Verhältnisses von Staat und Verfassung (S. 153). Hatschek (S. 153).

II. Das Wesen der Verfassung als Gesetzeswerk und ihre Sonderstellung gegenüber anderen Rechtsgebieten (S. 154). 1. Die Unvollständigkeit der Verfassungsrechtssätze (S. 155). 2. Der Selbstzweck des Staates (S. 156). 3. Die Selbstgarantie der Verfassung (S. 157).

III. Das Wesen der Verfassungswandlung (S. 158). 1. Die Verfassungswandlung als das Ergebnis aus der Lebenswirklichkeit des Staates (S. 158). Verfassungsänderung und Verfassungswandlung (S. 160). 2. Verfassungswandlung als Ergebnis der dreifachen Sonderstellung der Verfassung (S. 161). 3. Begriff des Werteinmaligen im Verfassungsrecht und die Deutung der Verfassungswandlung als Recht (S. 164). Radnitzky (S. 164). Bilfinger (S. 165).

IV. Die Doppelnatur des Verfassungswandlungsbegriffs (S. 167) 1. Sie ergibt sich aus der Doppelnatur der Verfassung (S. 167). 2. Über die materielle Verfassungswandlung insbesondere (S. 169). Art. 54 der Weimarer Verfassung (S. 170). Art. 137 (S. 171). 3. Das Verhältnis der beiden Arten der Verfassungswandlung (S. 172). 4. Normergänzende und systemwiderstrebende Verfassungswandlung (S. 173). Die Lehre von der Verfassungswandlung bei Smend (S. 173).

V. Einige Grenzprobleme der Verfassungswandlung (S. 175). 1. Grenzen der Verfassungswandlung (S. 175). Insbesondere im Verfassungssystem (S. 176). 2. Verfassungswandlung und Staatsform (S. 176). Unklarheit des Begriffs der Staatsform (S. 177). 3. Revolution als Grenzfall der Verfassungswandlung (S. 178). 4. Verfassungswandlung als ein Problem des Bundesstaatsrechts (S. 180). 5. Die politischen Verfassungstheorien (S. 181). Lassalle (S. 181). E. Kaufmann (S. 182).

Einleitung.

Bezeichnend für jede Betrachtungsweise eines Gegenstandes ist die Problemstellung, in der er die jeweilige Zeit beschäftigt. Mehr aber als die Art der Beantwortung vermittelt uns besonders die Art der Fragestellung die allgemeinen und Wertvorstellungen, die eine Zeit an den in Frage stehenden Gegenstand anknüpft[1]).

Überblicken wir die Geschichte der geschriebenen Verfassung und des Verfassungsrechts, so fällt uns neben der Verschiedenheit, mit der eine und dieselbe Frage praktisch gelöst wird, die Mannigfaltigkeit der Art der Fragestellung auf: im Mittelalter wurde viel darum gekämpft, obrigkeitliche Konzessionen etwa als „subjektive Rechte" in einer Urkunde — meist mit pathetisch-feierlichen Worten — zu fixieren (so in der Magna Charta von 1215, aber auch noch in den Habeas-Corpus acts von 1679 und in der Bill of Rights von 1688); um Ende des 18. und im Anfang des 19. Jahrhunderts bemühte man sich mit viel Energie und Pathos, geschriebene Verfassungen nach allen Richtungen hin zu stabilisieren (man denke an die in Frankreich vorgeschlagene „absolute Unabänderbarkeit" der Verfassung) und in der Mitte des 19. Jahrhunderts war das politische Europa fast ausschließlich von den sogenannten „Verfassungskämpfen" erfüllt. Seit dem Ausgang des vorigen Jahrhunderts aber wendet man sich vorwiegend Fragen zu, die geeignet sind, den „romantischen Glauben" an die „mystische Kraft der Verfassung" zu zerstören und zu untergraben: Fragen nach Möglichkeit und Art, wie eine Verfassung „abgeändert" wird und wie sie sich „wandeln" kann, Fragen nach der Verfassungsänderung und der Verfassungswandlung.

Bei dem Problem der Verfassungsänderung wird die Möglichkeit, daß eine Verfassung mit den tatsächlichen staatlichen Le-

---

[1]) „Es steht nicht nur das einzelne Problem, sondern auch die Wichtigkeit eines jeden Problems im Fluß der Zeit" (M. E. Mayer, Rechtsphilosophie, 2. Aufl. Berlin, 1926, S. 5).

bensbedürfnissen in eine Spannungslage kommen kann, nicht ängstlich ignoriert, sondern kalt und ruhig in Erwägung gezogen. Die Problematik des Gegenstandes liegt in der Auffindung einer optimalen Versöhnungsmethode zwischen der Stabilität und der Elastizität der Verfassung. In der jüngeren Zeit ist dagegen das Problem mehr auf die Frage nach der Grenze der Verfassungsänderung verschoben worden.

Das Problem der Verfassungswandlung ist einer spezifisch formalistischen Betrachtungsweise entsprungen. Denn für L a b a n d, der das Problem als erster gestellt hat, und J e l l i n e k, der es als erster theoretisch behandelte, bedeutete die Verfassungswandlung eben nicht mehr und nicht weniger als eine „Änderung des Verfassungsrechtszustandes ohne Änderung des Textes der Verfassung". Als typische Beispiele galten besonders die kaiserliche Initiative und die Stellvertretung des Reichskanzlers.

Das Problematische an der Verfassungswandlung war danach, da es sich hier um einen Gegensatz zwischen den geschriebenen Rechtsnormen und dem tatsächlichen Rechtszustand handelte, die rechtliche Betrachtung der gewandelten Rechtslage. Aber während L a b a n d und J e l l i n e k das Problem nur mehr literarisch als juristisch behandelten, (denn es handelt sich bei beiden nicht darum, eine Theorie aufzustellen, vgl. weiter unten S. 20, 25, 97 ff.), verkannten fast alle Schriftsteller der Vorkriegspublizistik die wahre Problemlage und kamen mit ihren Theorien immer weniger zum Ergebnis (vgl. hierüber weiter unten S. 99, 152 f.), und mit dem Wachstum der Lösungsversuche stieg die Problematik selbst: die Verfassungswandlung wird bald als Rechtsbildung, etwa als Gewohnheitsrecht, als nachgiebiges Recht oder als dispositives Recht erklärt, bald als die Folge einfacher, den Rechtsnormen unterwertiger Konventionalnormen, oder endlich als nichts anderes als bloße Tatsachen, die juristisch nicht erfaßbar sind, als unverhüllte Rechtsbrüche.

Dieser bunten Kontroverse in der deutschen Literatur steht nun eine völlig unproblematische Haltung des Auslandes gegenüber: weder in Frankreich, noch in den Vereinigten Staaten, noch in der Schweiz ist ein Problem der „Verfassungswandlung" gestellt und behandelt worden.

Freilich geht das zum Teil darauf zurück, daß die ausländische Jurisprudenz sich überhaupt weniger mit theoretischen

Fragen beschäftigt, als die deutsche, im vorliegenden Fall aber ist der Grund auch der, daß die ausländische Verfassungsrechtstheorie, dank ihrer „vorkritischen Naivität des Denkens"[1]) den Sinn und das Wesen der Verfassung besser erfaßt und daher ohne Schwierigkeit über die bei ihnen praktischen Verfassungsfragen Herr werden kann, während das formal-juristische Denken der deutschen Vorkriegspublizistik durch die eisernen Wände der geschriebenen Paragraphen jedes tiefere Verständnis für das wirkliche lebendige Verfassungsrecht versperrt und damit eine methodische Erfassung des Problems notwendigerweise ganz unmöglich gemacht hat.

Aber nichtsdestoweniger bedeutet das gezeigte Problem eine in hohem Maße glückliche und bedeutungsvolle Fragestellung für die Verfassungsrechtstheorie. Denn es handelt sich bei ihr in Wahrheit um das Geltungsproblem im Verfassungsrecht überhaupt und gerade hierin zeigt sich besonders deutlich die Eigentümlichkeit der Verfassung und des Verfassungsrechts, seine Sonderstellung gegenüber anderen Teilen der Rechtsordnung.

Somit ist der vorliegenden Arbeit, die sich mit dem Problem der Verfassungswandlung befaßt, eine doppelte Aufgabe gestellt: einmal das Problem in seiner historischen Gestalt und seine bisherigen Lösungsversuche zu betrachten und ihre Unzulänglichkeiten aufzuzeigen, sodann, das Problem in dem eben angedeuteten verfassungstheoretischen Sinnzusammenhang zu verstehen und zu würdigen.

Die Arbeit behandelt in ihrem ersten Teil den Begriff und die Arten der Verfassungswandlung, wobei ihre historischen Beispiele gezeigt werden, und ihre Teilprobleme, d. h. Probleme, die sich vorwiegend an eine bestimmte Art der Verfassungswandlung anknüpfen. Im zweiten Teil folgen dann die Auseinandersetzung mit den bisherigen Theorien der Verfassungswandlung und der Versuch einer neuen Betrachtung und Würdigung des Problems. Ausländische Verfassungsrechtstheorien, die für ein richtiges Verstehen unseres Problems unentbehrlich sind, werden an einzelnen, ihnen verfassungstheoretisch zukommenden Stellen behandelt. So sollen die amerikanische Verfassungsrechtstheorie in dem

---

[1]) R. Smend, Verfassung und Verfassungsrecht, München und Leipzig 1928, S. 138.

Kapitel über Verfassungsinterpretation und Verfassungswandlung, die englische in dem über Verfassungswandlung und Konventionalregeln und die französische in dem über Verfassungwandlung als Verfassungsverletzung — natürlich immer nur in ihrer allgemeinen Denkweise und ihren spezifischen Ausstrahlungen — kurz angedeutet werden.

Erster Teil.
Begriff und Arten der Verfassungswandlung.
Allgemeines und Übersicht.

Verfassungswandlung, von der in der deutschen Literatur vielfach gesprochen wird, ist ein noch ungeklärter Begriff. Laband, der der Schöpfer dieses Ausdrucks war (Wandlungen der deutschen Reichsverfassung, Dresden 1895), hat eine nähere Begriffsbestimmung nicht gegeben. Jellinek, durch den er erst allmählich den weiteren Zugang in die Literatur gefunden hat, bezeichnete mit ihm „jene Änderung der Verfassung, die die Texte (i. e. der Verfassung) unverändert bestehen läßt und durch Tatsachen hervorgerufen wird, die nicht von der Absicht oder dem Bewußtsein einer solchen Änderung begleitet werden müssen" (Verfassungsänderung und Verfassungswandlung, Berlin 1906, S. 3). Das ist also eine vorwiegend formalistische Betrachtungsweise. Die neue Staatsrechtslehre, in der die Verfassungswandlung ein geläufiger Begriff geworden ist, bezeichnet damit hauptsächlich die Wert- und Akzentverschiebung der betroffenen Rechtsnormen oder Institutionen.

Der Gedanke von der Verfassungswandlung, wenn er auch erst durch die Jellineksche Monographie geläufig wurde, geht in Wirklichkeit auf Laband zurück. Das ist in der Literatur vielfach übersehen worden.

Um eine Begriffsbestimmung zu geben, die den verschiedenartigen, allgemein als „Verfassungswandlung" bezeichneten Fällen ungefähr in gleicher Weise entspricht, kann man vielleicht Verfassungswandlung als eine Inkongruenz definieren, die zwischen den Verfassungsrechtsnormen einerseits und der Verfassungswirklichkeit anderseits besteht.

Die Schriftsteller über das Problem der Verfassungswandlung verbinden mit dieser Bezeichnung fast immer eine bestimmte, ihnen eigene Vorstellung: bei Laband ist z. B. die politische Notwendigkeit (vgl. Die geschichtliche Entwicklung der Reichsverfassung, im Jahrbuch des öffentl. Rechts (JöR.), Bd. I, 1907, S. 2), bei Jellinek die mangelnde Bewußtheit der Abänderungswirkung der Hauptgesichtspunkt ihrer Darstellung (vgl. Verfassungsänderung, S. 3).

Die Bedeutung dieses Problems ergibt sich aus der Natur und Intention der geschriebenen Verfassung. Denn im Falle einer Verfassungswandlung wird die Verfassung als solche in ihrer grundlegenden Bedeutung in Frage gestellt: hier werden Normen, die das staatliche Leben in seiner Totalität umfassen sollen und die in höherem Maße als gewöhnliche Gesetze zu gelten heischen, zu toten leeren Buchstaben reduziert. Denn die Wirklichkeit, für die doch diese Normen existieren, coinzidiert mit ihnen nicht mehr. Es herrscht eine Spannung zwischen der geschriebenen Verfassung und dem tatsächlichen Verfassungszustand.

Das Problem der Verfassungswandlung hat aber seine besondere Bedeutung für einen bestimmten Verfassungstypus: für die Verfassung mit erschwerter Abänderungsmöglichkeit (sog. starre formelle Verfassung). Denn in einem Land ohne geschriebene Verfassung ist das tatsächliche Staatsleben seine „Verfassung" selbst,[1]) die Verfassung ist der konkrete Gesamtzustand politischer Einheit und sozialer Ordnung, eine Spannung zwischen dem tatsächlichen Verfassungsrecht und formellen „Verfassungsrechtssätzen" daher nicht möglich. Bei einer biegsamen formellen Verfassung, — Verfassung, die auf dem gewöhnlichen Gesetzgebungsweg abgeändert werden kann —, ist die Legislatur, in der der jeweilige Impuls der staatlichen Lebenswirklichkeit sich manifestiert, zugleich Abänderungsinstanz bestehender Verfassungsrechtssätze: zu einer nennenswerten Spannungslage zwischen der geschriebenen Verfassung und dem tatsächlichen Verfassungszustand wird sie es also kaum kommen lassen. Hier aber, wo einerseits eine gesteigerte Stabilität der Verfassung verbürgt wird, wo andererseits die Möglichkeit einer Abänderung der Verfassung doch immer besteht, wird die Erscheinung, daß die Verfassungsrechtsnormen und die Verfassungswirklichkeit dennoch in eine Inkongruenz, in eine Spannungslage kommen können, besonders problematisch: sollte man doch meinen, daß die Möglichkeit einer Verfassungsänderung die einer Verfassungswandlung ausschließen müsse.[2])

---

[1]) Vgl. etwa S. Spier, Das Problem der Verfassungsänderung (Marburger Dissertation), Cassel, 1911, S. 55.

[2]) So z. B. auch W. Hildesheimer, Über die Revision modernen Staatsverfassungen, Tübingen, 1918, S. 14.

Diese begrenzte Problemstellung bedingt zugleich eine Begrenzung für die theoretischen Untersuchungen. Denn diese sind an die Existenz der starren Verfassung gebunden. Untersuchungen in den geschichtlichen oder sonstigen Quellen weiter darüber hinaus würden entweder auf eine Aufzählung rechtstheoretischer Dogmen über die Geltung des geschriebenen Rechts hinauskommen, oder auf eine ideengeschichtliche Verfolgung des Gegensatzes von Lebenswirklichkeit und Sinnordnung überhaupt.

Nach Hatschek, Das Parlamentsrecht des Deutschen Reichs, Berlin und Leipzig, 1915, S. 15, ist das Problem der Verfassungswandlung schon bei Aristoteles, Politik, V 3 angedeutet worden, wo davon gesprochen wird, daß der Verfassungswechsel oft in kleinen Übergängen vor sich geht. Das ist nicht ganz richtig. Für Aristoteles ist „Verfassung" vorwiegend Staatsform, vgl. z. B. Politik, IV 14, III 6; uns interessiert aber nur der Rechtssatz einer geschriebenen Verfassung. Aus demselben Grund können aus der aristotelischen Polemik gegen die platonische Lehre von der Umwandlung der Verfassungen, Politik V 12, auch keine Konsequenzen für unsere Erörterung gezogen werden.

Ist das Problem der Verfassungswandlung ein Problem des Verhältnisses zwischen der geschriebenen Verfassung und dem tatsächlichen Verfassungszustand, also zwischen Normen und Wirklichkeit auf dem Gebiet des Verfassungsrechts, — Verfassungswandlung ist das inkorrekte Verhältnis beider —, so können vier Arten der Verfassungswandlung unterschieden werden:

1. Verfassungswandlung durch eine formal die Verfassung nicht verletzende Staatspraxis.

2. Verfassungswandlung durch die Unmöglichkeit der Ausübung gewisser verfassungsgesetzlich statuierter Rechte.

3. Verfassungswandlung durch eine der Verfassung widersprechende Staatspraxis.

4. Verfassungswandlung durch Verfassungsinterpretation.

Wir können folgendermaßen schematisieren:

Das Verhältnis zwischen Norm und Wirklichkeit: Verfassungsrecht und Verfassungsrechtsgeltung					
Kongruenz von Norm und Wirklichkeit: Verfassungsrechtsgeltung		Inkongruenz von Norm und Wirklichkeit: Verfassungswandlung			
Wirklichkeit folgt der Norm: normale Verfassungsrechtsgeltung	Norm folgt der Wirklichkeit: Verfassungsänderung	Wirklichkeit ohne Norm: formell die Verfassung nicht verletzende Praxis	Norm ohne Wirklichkeit: Unmöglichkeit der Ausübung normenmäßig statuierter Rechte	Norm mit Wirklichkeit: Inkorrektes Verhältnis beider	
				Wirklichkeit widerspricht der Norm: Verfassungwidersprechende Praxis	Wirklichkeit biegt die Norm deutet sie um: Interpretationswandel

Hiermit wird eine Systematisierung der Verfassungswandlungsarten unternommen. An eine bereits bestehende Gruppierung läßt sie sich leider nicht anlehnen, da jeder Schriftsteller nach seiner eigenen Begriffsbildung und Voraussetzung sein Schema konstruiert: L a b a n d zählt z. B. in seiner Schrift Wandlungen der Reichsverfassung, 1895, nur unpragmatisch einzelne Fälle auf, etwa wie Stellung des Reichskanzlers, die kaiserliche Initiative, Franckensteinsche Klausel über Matrikularbeiträge usw. Selbst in seiner zweiten Arbeit: Die geschichtliche Entwicklung der Reichsverfassung seit Reichsgründung, 1907, unterließ er, eine Systematik zu verfolgen, und begnügte sich mit der einfachen Einteilung nach Gegenständen, die eine Wandlung erfahren haben: etwa Verhältnis des Reichs zu den Einzelstaaten, Bundesgebiet, Reichsangehörige, Kaiser, Bundesrat, Reichstag usw. J e l l i n e k (Verfassungsänderung und Verfassungswandlung, 1906) macht dem gegenüber einen bedeutenden Fortschritt: er unterscheidet zuerst Wandlung der Verfassung durch deren Interpretation von seiten des Parlaments, der Verwaltung und der Rechtsprechung, dann Wandlung durch politische Notwendigkeit, durch konstitutionelle Praxis, durch Nichtausübung staatlicher Befugnisse und durch Ausfüllung von Verfassungslücken usw. Jedoch zeigt sich beim näheren Zusehen, daß es auch ihm weniger darum zu tun war, eine juristische Systematik durchzuführen, als vielmehr eine anschauliche Lektüre politischen Inhalts zu liefern, vgl. z. B. seine Vorrede, S. VI.

H i l d e s h e i m e r (Über die Revision moderner Staatsverfassungen, Tübingen, 1918, S. 11 ff.) teilt Verfassungswandlung in zwei Arten ein: Verfassungswandlung durch das Gewohnheitsrecht und Verfassungswandlung durch Interpretation. Er lehnt sich also hier an B r y c e an, der die drei Wege der Fortbildung des amerikanischen Verfassungsrechts: amendment, usage, interpretation, geschildert hat, von denen er nun den einen (amendment) herausnimmt und die anderen beiden als Wandlungsarten verwertet. Daß diese auf amerikanische Verhältnisse gemünzte Theorie für allgemeine Betrachtung nicht ohne weiteres angewendet werden kann, werde ich noch zu zeigen haben (vgl. u. S. 95 ff).

Ferner behauptet Hildesheimer, daß auch Jellinek diese drei Wege der Verfassungsänderung genannt habe (Revision, S. 11 Note). Das ist eine Verzeichnung. Denn gleich auf der nächsten Seite spricht Jellinek von Verfassungsänderung „durch die Revolution" (Verfassungsänderung, S. 3). Wir werden noch oft Gelegenheit haben, darauf hinzuweisen, daß Jellinek eine strenge Systematik zu verfolgen niemals beabsichtigt hat.

Nach Smend gibt es drei Arten von Wandlung der Verfassung. Sie „kann außerhalb des Verfassungsrechts vor sich gehen, wenn sie auf dem Gebiet der von der Verfassung vorausgesetzten, wohl gar einkalkulierten, aber nicht geregelten gesellschaftlichen Spontaneitäten, der ‚extrakonstitutionellen' Kräfte liegt. Sie kann die Verfassung selbst betreffen, indem sie schrittweise das Rang- und Gewichtsverhältnis der verfassungsmäßigen Faktoren, Institute, Normen verschiebt. Sie kann geradezu einen neuen Faktor des Verfassungslebens einführen" (Verfassung und Verfassungsrecht, S. 137).

Die vier Arten der Verfassungswandlung sollen jetzt näher erläutert und an einigen historischen Beispielen gezeigt werden.

I. Eine Verfassungswandlung kann herbeigeführt werden durch eine Staatspraxis, die der geschriebenen Verfassung **formell** nicht widerspricht. Es ist hier nicht ein einzelner Verfassungsartikel mißachtet, oder einer bestimmten verfassungsgesetzlichen Vorschrift widersprochen worden, sondern es handelt sich um Rechtsverhältnisse, die noch durch **keine** Verfassungsbestimmungen geregelt worden sind. Die Spannung, die hier zu beobachten ist, besteht zwischen dem tatsächlichen und dem in der Verfassung vorgestellten Rechtszustand und nicht zwischen dem bestehenden und dem vorgeschriebenen. Das Sollen, zu dem hier das Sein in einem Widerspruch steht, ergibt sich nicht aus einem bestimmten Verfassungsartikel, sondern aus dem Zusammenhang mehrerer Verfassungsvorschriften oder aus der Gesamtintention des ganzen Verfassungswerks.

Freilich ist die Feststellung oft schwer, ob eine Verfassungspraxis, die nicht ohne weiteres verfassungsmäßig ist, unzweifelhaft gegen eine bestimmte Verfassungsvorschrift verstößt oder ob die Bedenklichkeit der betreffenden Praxis nur aus dem ganzen Verfassungswerk als einem einheitlichen Sinnsystem beurteilt werden kann. Daher ist es schwierig, die Wandlungsfälle, die den Verfassungsinhalt formell nicht berühren, gegen diejenigen abzugrenzen, die gewissen Verfassungsvorschriften widersprechen. Vielleicht können wir als Kriterium nehmen für die Fälle erster Art, daß sie eines Verfassungs z u s a t z e s bedurft hätten, für die der zweiten

Art, daß eine Verfassungs ä n d e r u n g angebracht wäre. Vgl. z. B. unten den Fall der kaiserlichen Initiative mit dem der Permanenz des Bundesrates.

1. Als Beispiel für Verfassungswandlung dieser Art kann auf die Kaiserliche Initiative im alten deutschen Reich verwiesen werden. Hier bestand der Bundesrat aus Vertretern der Mitglieder des Bundes, die allein als solche das Recht hatten, daselbst Vorschläge einzubringen. Der deutsche Kaiser als solcher war nicht Bundesglied, sondern Bundesglied war er nur als König von Preußen. Der Reichskanzler konnte daher nach dem Wortlaut der Reichsverfassung als solcher keinen Antrag einbringen. Tatsächlich wurde aber ein großer Teil der vom Präsidium (Preußen) ausgehenden Anträge im N a m e n d e s K a i s e r s durch den Reichskanzler an den Bundesrat gebracht, und zwar überwog die Zahl der Kaiserlichen Anträge bei weitem die der preußischen[1]). „Damit hat die Reichsverfassung eine bedeutende Änderung erfahren, ohne daß ihr Text einen Zusatz erhalten hätte" (L a b a n d).

L a b a n d, Wandlungen, S. 20; Geschichtliche Entwicklung, S. 17, vgl. Alb. H ä n e l, Studien zum deutsch. Staatsrecht, II, Leipzig 1880, S. 42; R. F i s c h e r, Recht des deutschen Kaisers, Berlin 1895, S. 149 ff.; H. R e h m, Unitarismus und Föderalismus in der deutschen Reichsverfassung, Dresden 1898, S. 17; K. B i n d i n g, Die rechtliche Stellung des Kaisers im heutigen deutschen Reich, Dresden 1898, S. 19; G. M e y e r, Lehrbuch des deutschen Staatsrechts, 6. Aufl., Leipzig 1905, S. 435 Note 11, hier die Zurückweisung der gegenteiligen Ansicht (S e y d e l); H. T r i e p e l, Unitarismus und Föderalismus im deutschen Reich, Tübingen 1907, S. 111; E. R o s e n t h a l, Die Reichsregierung (Festgabe für T h o n), Jena 1911, S. 407 f.; G. J e l l i n e k, Allg. Staatslehre, S. 537, hier weitere Zitate. — Nach K. B o r n h a k, Wandlungen der Reichsverfassung, im Archiv des öffentlichen Rechts (AöR), Bd. XXVI, 1910, verstößt die Praxis der kaiserlichen Initiative gegen Artt. 5, 17 aRV (S. 386), mir ist es nicht klar geworden, inwiefern diese Artikel dadurch betroffen werden. — Gegen die herrschende Meinung, daß hier wirklich eine „kaiserliche" Initiative vorliege: E. K a u f m a n n, Bismarcks Erbe in der Reichsverfassung, Berlin 1917, S. 55 ff.

2. Als zweites Beispiel möge das Institut der Stellvertreter der Bevollmächtigten zum Bundesrat dienen. Nach Art. 6 II der aRV konnte jedes Bundesmitglied soviel Bevollmächtigte ernennen wie es Stimmen hatte. Danach war die Zahl der Bevollmächtigten eine geschlossene, und nicht mehr als 58 Personen sollten Rechte und

---

[1]) Siehe die Statistik bis 1895 bei F i s c h e r, Recht des deutschen Kaisers, S. 150.

Pflichten haben, die die Reichsverfassung den Mitgliedern des Bundesrates beilegte.[1]) So bestimmte z. B. der Art. 8 III, daß die Auswahl eines Ausschusses für auswärtige Angelegenheiten aus bestimmten Bevollmächtigten zu erfolgen habe. Durch das Institut der stellvertretenden Bevollmächtigten aber kam diese Absicht nicht zur Erfüllung. Es wurden Stellvertreter ernannt, denen genau dieselben Rechte und Pflichten beigelegt wurden wie den ordentlichen Bevollmächtigten, sie waren de facto wirkliche „Bevollmächtigte" und gar keine „Vertreter" mehr. Damit eben der Wortlaut des Art. 6 formell nicht verletzt werde, unterließ man, die Zahl der Bevollmächtigten zu erweitern, und begnügte sich mit dem täuschenden Titel „Stellvertreter". Ob es politisch notwendig war, einen größeren Personenkreis mit den hohen Rechten und Pflichten zu versehen als die alte Reichsverfassung es vorgesehen hatte, und ob es zweckmäßig war, eine ausdrückliche Verfassungsänderung nach Art. 78 auf diese Weise zu umgehen, anstatt sie vorzunehmen, mag zunächst dahingestellt sein: wir stellen aber jedenfalls hier fest, daß der Verfassungszustand, der seit 1871 herrschte, — schon gleich im Jahre 1871 erschien im Bundesrat ein „stellvertretender Bevollmächtigter"[2]) —‚ sich keineswegs mit dem deckte, den sich Art. 6 II aRV vorgestellt hat. Der Verfassungsinhalt und der Verfassungszustand kamen in eine Spannungslage, ohne daß formell irgend ein positiver Verfassungsartikel verletzt wurde.

Diese Erscheinung hat zuerst K. Perels in seinem Aufsatz Stellvertretende Bevollmächtigte zum Bundesrat, in der Festgabe für Hänel, Kiel und Leipzig 1907, eingehend untersucht, ohne sie jedoch als Verfassungswandlung zu bezeichnen. Freilich kam er zu der Feststellung, daß nur eine Verfassungsänderung[3]) der richtige Weg wäre (S. 280). Mit ihm nicht ganz übereinstimmend Al. Vogels, Die staatsrechtliche Stellung der Bundesratsbevollmächtigten, Tübingen 1911, S. 15 (Note 2) und ff. Die eingehende Erörterung und Beweisführung in der Perelsschen Arbeit ermöglicht mir, mich auf Andeutungen zu beschränken. Ich kann jedoch Perels darin nicht folgen, daß es sich um eine gewohnheitsrechtliche Um- und Neubildung handele (S. 256). Das Problem von Verfassungswandlung und Gewohnheitsrecht wird uns weiter unten noch zu beschäftigen haben.

---

[1]) Perels, Stellvertretende Bevollmächtigte, S. 257.

[2]) Perels, Stellv. Bevollm., S. 257, 279, Note 1.

[3]) Nicht in dem oben S. 22 angedeuteten Sinne zu verstehen; er meint wohl Zusatz. Auch Jellinek spricht von „Lücken ausfüllender Verfassungsänderung" (Verfassungsänderung und Verfassungswandlung, S. 44)

3. Als drittes Beispiel kann die Einführung der Stellvertreter des Reichskanzlers (Stellvertretungsgesetz v. 17. März 1878) erwähnt werden. Nach Artt. 15, 17 aRV war der Reichskanzler der einzige verantwortliche Reichsminister, dem die Leitung der Reichsregierung oblag. Durch die Einführung der Stellvertreter, die formell nur eine fakultative Einrichtung darstellen sollten, ist der faktische Rechtszustand ein anderer geworden. Die Staatssekretäre hatten in Wirklichkeit die Stellung von „Unterministern des Reichs" erhalten, sie „vertraten" den Reichskanzler nicht mehr, sondern sie „ersetzten" ihn, die Stellvertretungsämter wurden „dauernde Verfassungseinrichtungen" und die „unmittelbare Leitung der Reichsverwaltung durch den Reichskanzler" war durchbrochen. Der Buchstabe der Reichsverfassung deckte sich nicht mehr mit der Wirklichkeit.

Eingehende Darstellung dieses Falls bei S m e n d, Die Stellvertretung des Reichskanzlers, in Hirths Annalen, 1906, S. 321 ff. Auf seine Betonung, daß hier die „Wahrung gewisser ursprünglicher Prinzipien des Reichsverfassungsrechts" in besonders charakteristischer Weise sich durchgesetzt habe, wird noch zurückzukommen sein. Vgl. ferner L a b a n d, Wandlungen, S. 16; Geschichtliche Entwicklung, S. 30; Staatsrecht I, 4. Aufl., Tübingen 1901, S. 357; J e l l i n e k, Verfassungsänderung, S. 26 f., hier weitere Literaturangabe; E. R o s e n t h a l, Reichsregierung, S. 376; G. D a i n e r t, Die Stellvertretung des Reichskanzlers, Freiburger Dissertation, 1902; ferner H a t s c h e k, Konventionalregeln oder über die Grenzen der naturwissenschaftlichen Begriffsbildung im öffentlichen Recht, im JöR, III, 1909, S. 54. — Gegen die herrschende Meinung, daß es sich hier in Wahrheit um „Reichsministerien" handle, E. K a u f m a n n, Bismarcks Erbe, S. 48 ff. — Die Spannungslage löste das verfassungsändernde Gesetz vom 28. Oktober 1918, das dem Art. 15 drei Absätze zufügte und die Verantwortlichkeit der Stellvertreter des Reichskanzlers vor Bundesrat und Reichstag bestimmte.

4. In den Vereinigten Staaten ist das Prinzip der Gewaltenteilung derart durchgeführt, daß kein Staatssekretär den Sitzungen des Kongresses beiwohnen darf. Jeder offizielle Verkehr zwischen Kongreß und Regierung ist damit unmöglich gemacht. In der Praxis hat sich aber das Institut der ständigen parlamentarischen Komitees herausgebildet, deren jedes einem Departement der Regierung entspricht. Durch die Präsidenten dieser Komitees verkehren die Staatssekretäre nun tatsächlich mit dem Kongreß und bringen durch sie Gesetze ein, so daß die von der Verfassung abgelehnte Verbindung zwischen Kongreß und Regierung dennoch hergestellt ist. Obwohl faktisch eine Verfassungsänderung zweifellos vorliegt, ist keine positive Verfassungsnorm verletzt worden.

Siehe Jellinek, Allg. Staatslehre, S. 538; Boutmy, Etudes de droit constitutionnel, 7me édit., Paris 1923, p. 148 et s; Bryce, The American Commonwealth I, new edition, New York 1926, pp. 156, sqq.; W. Wilson, Congressional Government, 15th ed., Boston and New York 1900, pp. 144 sqq., 262 sqq.

II. Eine Verfassungswandlung kann herbeigeführt werden durch die (eingetretene) Unmöglichkeit der Ausübung von Machtbefugnissen, die den Inhalt bestimmter Verfassungsvorschriften darstellen. Das Recht, das die Verfassungsartikel gewissen Rechtssubjekten zusprechen, geht durch die Unmöglichkeit der Ausübung verloren und diese Verfassungsartikel decken sich nun mit der Rechtswirklichkeit nicht mehr.

Diese Art Verfassungswandlung ist zuerst angedeutet worden bei Jellinek, Verfassungsänderung, S. 34 ff., der für sie den Begriff der „Verfassungswandlung durch Nichtausübung" ausprägte. Das ist aber nicht richtig: denn in Wirklichkeit ist die Verfassung hier nicht durch die Nichtausübung, sondern durch die Unmöglichkeit der Ausübung gewandelt, für die die Nichtausübung nur eine Ursache ist. Sachlich meint er freilich wohl auch dasselbe. Leider bleibt er uns aber auch dafür präzise Beispiele schuldig: denn er erwähnt zunächst die Nichtausübung des königlichen Vetorechts in England[1]), und zwar schildert er es so, als ob dieses Recht untergegangen sei und somit einen Beleg für Verfassungswandlung dieser Art darstelle (S. 34), und dann zitiert er weitere ähnliche Fälle aus den verschiedenen Staaten und die diesbezüglichen theoretischen Ausführungen, gelangt aber zum Schluß zu der Feststellung: daß dieses Recht „keineswegs gänzlich erloschen" sei, daß man aus der Nichtausübung allein den Schluß, die betreffende Verfassungsbestimmung sei obsolet geworden, gar nicht ziehen dürfe (S. 40). Ähnlich verhält es sich mit dem Beispiel der Ministerverantwortlichkeit. Wie er selbst dort ausführt, fehle es hier trotz der Andeutung in den Verfassungen an einer positiven rechtlichen Ausgestaltung (S. 42). Daß nun das Ausbleiben einer „positiven Ausgestaltung" etwas wesentlich anderes als die „Nichtausübung" ist, liegt auf der Hand.[2]) Hildesheimer, der die Nichtausübung des Vetorechts des französischen Präsidenten als einen Verfassungswandlungsfall schildert (Revision, S. 15), folgt offenbar dem Gedankengang Jellineks. Vgl. ferner R. Redslob, Abhängige Länder, Leipzig 1914, S. 23. — In Wahrheit sind nur die als Beispiel gegebenen Fälle etwas weniger glücklich gewählt, der Grundgedanke Jellineks ist durchaus richtig. Das wird noch zu würdigen sein.

---

[1]) Wir können auf diesen Fall nicht eingehen, weil England überhaupt keine geschriebene Verfassung besitzt und unsere Erörterung die Existenz einer geschriebenen Verfassung voraussetzt.

[2]) Besonders klar ist an dieser Stelle (Verfassungsänderung, S. 34—43) zu sehen, wie viel weniger Jellinek daran lag, eine strenge juristische Arbeit zu geben, als eine interessante politisch unterhaltende Lektüre zu schreiben.

1. Als Beispiel für Verfassungswandlung dieser Art möge das vielumstrittene Auflösungsrecht des Präsidenten der französischen Republik dienen. Nach Art. 5 des Verfassungsgesetzes vom 25. Februar 1875 hat der Präsident das Recht, mit Zustimmung des Senats die Deputiertenkammer jederzeit aufzulösen. Das ist ein wesentliches Mittel des Präsidenten, insbesondere nach der literarischen Vorgeschichte der Präsidialschaft von 1875, der Allmacht des Parlaments entgegenzuwirken.[1]) Ja überhaupt hat der Präsident dem Wortlaut des Verfassungsgesetzes nach eine starke Stellung, die dem politischen (nicht nur dekorativen) Oberhaupt eines Staatswesens durchaus geziemt. Durch die politische Entwicklung aber, begleitet und verursacht von merkwürdigen, für das Wohl des Staates recht unerfreulichen Ereignissen, ist die Rechtsstellung des Präsidenten zu einer bloß dekorativen, mediokren Institution [2]) herabgesunken. Das Auflösungsrecht ist seit der Entstehung nur einmal angewendet worden, nämlich durch Marschall MacMahon im Jahre 1877, und schließlich mußte er es mit seinem Rücktritt büßen. Seitdem hat das Auflösungsrecht nie wieder praktische Anwendung gefunden. Das Recht, das Art. 5 statuiert hat, ist „außer Gewohnheit gekommen".[3]) Selbst Millerand — Präsident von 1920 bis 1924 —, der immer für die Wiederherstellung eines wirksamen Auflösungsrechts als Gegengewichts gegen die parlamentarische Allmacht eingetreten war,[4]) hat seine Ausübung doch nicht gewagt, als im Jahre 1924 die Kammer gegen ihn selbst auftrat. Ja, die Kammer war sogar vornehmlich deshalb gegen ihn aufgetreten, weil er eine Stärkung der Präsidentenstellung bewirken wollte, wozu er das Hauptmittel im Auflösungsrecht sah. Die Stellung des Präsidenten, für die die Verfassungsgesetzgeber eine gewisse Stärke gewährleistet zu haben glaubten, — Nicht-Verantwortlich-

---

[1]) Vgl. z. B. Esmein (Nézard), Eléments de droit constitutionnel, 8me édit. II, 1928, p. 180; M. Hauriou, Précis de droit constitutionnel, 2me édit. 1929, p. 459.

[2]) Laband, Die staatsrechtliche Stellung des Präsidenten d. franz. Republik, in der Deutschen Juristenzeitung (DJZ), 1898, Sp. 437 f., vergleicht ihn mit dem Kegeljungen, der lediglich die Kegel aufzustellen hat, ohne am politischen Kegelspiel teilzunehmen. G. Jèze, im Bericht in der Revue du droit public et de la science politique, 1913, p. 115: „des hommes ayant fait leurs preuves de médiocrité".

[3]) W. Hirsch, Stellung des Präsidenten der franz. Republik, Berlin 1930, S. 40.

[4]) Hirsch, aaO., S. 51.

keit, Art. 6 § 2; Auflösungsrecht, Art. 5 — hat durch die Verfassungswandlung eine Schwächung erfahren,[1]) als deren besonders deutliches Merkmal das Schicksal des Auflösungsrechts angesehen werden kann. Denn heute besteht das Recht des Art. 5 in Wirklichkeit nicht mehr.[2])

Siehe hierüber die umfassende Arbeit von W. Hirsch, Die Stellung des Präsidenten der französischen Republik, in der Zeitschrift für vergleichende Rechtswissenschaft, 1930, hier überaus reiche Literaturangabe; besonders ist hierauf zu verweisen in Bezug auf die Krisenfälle MacMahon, Grévy, Millerand und die diesbezüglichen theoretischen Ausführungen. — Daß die Verfassungsgesetzgeber eine starke Präsidentschaft haben schaffen wollen, darüber vgl. Prévost-Paradol, La France nouvelle, 2me édit., Paris 1868, p. 141 et s. und insbesondere De Broglie, Vues sur le Gouvernement de la France, Paris 1870, p. 225 et s., beide haben bedeutenden Einfluß auf die Verfassungsgesetzgebung von 1875 ausgeübt.

Die Auflösung durch MacMahon erklären als gänzlich verfassungswidrig: P. Matter, La dissolution des Assemblées Parlementaires, Paris 1898, p. 126; J. E. C. Bodley, France, London 1898, Vol. I, pp. 275 sqq; R. Hübner, Die Staatsform der Republik, Bonn und Leipzig 1919, S. 206; — als bedingt verfassungswidrig: Redslob, Le régime parlementaire, Paris 1924, p. 191 et s.; ihm folgend H. Gmelin, Die Stellung des Präsidenten d. franz. Rep. und die Bedeutung der Präsidentenschaftskrise von 1924, im AöR. NF VIII, 1925, S. 203: der Form nach sei die Auflösung verfassungsmäßig gewesen, ihrem Geist nach aber verfassungswidrig, — als ganz verfassungsmäßig: Esmein (Nézard), Eléments de droit constitutionnel, 8me édit. t. II, Paris 1928, p. 223; Duguit, Traité de droit constitutionnel, 2me édit. t. IV, Paris 1924, p. 578 et s.; letzterer meint, die Auflösung sei zwar verfassungsmäßig, aber höchst unpolitisch gewesen.

Man sieht, wie ein an sich bestehendes Recht durch die Tatsache, daß seine praktische Ausübung unmöglich geworden ist, selbst in ihrer Existenz in Frage gestellt wird. Das Ergebnis, daß das Auflösungsrecht des Art. 5 zumindest von einer fragwürdigen Natur geworden ist, — weil seine Ausübung unmöglich gemacht worden ist, nicht durch die „Nichtausübung" — beweist sowohl die junge Praxis, daß Millerand im Jahre 1924 trotz seiner bisherigen Anschauung dieses Recht dennoch nicht anzuwenden gewagt hat, als auch die alte Theorie, die aus der an sich rechtmäßigen Ausübung von 1877 eine rechtswidrige zu konstruieren bemüht war.

2. Ein weiteres Beispiel für Verfassungswandlung dieser Art sieht Jellinek in der staatsrechtlichen Ministerverantwortlichkeit im alten deutschen Reich (Verfassungsänderung, S. 41 ff.).

---

[1]) Hirsch, Stellung, S. 44, interessant hier die Gegenüberstellung mit deutschen Verhältnissen.

[2]) Hauriou, Précis, 2me édit. 1929: cette prérogative est tombée en sommeil, p. 459.

Hier werden die Minister — Reichskanzler, seine Vertreter, der Statthalter von Elsaß-Lothringen und der Staatssekretär des Reichslandes — zwar für „verantwortlich" erklärt, ohne daß aber diese Verantwortlichkeit irgendwie näher definiert wäre. Nun ist die schwierige Frage zu lösen: gehört die Ministerverantwortlichkeit zu den staatsrechtlichen Institutionen oder nicht? Die Erfahrungen, die man mit Ministeranklage und Staatsgerichtshof gemacht hat, lassen die Ausgestaltung der Ministerverantwortlichkeit „als eine rein doktrinäre Forderung" erscheinen. Auch tatsächlich denkt man nicht einmal an ein Ausführungsgesetz dieses „nur ausgesprochenen Prinzips", sondern man begnügt sich mit der praktisch allein bedeutsamen politischen Verantwortlichkeit. „Die staatsrechtliche Literatur gerät aber dadurch in Verlegenheit: die Existenz der staatsrechtlichen Verantwortlichkeit im Reiche wird bald behauptet, bald abgelehnt.[1]) Aber wo sie auch verteidigt wird, kommt man nicht über den Gedanken der lex imperfecta hinaus und vermag keinerlei rechtliche Wirkungen aus ihr abzuleiten.[2]) Trotz aller Versicherung der Verfassungen ist sie toter Buchstabe geblieben". Was vom Deutschen Reiche gesagt ist, gilt auch für Preußen und viele andere Staaten.[3])

Gegen dieses von Jellinek als Verfassungswandlung durch „Nichtausübung" angeführte Beispiel habe ich dreierlei Bedenken: 1. ob die freilich nur andeutenden Sätze über die Ministerverantwortlichkeit nicht dennoch motivierend wirken,[4]) 2. ob nicht schon die „politische" Verantwortlichkeit, da eine nähere Definition ausgeblieben ist, der in der Verfassung ausgesprochenen Andeutung doch genügt hat (also dort, wo die Verfassung nicht ausdrücklich den Staatsgerichtshof für die Ministeranklage vorgesehen hat), 3. ob man das „Ausbleiben der näheren Ausgestaltung" der „Unmöglichkeit der Ausübung" gleichstellen darf. — Immerhin wird man hier mit gewissem Recht sagen können, daß die bekundete Verfassungsintention nicht zur Erfüllung gekommen sei: daß das in der Verfassung statuierte Recht nicht zur Anwendung kommen kann, sei es deshalb, weil seine nähere Ausgestaltung ausgeblieben ist, sei es, weil es durch ein anderes ersetzt wird (sc. staatsrechtliche Verantwortlichkeit durch die politische).

---

[1]) Jellinek, Verfassungsänderung, S. 42. Vgl. Passow, Das Wesen der Ministerverantwortlichkeit, Tübingen 1904, S. 64, 15 Note 2; Redslob, Abhängige Länder, S. 24.

[2]) Anders Dainert, Stellvertretung des Reichskanzlers, S. 67.

[3]) Etwa Frankreich, Italien, Spanien; auch Portugal, Belgien, Dänemark usw. vgl. Jellinek, aaO. S. 42.

[4]) Ähnlich Passow, aaO. S. 64; ausdrücklich gegen die staatsrechtliche Verantwortlichkeit, aaO. S. 77 ff.

3. Es wird gelegentlich behauptet, daß das Recht auf die Wiederwahl, das das Verfassungsgesetz vom 25. Februar 1875 dem Präsidenten der französischen Republik ausdrücklich gewährt (Art. 2), in Wirklichkeit außer Gewohnheit gekommen sei. In der Tat hat eine solche Wiederwahl des Präsidenten, solange die aktuellen Verfassungsgesetze gegolten haben, nur ein einziges Mal stattgefunden, nämlich bei Grévy im Jahre 1885. Seitdem ist nie wieder davon Gebrauch gemacht worden.

Hirsch, Stellung d. Präsidenten, S. 48; Duguit, Traité t. IV, 1924, p. 562; Esmein (Nézard), Elements, t. II, 1928, p. 39 et s. — Ich weiß nicht, ob man hier unzweifelhaft von einer Verfassungswandlung sprechen kann. Dazu fehlt es an unzweideutiger Bestätigung durch die politische Wirklichkeit. Viel deutlicher scheint mir die Entwicklung der amerikanischen Praxis zu sein, wo die Wiederwahl des Präsidenten zweifellos durch die tatsächliche Übung beschränkt wird: vgl. zu diesem „third term" Problem: Bryce, American Commonwealth, Vol. I, p. 46; Tiedeman, The Unwritten Constitution, New York und London 1890, pp. 51 sqq. W. W. Willoughby, The constitutional Law of the United States, New York 1910, Vol. II, p. 1147; Ch. A. Beard, American Government and Politics, New York 1924, p. 185; Duguit, Traité, t. IV, p. 562; Esmein (Nézard), Eléments, t. II, p. 40; Hildesheimer, Revision, S. 15; Fr. Linn, Die staatsrechtliche Stellung des Präsidenten der Vereinigten Staaten von Amerika, Bonn 1928. Aber der amerikanische Verfassungstext enthält keinerlei Vorschrift, die eine unbeschränkte Wiederwahl des Präsidenten ausdrücklich erwähnt, wie der französische die über die Reeligibilität. Für einen richtigen Verfassungswandlungsfall fehlt es also dort an einer deutlichen Verfassungspraxis, hier an einer deutlichen Verfassungsnorm.

III. Eine Verfassungswandlung kann herbeigeführt werden durch eine Verfassungspraxis, die mit den Bestimmungen der Verfassung in klarem Widerspruch steht, sei es durch die sogenannte materielle Verfassungsänderung, sei es durch die einfache Gesetzgebung, sei es durch die Geschäftsordnung der oberen Staatsorgane oder deren tatsächliche Praxis. Die Spannungslage ist hier deutlich, weil der Gegensatz von Sein und Sollen unverkennbar ist.

1. Die sogenannte materielle Verfassungsänderung ist ein Gesetz, dessen Inhalt in Widerspruch zur Verfassung steht; der Widerspruch wird erkannt und das Erfordernis der Abänderungserschwerung daher eingehalten; dies wird gelegentlich auch in der Publikationsklausel zum Ausdruck gebracht, aber meistens geschieht es nicht. Jedenfalls wird in beiden Fällen der Wortlaut der Verfassung nicht geändert. So bleibt die Verfassungsurkunde, ob-

wohl eine Verfassungsänderung tatsächlich vorgenommen ist, nach wie vor dieselbe. Die von der materiellen Verfassungsänderung betroffenen Normen stimmen mit der Verfassungswirklichkeit nun nicht mehr überein.

Als Beispiel für eine materielle Verfassungsänderung, die in ihrer Publikationsklausel kenntlich gemacht wird, sei das Reichsbahngesetz vom 30. August 1924 (RGBl. II 272) erwähnt. Nach der Weimarer Verfassung, Artt. 89 ff., hat das Reich die Aufgabe, „die dem allgemeinen Verkehr dienenden Eisenbahnen in sein Eigentum zu übernehmen und als einheitliche Verkehrsanstalt zu verwalten". Um dieses wirtschaftliche Unternehmen als ein Sondervermögen des Reichs zu fördern, hat die Verfassung in einer Reihe von Artikeln verschiedene Befugnisse und Rechte für die Reichsregierung vorgesehen: z. B. Enteignungsbefugnis: Art. 90; Monopol: Art. 94; Aufsicht über die nicht vom Reich verwalteten Bahnen: Art. 95 usw. Und der Übergang der Staatsbahnen auf das Reich ist auch durch verschiedene Staatsverträge zwischen dem Reich und den sog. Eisenbahnländern erfolgt. Das Reichsbahngesetz aber — das wohl bedingt war durch die wirtschaftlichen und finanziellen Verhältnisse der Nachkriegszeit — schuf eine Reichsbahngesellschaft mit eigener juristischer Persönlichkeit zum Betriebe der Reichsbahn, die in Wirklichkeit eine weitgehende Loslösung der Reichsbahn von der allgemeinen Staats- und Finanzverwaltung bedeutet. Der Widerspruch dieser Gesetzgebung zu den Verfassungsbestimmungen wurde auch klar erkannt, das Gesetz wurde mit verfassungsändernder Mehrheit im Reichstag (Art. 76 I RV) angenommen und die Erfüllung dieses Erfordernisses in der Verkündungsformel erwähnt, aber der Wortlaut der Verfassung ist trotzdem völlig unberührt geblieben.

Vgl. hierüber Sarter-Kittel, Die neue deutsche Reichsbahngesellschaft, 2. Aufl. Berlin 1927, S. 27 ff.; Hue de Grais-Peters, Handbuch der Verfassung und Verwaltung, 24. Aufl. Berlin 1927, S. 700 ff.; S. Jeselsohn, Begriff, Arten und Grenzen der Verfassungsänderung, Heidelberg 1929, S. 55; Anschütz, Kommentar zur Reichsverfassung, 11. Aufl. Berlin 1929, Note 4 zu Art. 89.

Als Beispiel für materielle Verfassungsänderungen, die sich überhaupt nicht kenntlich machen, kann das Gesetz über die Befriedung des Gebäudes des Reichstags und der Landtage vom 8. Mai 1920 (RGBl. 909) genannt werden. Die unbeschränkte Versammlungsfreiheit, die Art. 123 RV gewährleistet, erleidet durch dies Gesetz eine dauernde örtliche Beschränkung: eine Versammlung unter freiem Himmel darf innerhalb des befriedeten Bannkreises des Reichstagsgebäudes und der Landtagsgebäude auch dann nicht stattfinden, wenn eine „unmittelbare Gefahr für die öffentliche Sicherheit" (Art. 123 II RV) gar nicht besteht. Der Wortlaut der Verfassung, Art. 123, gibt also über den rechtlichen Zustand der Versammlungsfreiheit nur eine unvollständige, ja irreleitende Auskunft.

Vgl. Pötzsch, Vom Staatsleben unter der Weimarer Verfassung, JöR XIII, 1925, S. 227; Jeselsohn, Verfassungsänderung, S. 53; Anschütz, Kommentar, Note 6 zu Art. 123; Marschall von Bieberstein, Verfassungsrechtliche Reichsgesetze, 2. Aufl. Mannheim-Berlin-Leipzig 1929, Note 264 auf S. 52. — Es ist mir jedoch sehr zweifelhaft, ob es sich hier in Wirklichkeit um eine Verfassungsänderung handelt. Zur Versammlungsfreiheit, die hier verfassungsrechtlich garantiert werden soll, gehört nicht unbedingt die Freiheit der Versammlung gerade am Reichs- oder Landtagsgebäude.

Ein weiteres Beispiel für materielle Verfassungsänderung dieser Art: Art. 49 RV gibt dem Reichspräsidenten ein unbeschränktes Begnadigungsrecht für das ganze Reich. Eine Einschränkung auf bestimmte Straffälle ist verfassungsgesetzlich an keiner Stelle vorgeschrieben. Der § 13 des Ges. über den Staatsgerichtshof vom 9. Juli 1921 (RGBl. 905) schreibt aber vor, daß der Reichspräsident zur Begnadigung eines vom Staatsgerichtshof Verurteilten der Zustimmung des Reichstags bedarf.

Vgl. Pötzsch, Vom Staatsleben, S. 229; Jeselsohn, Verfassungsänderung, S. 54; Anschütz, Kommentar, Note 1 zu Art. 49; Marschall, Reichsgesetze, N. 94 zu Art. 49. — Über das Begnadigungsrecht als solches vgl. Hatschek, Deutsches und Preußisches Staatsrecht, Bd. I, Berlin 1922, S. 547; A. Finger, Das Staatsrecht des Deutschen Reichs, Stuttgart 1923, S. 323; Stier-Somlo, Deutsches Reichs- und Landesstaatsrecht, I, Berlin und Leipzig 1924, S. 617 ff.; E. v. Hippel, Umfang des Reichsgnadenrechts, AöR NF. XV, 1928, S. 242 ff.

2. Auch durch die einfache Gesetzgebung kann ein Verfassungsrechtssatz gewandelt werden, namentlich da, wo das in Widerspruch zur Verfassung stehende Gesetz mangels des Prüfungsrechts besonderer Instanzen auf die Verfassungsmäßigkeit der Gesetze unangefochten gelten kann. Als Beispiel möge die berühmte Franckensteinsche Klausel zitiert werden, durch die der Grundsatz der Artt. 38, 70 aRV durchbrochen wurde. Nach den genannten Artikeln sollte nämlich der Ertrag aus den Zöllen und bestimmten Steuerabgaben.

der für die Reichsverwaltung verwendet werden sollte, zur Deckung der Reichsausgaben in die Reichskasse fließen (Art. 38). Bei Überschuß der Einnahmen sollten sie für das nächste Jahr verwendet werden, bei Nichtdeckung sollten die Bundesstaaten je nach Maßgabe ihrer Bevölkerung Beiträge aufbringen (Matrikularbeiträge). Demnach waren die Matrikularbeiträge eine fakultative Einrichtung, und was dazu aufgebracht war, sollte in der Reichskasse bleiben. Durch die Franckenstein'sche Klausel aber, die in mehrere Steuergesetze aufgenommen war, wurde vereinbart, daß das Institut der Matrikularbeiträge zu einer dauernden Institution erhoben wurde und der Ertrag der betreffenden Steuereinnahmen (Tabak- und Branntweinsteuer) nach Abzug von bestimmten Summen — 130 Millionen Mk — am Schluß des Jahres wieder an die Einzelstaaten überwiesen wurde. Die Beiträge, die nach dem Verfassungswortlaut „in die Reichskasse" fließen sollten, flossen also in Wirklichkeit nur noch „durch die Reichskasse".

Dieser Fall ist schon als Verfassungswandlung bezeichnet bei Laband, Wandlungen, S. 30 f., und Geschichtl. Entwicklung, S. 43 ff.; Jellinek, Allg. Staatslehre, S. 356, ferner Hänel, Deutsches Staatsrecht, Leipzig 1892, I, S. 383. — Diesen Widerspruch beseitigte das verfassungsändernde Gesetz vom 14. Mai 1904 (RGBl. 169).

3. Daß ein Verfassungsrechtssatz durch die Geschäftsordnung eines oberen Staatsorgans gewandelt werden kann, möge an folgendem Beispiel gezeigt werden. Art. 33 II RV bestimmt, daß zu den Sitzungen des Reichstags und seiner Ausschüsse, zu denen der Reichskanzler, die Reichsminister und die von ihnen Beauftragten Zutritt haben, außerdem „die Länder" berechtigt seien, „Bevollmächtigte" zu entsenden, um den Standpunkt ihrer Regierung zu dem Gegenstand der Verhandlung darzulegen. Mit dieser Bezeichnung „Bevollmächtigte der Länder" sind offenbar nicht die Mitglieder des Reichsrats gemeint: vielmehr soll danach jedes Land in der Lage sein, zu den Reichstagsverhandlungen jeden beliebigen Geeigneten als den dazu Bevollmächtigten zu entsenden. Diese Bevollmächtigten zu ernennen und zu entsenden, ist also ein uneingeschränktes Recht der Länder. Die Reichstagsgeschäftsordnung vom 12. Dez. 1922 spricht aber in ihren §§ 96, 97 immer nur von „Bevollmächtigten des Reichsrats". Danach wird es fraglich sein, ob ein „Bevollmächtigter eines Landes", der aber nicht zugleich Mitglied des Reichsrats ist, bei den Reichstagssitzungen auch das Wort

ergreifen kann.[1]) Und in der Tat haben im Plenum und in den Ausschüssen des Reichstags mehrmals Reichsratsmitglieder ausdrücklich in ihrer Eigenschaft als Vertreter des Reichsrats gesprochen.[2]) Ob nun diese Praxis, daß Reichsratsmitglieder als solche bei Reichstagssitzungen mit verhandeln, was die Reichsverfassung eigentlich gar nicht vorgesehen hat — im Gegensatz zum Reichswirtschaftsrat, Art. 165 IV Satz 4 RV —, verfassungsmäßig ist, ist zum mindesten „bedenklich", dagegen sind die genannten Paragraphen der Geschäftsordnung, die dem unbeschränkten Recht der Länder eine starke Einengung auferlegen, unzweideutig in Widerspruch mit der Reichsverfassung.

Siehe des näheren O. Menzel, Abwandlungen der Weimarer Verfassung durch die Geschäftsordnungen der unmittelbaren Reichsorgane (Kieler Dissertation), 1925, S. 12 ff. Er sieht in den genannten Paragraphen, die im Gegensatz zu Art. 33 RV stehen, eine Anknüpfung an den alten Rechtszustand, die „eine Entgegenwirkung der in der Weimarer Verfassung verankerten unitarischen Tendenz" sei (S. 12). Vgl. ferner W. Jellinek, Verfassung und Verwaltung des Reichs und der Länder, Leipzig und Berlin 1925, S. 93; Anschütz, Kommentar, Note 1, Nr. 2 zu Art. 33 (S. 193); Pötzsch-Heffter, Handkommentar der Reichsverfassung, 3. Aufl. Berlin 1928, Nr. 6 zu Art. 33; er sieht eine „Lücke" der Verfassung darin, daß die RV das Erscheinen der Reichsratsvertreter als solcher vor dem Reichstag nicht vorgesehen hat, a. M. L. Wittmayer, Die Weimarer Reichsverfassung, Tübingen 1922, S. 379, dem ich beipflichte.

Wiewohl der Gegensatz zwischen Faktum und Rechtssatz bezüglich des alten Bundesrats lange genug bekannt war und viel darüber diskutiert wurde (vgl. unten S. 35), bestimmte die Weimarer Verfassung dennoch in Art. 64, daß der Reichsrat, der dem Bundesrat des Kaiserreichs nachgebildet war, ein periodisches Kollegium sein soll: die Reichsregierung muß den Reichsrat auf Verlangen von einem Drittel seiner Mitglieder einberufen. Denn ein Selbstversammlungsrecht steht ihm nicht zu — im Gegensatz zum Reichstag, Art. 24 RV —, vielmehr kann er nur auf Berufung der Reichsregierung zusammentreten (Anschütz). Die Geschäftsordnung des Reichsrats vom 20. Nov. 1919 macht aber in ihrem § 2 gerade das Gegenteil zum Rechtssatz: „Der Reichsrat ist dauernd versammelt. Eine Unterbrechung seiner Sitzungen für einen

---

[1]) Das Problem ist bis jetzt nicht aktuell geworden, weil die Länder immer ihren Vertreter im Reichsrat als „Bevollmächtigten" zu den Reichstagssitzungen geschickt haben.
[2]) Menzel, Abwandlungen, S. 17.

bestimmten Zeitraum bedarf der Zustimmung der Reichsregierung." Die Reichsregierung also, die ursprünglich verpflichtet sein sollte, den Reichsrat auf Verlangen seiner Vertreter jederzeit einzuberufen, ist nun im Gegenteil berechtigt, ihn an einer Tagungsunterbrechung zu verhindern.

Menzel, Abwandlungen, S. 21 ff.; Anschütz, Kommentar, Art. 64. — Marschall, Reichsgesetze, Note 113 auf S. 24, meint aber, daß hier der Art. 64 — im Gegensatz zu Art. 14 aRV — sich lediglich auf die einzelnen Sitzungen beziehe, da der Reichsrat nach § 2 seiner Geschäftsordnung „dauernd versammelt" sei. Das ist nicht haltbar. Es geht nirgends aus den Bestimmungen der RV selbst hervor, daß Art. 64 keine Parallelvorschrift zu Art. 14 aRV sein, sondern etwas völlig Neues bedeuten solle. Eine Regelung über die einzelnen Sitzungen gehört sachlich in den Bereich der Geschäftsordnung, nicht in den der Verfassung. Es ist nicht angängig, die Verfassungsbestimmungen über den Weg der Geschäftsordnungen zu interpretieren. Objektiv betrachtet, lehnt sich der Art. 64 RV an den Art. 14 aRV so an, wie der Reichsrat von Weimar sich an den Bundesrat des Kaiserreichs anlehnt. Auch sprachtechnisch spricht das Wort „einberufen" mehr für die einmalige Versammlung als für die einzelnen Sitzungen.

Verfassungswandlungen durch Geschäftsordnungen haben von jeher besondere Aufmerksamkeit gefunden, da 1. die Geschäftsordnungen eine untergeordnete Stellung gegenüber der Verfassung einnehmen und 2. eine rechtliche Gewähr für die Einhaltung der von der Verfassung aufgestellten Schranken durch die Geschäftsordnung vielfach mangelt.[1]) So ist auch eine Gruppierung der Wandlungsfälle in dieser Richtung verschiedentlich vorgenommen worden: z. B. durch die zitierte Arbeit von Menzel, freilich kann die Bedeutung der dort angeführten Fälle oft stark angezweifelt werden; dann bei Jellinek, Verfassungsänderung, S. 10 ff.; ähnlich auch Allgemeine Staatslehre, S. 539; Besondere Staatslehre (in der Ausgabe: Schriften und Reden), Berlin 1911, S. 263. Ferner Hatschek, Parlamentsrecht, S. 15; Deutsches und preußisches Staatsrecht, S. 13. — Jellinek behandelt in diesem Zusammenhang auch vielfach englische Fälle (Allg. Staatslehre, S. 539). Das halte ich nicht für richtig: wo eine geschriebene Verfassung nicht existiert, da ist jede Frage nach Verfassungsänderung und Verfassungswandlung eine müßige.

4. Endlich kann ein Verfassungsrechtssatz einfach durch die tatsächliche von den Bestimmungen der Verfassung abweichende Praxis [2]) des betreffenden Staatsorgans gewandelt werden. Als Bei-

---

[1]) Vgl. Jellinek, Verfassungsänderung, S. 10.

[2]) Nicht zu verwechseln mit den vorübergehenden, nur als Nebenwirkungen gewisser Verwaltungsakte hervorgerufenen Verfassungsstörungen. Diese sind nur Maßnahmen tatsächlicher Art, bedeuten keine Antastung der Verfassung: K. Häntschel, Die Verfassungsschranken der Diktaturgewalt, in Zeitschrift für öffentliches Recht (ZöR), Bd. V, 1926, S. 213 ff.

spiel möge die Permanenz des Bundesrats im deutschen Kaiserreich dienen. Nach Artt. 12 ff. aRV war der Bundesrat keine ständige Versammlung, sondern er trat nur zeitweise auf Berufung zusammen. Die Berufung sollte regelmäßig alljährlich einmal stattfinden (Art. 13), ausnahmsweise hatte sie stets zu erfolgen, wenn ein Drittel der Stimmzahl sie verlangte (Art. 14). In Wirklichkeit war aber der Bundesrat seit 1883 nicht mehr geschlossen worden. „Die immer wachsenden Geschäfte erlaubten nicht, daß seine Tätigkeit längere Zeit unterbrochen werde", und im Gegensatz zum Verfassungswortlaut war der Bundesrat in Wirklichkeit ein ständiges Kollegium.

Diese Erscheinung als „unaufhebbare Verfassungswandlung" hat zuerst Jellinek festgestellt, Verfassungsänderung, S. 22 f. Den Gegensatz zwischen Faktum und Norm haben schon früher erkannt: Ph. Zorn, Das Staatsrecht des Deutschen Reichs, 2. Aufl. Berlin 1895, S. 159 f.; Edgar Löning, Grundzüge der Verfassung des Deutschen Reichs, Leipzig 1901, S. 63; Anschütz, Grundzüge des deutschen Staatsrechts (in der Holtzendorff-Kohler'schen Enzyklopädie, 6. Aufl. Bd. II), Berlin und Leipzig 1904, S. 543. — Laband, der in der 4. Aufl. seines Staatsrechts des Deutschen Reichs, 1901, I, S. 253, diese Erscheinung noch nicht beobachtet zu haben scheint, kam in der Geschichtlichen Entwicklung, 1907, auch zu dem Satz, daß die permanente Tätigkeit des Bundesrats die Reichsverfassung abgeändert habe (S. 19).

IV. Eine Verfassungswandlung kann herbeigeführt werden durch die Interpretation; namentlich dann, wenn die Verfassungsvorschriften lediglich gemäß den jeweiligen wandelnden Anschauungen und Bedürfnissen der Zeit ausgelegt werden, ohne daß man sich besonders fest an den Wortlaut der Verfassung hält oder den Sinn beachtet, der den betreffenden Verfassungsnormen ursprünglich von den Verfassungsgesetzgebern beigelegt war. Die Verfassungsnorm bleibt hier dieselbe, aber die Verfassungspraxis, mit der man ihr zu folgen vorgibt, ist eine verschiedene. Was man zu einer Zeit als Recht aus der Verfassung herausgelesen hat, ist es zu einer anderen Zeit nicht mehr. Die Verfassung erfährt eine Wandlung, indem ihre Normen einen anderen Inhalt bekommen, indem ihre Sätze einen anderen Sachverhalt normieren, als ihnen zuerst zugedacht war.

Diese Art Verfassungswandlung ist auch bei Jellinek erwähnt worden (Verfassungsänderung, S. 8 ff.). Leider fehlt es dort an einer präzisen Begriffsbildung: wenn er von „Wandlung der Verfassung durch deren Interpretation seitens der Parlamente, der Verwaltung, der Rechtsprechung" spricht (S. 8, 14, 15), so meint er eigentlich die Verfassungspraxis überhaupt. Wo eine Bestimmung aus einer Geschäftsordnung

„gegen einen ausdrücklichen Verfassungssatz verstößt", — geheime Sitzung im alten Reichstag (S. 12) — da kann von einer „Auslegung" nicht mehr die Rede sein, ebenso, wenn zwei gleichartige Rechtsnormen bei verschiedenen Rechtsordnungen verschieden verstanden werden, — der Satz über die Ausübung der bürgerlichen und politischen Rechte in Österreich und in der Schweiz (S. 16). — Dann liegt hier eine „Wandlung" (i. e. der Auslegung) überhaupt nicht vor.

1. Ein Beispiel der Verfassungswandlung durch Interpretation liefert das Abolitionsrecht des Großherzogs von Baden in der Vorkriegszeit. Nach § 4 der Verfassung von 1818 vereinigte der Großherzog alle Rechte der Staatsgewalt in sich und übte sie unter den in der Verfassungsurkunde festgesetzten Bedingungen aus. Zu diesen im einzelnen nicht aufgeführten Rechten rechnete man auch das Abolitionsrecht, von dem auch in der Tat reichlich Gebrauch gemacht wurde.[1]) Später aber, wohl aus Rücksicht auf die Selbständigkeit der Strafrechtspflege, ändert sich die Ansicht der Regierung und man versucht dieses Recht auszuschließen. Man argumentierte mit § 15 der Verfassung, der dem Großherzog das Recht gibt, eine erkannte Strafe zu mildern oder ganz nachzulassen, und sagte, dieser Verfassungssatz enthalte die verfassungsmäßig zurückbehaltenen Rechte des Monarchen hinsichtlich der Strafjustiz, da aber das Abolitionsrecht in ihm nicht aufgezählt sei, so stehe es dem Monarchen nicht mehr zu. Und seit der Mitte der Sechzigerjahre ist kein Fall der Abolition mehr zu verzeichnen. Ein Recht, das bis dahin unbefangen fast ein halbes Jahrhundert lang als Majestätsrecht geübt wurde, ist durch Interpretation beseitigt worden. Der Text der Verfassung bleibt unverändert, ihr materieller Inhalt hat aber in einem keineswegs bedeutungslosen Punkt einen gründlichen Wandel erfahren.

So Jellinek, Verfassungsänderung, S. 14 f. Vgl. ferner J. Heimberger, Das Landesherrliche Abolitionsrecht, Leipzig 1901, S. 66 f.

2. Art. 4 der Preußischen Verfassung vom 5. Dezember 1848, auch später in der revidierten Form vom 31. Januar 1850, lautet: „Alle Preußen sind vor dem Gesetz gleich. Standesvorrechte finden nicht statt." Dem ursprünglichen Sinn dieser Freiheitsverbürgungen der individualistisch gestimmten Zeit entspricht durchaus der Wortlaut der Normierung, deren unmittelbare Rechtsverbindlichkeit nicht ernsthaft angezweifelt werden kann. In der Praxis

---

[1]) Bei allgemeinen Amnestien bis 1857, bei Einzelfällen bis 1865.

aber wurde dieser Rechtssatz höchst restriktiv ausgelegt, so daß ihm praktisch eine juristische Bedeutung in keiner Weise zukam: der genannte Artikel spreche lediglich ein bereits bestehendes Prinzip „deutlich und ausdrücklich" aus, er erstrecke sich nur auf „staatsbürgerliche Verhältnisse, gestatte keine unmittelbare Anwendung auf das Privatrecht". Das Eheverbot zwischen dem Adel und dem Bauern- oder geringeren Bürgerstand des Allgemeinen Landrechts, §§ 30—33, 940, Titel 1, Teil II, ALR, das bei richtiger Erwägung mit dem genannten Verfassungsartikel in keinerlei Einklang gebracht werden kann, bestand trotz der feierlichen Verbürgung der rechtlichen Gleichstellung faktisch uneingeschränkt weiter. Durch die wiederholte Auslegung des Verfassungssatzes in der geschilderten Art ist eine Verminderung seiner Geltungskraft und damit eine Verfassungswandlung eingetreten.

Diesen Fall der „gewohnheitsrechtlichen Verfassungswandlung" beobachtete zuerst R. Thoma, Die juristische Bedeutung der grundrechtlichen Sätze der deutschen Reichsverfassung im allgemeinen (in Kommentar „Grundrechte und Grundpflichten der Reichsverfassung", herausgegeben v. Nipperdey, Berlin 1929), Bd. I, S. 4; vgl. ferner seinen Aufsatz: Der Vorbehalt des Gesetzes im preußischen Verfassungsrecht (Festgabe für O. Mayer, Tübingen 1916, S. 214; dazu die Entscheidungen des Königlichen Obertribunals, 26/347; 34/177. — Sachlich gehört auch der Widerspruch zwischen dem in der Verfassung bekundeten Prinzip der Emanzipation der Juden (Artt. 4 S. 3, 12) und der tatsächlichen gegenteiligen Praxis, z. B. in den Zirkularreskriptionen der verschiedenen Ressortminister, die den Juden gewisse öffentliche Ämter verschlossen (vgl. Rönne-Zorn, Das Staatsrecht der preußischen Monarchie, 5. Aufl. Leipzig 1906, Bd. II, § 50, S. 10), hierher. Eine ähnliche Interpretation der Verfassung hätte nahegelegen.

3. Im österreichischen Staatsgrundgesetz vom 21. Dezember 1867 über die Ausübung der Regierungs- und der Vollzugsgewalt steht die Bestimmung (Art. 10, seit Gesetz vom 10. Juni 1869 über Gesetzespromulgation), daß die Prüfung der Gültigkeit gehörig kundgemachter Gesetze den Gerichten nicht zusteht (Abs. II), daß dagegen die Gerichte über die Gültigkeit von Verordnungen im gesetzlichen Instanzenzug zu entscheiden haben (Abs. III). Der Wortlaut ist hier ganz klar: Gesetze, die rechtmäßig zustandegekommen und formgerecht verkündet sind, sollen der Überprüfung durch die Gerichte entzogen werden; Verordnungen aber, die nicht Gesetze sind, sollen für die Gerichte überprüfbar sein. Der Unterschied besteht also lediglich zwischen Gesetz und Verordnung; unter den

Verordnungen selbst ist nach dem Verfassungswortlaut keine weitere Unterscheidung gemacht worden. Die Praxis aber, die auch die Kaiserlichen Verordnungen der gerichtlichen Überprüfung zu entziehen wünschte, versuchte das Ziel mit der Auslegung zu erreichen, indem sie aus der Reihe der „Verordnungen" des Art. 10 III die Kaiserlichen Verordnungen, die gemäß Art. 14 des Grundgesetzes über die Reichsvertretung erlassen sind, herausnahm und nur die übrigen Verordnungen als „Verordnung" i. S. dieser Gesetzesstelle gelten ließ. Das Wort „Verordnung", mit dem ursprünglich jede Verordnung gemeint war, bezeichnet jetzt nach dieser Interpretation nur noch die nicht-kaiserlichen Verordnungen.

Vgl. Tezner, Konventionalregeln und Systemzwang (Grünhuts Zeitschr. Bd. XLII), 1916, S. 613. Über die überhaupt merkwürdige Auslegungspraxis in Österreich, Tezner, aaO., S. 573, 585 ff., 611 ff.

4. Nach Art. I, Sektion 8 der nordamerikanischen Unionsverfassung vom 17. September 1787 hat der Kongreß die Befugnisse, Krieg zu erklären und Geld auf Kredit der Vereinigten Staaten zu borgen. Als im Sezessionskrieg der Kongreß Papiergeld mit Zwangskurs („greenbacks") ausgab, wozu ihm die Verfassung eigentlich keinerlei Ermächtigung gegeben hatte, erklärte der Richter, daß zum Kriegführen Geldmittel gehören, daß der Kongreß das Recht der Kriegserklärung habe und weiter von der Verfassung ermächtigt sei, alle Gesetze zu erlassen, die zur Ausführung seiner verfassungsmäßigen Vollmachten notwendig sind, daß daher die Union dieses Mittel beschaffen dürfe. Als aber der Krieg beendet war und die Ausgabe von Papiergeld dennoch nicht aufhörte, begründete man die Verfassungsmäßigkeit dieser Praxis mit der Befugnis der Union, „Geld auf Kredit der Vereinigten Staaten zu borgen".[1]) Mit dieser ausgekünstelten Interpretationsweise hat man also eine neue Kompetenz der Union zur Anerkennung gebracht, an die die herangezogenen Verfassungsartikel wahrlich niemals gedacht haben.

Vgl. hierzu Jellinek, Verfassungsänderung, S. 17; Th. M. Cooley, The General Principles of Constitutional Law in the U. S. A., Boston 1880, p. 80; Tiedeman, The Unwritten Constitution of the U. S. A., New York und London 1890, pp. 135 sqq.; Brinton Coxe, An Essay of Judicial Power and Unconstitutional Legislation, Philadelphia 1893, pp. 27 sqq., 34 sqq.; Bryce, American Commonwealth, Vol. I, p. 383. C. E. Martin, An Introduction to the Study of the American Constitution, Los Angeles 1925, pp. 179 sqq.

---

[1]) Siehe insbesondere 110 U. S. Reports 447, 449.

Verfassungslücken und Verfassungswandlung.

Der Fall der Verfassungswandlung durch eine formal die Verfassung nicht verletzende Staatspraxis (oben S. 21 ff.) führt uns unmittelbar zum Problem der Verfassungslücken. Wir haben festgestellt, daß hier gar nicht davon die Rede ist, daß einer oder mehrere Verfassungsartikel irgendwie in Frage gestellt werden, sondern daß es sich um Rechtsverhältnisse handelt, die eine verfassungsgesetzliche Regelung noch überhaupt nicht erfahren haben. Es taucht also die Frage auf: liegen hier nicht vielleicht die sogenannten Verfassungslücken vor, durch deren ungesetzliche Ausfüllung ein Verfassungswandel eintritt, da der neue faktische Zustand, der doch jeder verfassungsgesetzlichen Grundlage darbt, zu gewohnheitsrechtlicher Anerkennung gelangen kann und ihm normale Bedeutung beigelegt wird? — Was aber diese „Lücken der Verfassung" sind, werden wir hier zunächst zu betrachten haben.

Das Problem der Verfassungslücken und das der Verfassungwandlung hat erst Jellinek in diesen Zusammenhang gebracht und in ihm erörtert (Verfassungsänderung, S. 43 ff.).

Aus seiner ganzen verfassungstheoretischen Auffassung, daß die Verfassung („im positiven Sinne") die Entscheidung über die Existenzform der politischen Einheit sei, daß die Verfassungsgesetze, — die bloßen Relativierungen der (positiven) Verfassung — nur eine unsystematische Vielheit darstellen, gewinnen für Carl Schmitt (Verfassungslehre, München und Leipzig 1928) die „Verfassungslücken" einen besonderen Aspekt: eine Lücke der Verfassung kann nur dort gefunden werden, wo eine „Entscheidung hätte getroffen werden müssen." Und „sie kann dann nur durch einen Akt der verfassunggebenden Gewalt ausgefüllt werden" (S. 77). Wo die Rede von einer Lücke im (Verfassungs-)Recht ist, — Preußischer Budgetkonflikt im Jahre 1862 — da „handelt es sich in Wahrheit um die Frage der Souveränität" (S. 332). Hier ist also der Lückenbegriff ein ganz anderer, er ist eine konsequente Durchführung der Auffassung von der Verfassung als Entscheidung. Diese Theorie nimmt gegenüber der breiten Literatur über Verfassungslücken eine neutrale Stellung ein, wir lassen sie hier auf sich beruhen. — Über die Auffassung von der Verfassung als Entscheidung selbst vgl. meinen Aufsatz: Formalistischer und antiformalistischer Verfassungsbegriff, AöR, NF, XXI, 1932.

Das berühmte Problem der Rechts- und Gesetzeslücken, das

bis zu der „kritischen Zeit" — diese beginnt mit B r i n z (1873), B e r g b o h m (1892) und Z i t e l m a n n (1903) — so gut wie völlig unbekannt war,[1]) hat seit der Jahrhundertwende eine überreiche Literatur heraufbeschworen, die selbst heute noch im Anwachsen zu sein scheint. Betrachten wir aber etwas näher ihr letztes Ergebnis, so steht dies zu der dazu aufgewandten Mühe in keinerlei Verhältnis. Resultate, die zum Teil auf sehr weiten Umwegen gewonnen sind, sind entweder dogmatisch nichtssagend, oder rechtsphilosophisch unüberzeugend, oder praktisch bedeutungslos.[2]) Die häufige Bearbeitung dieses Problems sowie die vielen Streitfragen erklären sich aber aus dreierlei Gründen: 1. daß bei dem dogmatischen Streit vornehmlich teleologische Gesichtspunkte überwogen, 2. daß aus dieser einen Problemlage verschiedene Fragestellungen gewonnen wurden, 3. daß die Begriffe der „Lücke" und des „Rechts" keine einheitlichen sind und daher bei jedem Autor etwas anderes bedeuten, wodurch die anwachsende Behandlung nur mehr Verwirrung als Klärung bewirkt.

Geschichtlich gesehen, verdankt die Lückentheorie der P o l e m i k ihr Dasein. Denn es sind B r i n z und B e r g b o h m, die erst den Begriff der Lücke näher erörterten, die aber auch zugleich ihre Existenz bestritten, B r i n z für das positive Recht, B e r g b o h m für das Rechtssystem: beider Polemik richtete sich gegen das Naturrecht. Weiterhin sind es einige Publizisten, die die Lücken leugneten, um einige praktische Fälle, deren Rechtmäßigkeit in Frage gestellt wurde, für rechtlich unanfechtbar zu erklären, so z. B. L a b a n d und B o r n h a k. — Die Gegner, die die Existenz der Lücken bejahen, sind teils Vertreter der freirechtlichen Bewegung, die hiermit die Unzulänglichkeit der positiven Rechtsordnung darzutun trachten (E h r l i c h, J u n g), teils Publizisten, — die die Lücken wenigstens für das Staatsrecht unbedingt bejahen — die damit die „notwendige Grenze des Staatsrechts" nachweisen wollen (J e l l i n e k, A n s c h ü t z). So sagt mit Recht J. B i n d e r, daß das Lückenproblem ein teleologisches und ideologisches Problem sei.[3])

---

[1]) Vgl. hierüber H. H e r r f a h r d t, Lücken im Recht (Bonner Dissertation), 1915, S. 1 ff.
[2]) Ähnlich H e r r f a h r d t, aaO., S. 3.
[3]) Philosophie des Rechts, Berlin 1925, S. 977.

Es sind in Wahrheit vier ganz verschiedene Problemgruppen, die bei dem einen Streit um die „Lücken" den Streitgegenstand darstellen: 1. Frage nach Wesen und Möglichkeit der Lücken, 2. Problem der Lückenausfüllung, 3. Wesen der durch Lückenausfüllung gewonnenen Rechtssätze, 4. Grenze zwischen Lückenausfüllung und Gesetzesauslegung. Den Wesensunterschied dieser verschiedenen Fragestellungen und ihre theoretische Konsequenz hat Herrfahrdt in seiner Abhandlung über „Lücken im Recht" (1915) in eindrücklicher Weise dargelegt.

Endlich heißen „Lücke" und „Recht" bei jedem Autor etwas Anderes. Und jede Behandlung fördert neue Differenzierungen zutage. So gibt es Rechts- und Gesetzeslücken; echte und unechte Lücken; materielle und formelle Lücken; Tatbestands- und Bestimmtheitslücken usw.; das Recht, in dem die Existenz der Lücke bald behauptet, bald geleugnet wird, ist bald die positive Rechtsordnung, bald das Rechtssystem, bald der Geist der Rechtsordnung, bald der Rechtsgedanke, bald das wirkliche, bald das geformte Recht.[1]) Da der Gegenstand der Diskussion derart unbestimmt ist, ist eine heftige Polemik oft nur das Ergebnis eines groben Mißverständnisses. Interessant ist, daß Zitelmann seine Rede mit „Lücken im Recht" (Leipzig, 1903) betitelt, wo er ausdrücklich nur von den Gesetzeslücken sprechen wollte (S. 9) und Anschütz in seinen „Lücken in Verfassungs- und Verwaltungsgesetzen" (Verwaltungsarchiv XIV, 1906, S. 315 H) über Lücken berichtet, die nach seiner Überzeugung „unzweifelhafte Lücken des Rechts" seien (S. 332).

Die Literatur über das Lückenproblem ist in den letzten Jahrzehnten wieder sehr gewachsen, eine neue zusammenfassende Arbeit täte not. Wir nennen hier die wichtigsten und neuesten Arbeiten: Brinz, Rezension zu Adickes in der Krit. Vierteljahrsschrift, Bd. XV, 1873, S. 164 ff.; Lehrbuch der Pandekten, 2. Aufl. Erlangen 1873, S. 129 ff.; K. Bergbohm, Rezension zu v. Hagens, AöR, VI, 1891, S. 160; Jurisprudenz und Rechtsphilosophie, Leipzig 1892, S. 373 ff.; E. Ehrlich, Über Lücken im Recht, Wiener Jurist. Blätter, 1888, S. 447; Freie Rechtsfindung und freie Rechtswissenschaft, Leipzig 1903; E. Zitelmann, Lücken im Recht, Leipzig 1903; E. Jung, Von der logischen Geschlossenheit des Rechts, in Gießener Festgabe für Dernburg, Berlin 1900, S. 131 ff.; Positives Recht, in Festgabe für die Gießener Fakultät, Gießen 1907, S 469 ff.; Das Problem des natürlichen Rechts, Leipzig

---

[1]) Vgl. Herrfahrdt, Lücken, S. 4.

1912, dazu R. v. Laun, Eine Theorie des natürlichen Rechts, in AöR, Bd. XXX, 1913, S. 369 ff.; Carl Schmitt, Gesetz und Urteil, Berlin 1912, S. 16 ff.; Ph. Heck, Das Problem der Rechtsgewinnung, Tübingen 1912, S. 10 ff.; L. Spiegel, Gesetz und Recht, München und Leipzig 1913, S. 119 ff.; H. Reichel, Gesetz und Richterspruch, Zürich 1915, S. 95 ff., 113 ff.; Bierling, Juristische Prinzipienlehre, Tübingen 1911, Bd. IV, S. 383 ff.; Felix Somló, Die Anwendung des Rechts, in Grünhuts Z., Bd. XXXVIII, 1911, S. 58 ff.; Juristische Grundlehre, Leipzig 1917, S. 403 ff.; R. Stammler, Theorie der Rechtswissenschaft, Halle 1911, S. 64 ff.; Lehrbuch der Rechtsphilosophie, 3. Aufl. Berlin und Leipzig 1928, § 132 (S. 277 ff.); J. Binder, Philosophie des Rechts, Berlin 1925, S. 977 ff. — Zusammenfassende Arbeiten, H. Elze, Lücken im Gesetz, München und Leipzig 1913; gut H. Herrfahrdt, Lücken im Recht, Bonner Dissertation 1915, auf den ich besonders verweise. — Von publizistischen Behandlungen nenne ich L. v. Roenne, Das Staatsrecht der preußischen Monarchie, 3. Aufl., Leipzig 1869, § 65, S. 414 (Roenne-Zorn, Staatsrecht der preuß. Monarchie, 5. Aufl. Leipzig 1906, II, S. 45). Laband, Das Budgetrecht nach der preuß. Verfassungsurkunde, in Zeitschr. für Gesetzgebung und Rechtspflege in Preußen, Berlin 1871, S. 75; Das Staatsrecht des Deutschen Reichs, 4. Aufl., Tübingen 1901, Bd. IV, S. 537; G. Jellinek, Gesetz und Verordnung, Freiburg i. B. 1887, S. 297 ff.; Allgemeine Staatslehre, S. 537 ff.; Verfassungsänderung, S. 43 ff.; Bornhak, Preußisches Staatsrecht, Freiburg i. B. 1890, Bd. III, S. 598; Hatschek, Englisches Staatsrecht, Tübingen 1905, Bd. I, S. 154 ff.; Anschütz, Lücken in den Verfassungs- und Verwaltungsgesetzen, in Verwaltungsarchiv, Bd. XIV, 1906, S. 315; Brie, Zur Theorie des konstitutionellen Staatsrechts, AöR IV, 1889, S. 1 ff.; Billigkeit und Recht, in Archiv für Rechts- und Wirtschaftsphilosophie, Bd. III, 1909/10, S. 532 ff.; E. Kaufmann, Das Wesen des Völkerrechts und die Clausula rebus sic stantibus, Tübingen 1911, S. 49 ff., 139 ff.; W. Jellinek, Gesetz, Gesetzesanwendung, Tübingen 1913, S. 176 ff.; Burckhardt, Die Lücken des Gesetzes und die Gesetzesauslegung, Bern 1925; dazu Reichel, Gesetzeslücken, in Zeits. f. d. ges. Staatswissenschaft (ZStW) LXXXI, 1926, S. 503 ff.; V. Bruns, Völkerrecht als Rechtsordnung, in Zeitschr. für ausl. öff. Recht und Völkerrecht, I, 1929, S. 25 ff.; Alf Ross, Theorie der Rechtsquellen, Leipzig und Wien 1929, S. 341 ff.; H. Isay, Rechtsnorm und Entscheidung, Berlin 1929, S. 177 ff.

Die Einsicht, daß eine Lücke im Gesetz noch keineswegs Lücke im Recht bedeute, hat bisher — mit Ausnahme von Brinz — nie gefehlt. Daß selbst unter den Gesetzeslücken noch die echten von den unechten zu unterscheiden sind, — die unechten, wo das Gesetz über den in Frage stehenden Tatbestand nichts aussagt, die echten, wo das Gesetz für den Tatbestand eine bestimmte Rechtsfolge nicht vorschreibt (Zitelmann) — steht seit Zitelmann immer im theoretischen Vordergrund. Auch der Unterschied von wirklichem und geformtem Recht,[1]) von Existenz und Evidenz eines Rechtsatzes

---

[1]) Nicht erst bei Stammler, vgl. z. B. Ihering, Geist des röm. Rechts, 4. Aufl. Leipzig 1878, § 4 (S. 31 ff.).

wurde oft genug unterstrichen. — Dabei ist aber eine Unterscheidung, die m. E. in diesem Zusammenhang nicht ganz unwesentlich ist, bis jetzt immer übersehen worden: eine Unterscheidung unter den Rechtsnormen nach ihrer verschiedenen Natur.

Unter den Rechtsnormen einer jeden Rechtsordnung können zwei Arten voneinander unterschieden werden, die nur ihrer formalen Entstehung nach miteinander gleich sind, d. h. nach der jeweiligen positiv-rechtlichen Statuierung (Rechtssatzung). Ihrem Wesen nach sind aber davon die einen echte Rechtsnormen, d. h. rechtlich sanktionierte präexistente soziale Kulturnormen, — Werturteil enthaltende Normen, billigende und verwerfende Normen, die wohl zeitlich wandelbar sind, aber jeder staatlichen Rechtssetzung vorausgehen — denen auf der Seite der Sozietät (Kulturgemeinschaft) stets ein Rechtsbewußtsein, — oder Rechtsgefühl, Rechtsüberzeugung [1]) — gegenübersteht; die anderen sind nur technische Rechtsnormen, — d. h. wertindifferente Normen — die lediglich zur Verwirklichung der Rechtgebung oder zur Aufrechterhaltung der gemeinen Sozialordnung dienen, die ihre rechtliche Geltung also lediglich aus ihrer Normativität ableiten, denen das Rechtsbewußtsein der Volksindividuen völlig indifferent gegenüber steht.

Diese Unterscheidung entlehne ich M a r s c h a l l v. B i b e r s t e i n, Vom Kampf des Rechts gegen die Gesetze, Stuttgart 1927, S. 112 ff., der von Rechtsnormen und Richtungsnormen spricht. Vgl. Stephan K u t t n e r, Zur Sinngebung des Sollens, Europäische Revue, 1929, S. 62 ff. Die Bezeichnung echte Rechtsnorm und technische Rechtsnorm entlehne ich H. F e h r, Recht und Wirklichkeit, Leipzig 1927, S. 28 ff. Vgl. ferner G. R a d b r u c h, Grundzüge der Rechtsphilosophie, Leipzig 1924, S. 72 ff., und A. R a p p o p o r t, Die marxistische Rechtsauffassung, Riga 1927, S. 21 ff.; E. A. K o r o w i n, Das Völkerrecht der Übergangszeit, Berlin 1930, S. 13 ff.

In einem Fall, wo sich das Lückenproblem geltend macht, also wo das Gesetz auf einen konkreten Tatbestand keine oder keine befriedigende Entscheidung gibt — wo das Gesetz eine wirkliche Antwort schuldet, eine Lücke aufweist —, da ist es m. E. durchaus

---

[1]) Der Ausdruck ist unzulänglich gegenüber dem, was er bezeichnen soll: über die Problematik dieses und ähnlicher Ausdrücke siehe M a r s c h a l l, Kampf d. Rechts, S. 111, Note 343; I s a y, Rechtsnorm, S. 85 ff.

unterschiedlich, welche Art von Rechtsnormen hier in Frage steht. Betrifft es die Region der echten Rechtsnormen, — die konkrete Tatsache verlangt nach einer Billigung oder einer Verwerfung durch die Rechtsnormen — so ist eine Entscheidung jedenfalls möglich. Denn hier wird eine Wertung durch das Rechtsbewußtsein erfordert und kann stets gefunden werden, auch wo uns die konkreten Normierungen vorläufig keine Antwort geben. Sind doch die echten Rechtsnormen nichts anders als — freilich bestimmt geartete, d. h. staatlich statuierte — Ausdrücke des jeder Rechtsetzung präexistenten Rechtsbewußtseins, das der eigentliche Träger jeder menschlichen — individuellen wie sozialen — Wertung ist. Betrachtet man, daß die echten Rechtsnormen einer konkreten Rechtsordnung niemals die volle menschliche Wertung nach Recht und Unrecht erschöpfend statuieren, ferner, daß die Existenz und Evidenz eines Rechtsatzes nicht miteinander verwechselt werden dürfen, also, daß die Grenze des Rechts (Urteil des Rechtsbewußtseins) mit der der Gesetze keineswegs zusammenfällt, so ist es denn auch durchaus richtig zu sagen: das Recht hat keine Lücken, Lücken haben nur die Gesetze. Denn die Entscheidung, nach der verlangt wird, ist doch stets möglich, auch wenn die Paragraphen versagen; mit anderen Worten: lückenlos ist das Rechtsbewußtsein, es gibt jederzeit auf jeden Fall Antwort und Entscheidung.

Ganz anders wird es aber, wenn die festgestellte Lücke technische Rechtsnormen betrifft. Denn diese sind gänzlich wertindifferent, sie entstehen nicht aus dem sozialen Rechtsbewußtsein, sondern sie gelten lediglich kraft ihrer Normativität. Sie sind verbindliche Normen, weil und solange sie „Rechtsnormen" sind. Sie hatten vor ihrer formalen Statuierung kein ideelles Dasein. Bei ihnen fällt die Existenz und Evidenz begrifflich zusammen. Macht sich nun praktisch die Lücke einer solchen technischen Rechtsnorm geltend, so kann eine Entscheidung weder aus der bestehenden Rechtsordnung noch aus unserem Rechtsbewußtsein heraus gebildet werden. Eine präexistente Antwort ist hier nicht vorhanden, unser Rechtsbewußtsein versagt hier, weil es dem Inhalt dieser Normengruppen gegenüber völlig indifferent dasteht. Von einer logischen Geschlossenheit oder Lückenlosigkeit kann hier also gar nicht die Rede sein.

Wenn die „logische Geschlossenheit der Rechtsordnung" immer wieder von neuem verteidigt wird, so haben die Schriftsteller meistens das über die Gesetze weit hinausreichende Rechtsbewußtsein im Sinn. Wollte man aber allein aus der Unzulänglichkeit der technischen Rechtsnormen gegenüber der Vielgestaltigkeit sozialen Lebens auf Lücken des Rechts schließen, oder gar auf die Grenze der Rechtsordnung oder die der Jurisprudenz, so ist dieser bescheidene Verzicht gegenüber beiden ein großes Unrecht.

Ein weiterer Umstand ist bis jetzt fast unbeachtet geblieben, der zur richtigen Würdigung des Lückenproblems von großer Wichtigkeit ist: die Frage nach dem Maßstab, an dem gemessen eine Lücke festzustellen ist.

Denn man kann nicht überall von Lücken sprechen, wo und sobald der Rechtssuchende eine gewünschte Entscheidung vermißt. Aus der subjektiven Gefühlswelt des Rechtssuchenden kann ein Maßstab für die Existenz einer Lücke nicht gewonnen werden,[1] vielmehr muß die Rechtsordnung objektiv eine Lücke aufweisen: d. h. von der individuellen Überzeugung des Rechtssuchenden und der Zwangslage des Richters (etwa wie bei Art. 1 Schweiz. ZGB) völlig abgesehen, hätte die Rechtsordnung bei vernünftiger Erwägung eine ausdrückliche Willenserklärung über den in Frage stehenden Tatbestand enthalten müssen. Enthält sie diese aber nicht und beruht dies entweder auf Übersehen der Gesetzgeber oder auf Unvoraussehbarkeit des eingetretenen Tatbestands, so liegt eine Lücke (des Gesetzes) vor. Denn der Satz, daß die Rechtsordnung alles, worüber sie nichts aussagt, nicht behandeln wolle, daß ihr alles das völlig gleichgültig sei,[2] ist zwar gedanklich plausibel, wird aber der fortschreitenden Kulturwirklichkeit nicht gerecht. Freilich ist der objektive Maßstab, der hier in Frage steht, nicht leicht zu finden. Allenfalls ist die Hantierung mit der mystischen Personifikation des Gesetzgebers nicht immer ungefährlich. Aber irgendwie von der Rechtsordnung werden wir ausgehen müssen: wir werden insbesondere nach der Natur eines konkreten Rechtsgebiets, der Intention einer bestimmten Rechtsreglung zu fragen haben. Steht es doch fest, daß die Ausgestaltung des öffentlichen Rechts bei weitem schematischer ist als die des Privatrechts, daß das bürgerliche Recht für einen bei weitem größeren Personenkreis zu gelten heischt als das Handelsrecht. Rechtstheoretisch kann man denken

---

[1] So vor allem Brinz, Rezension zu Adickes, S. 164.
[2] Das ist die ganze Theorie von Brinz, vgl. aaO.

wie man will, sobald aber eine positiv-rechtliche Frage aufgeworfen wird, kann die Eigenart des betreffenden Rechtsgebiets niemals außer acht gelassen werden. Das Postulat einer einzigen allgemeinen Rechtslehre und einheitlicher juristischer Grundbegriffe führt bei derartigen Schwierigkeiten zu keiner Lösung.

Die Notwendigkeit dieses „Lückenmaßstabs" hat nunmehr auch Alf Ross besonders unterstrichen und dessen „Verschweigung durch die Literatur" gerügt (Rechtsquellen, S. 341, 348). Im übrigen hat er eine völlig andere Auffassung.

Angesichts des Zusammenhangs, aus dem wir die Frage nach den Lücken anschneiden, — das Verhältnis von Verfassungslücken und Verfassungswandlung —, erübrigt es sich, auf das eigentliche Lückenproblem näher einzugehen. Denn es gilt uns hier zu fragen: Gibt es Lücken in der Verfassung? Sind sie Lücken der Verfassungsgesetze oder die des Verfassungsrechts? Wie sind sie beschaffen und wie wirken sie sich aus? — Dagegen können andere Fragen, die wesentliche Streitpunkte der großen Lückenliteratur sind: die Unterscheidung von echten und unechten Lücken, von bloßen Korrekturen und richtiger Lückenausfüllung, das Problem von ausdehnender und einschränkender Auslegung, von Rechtsschaffung und Rechtsfindung usw., vorläufig zurückgestellt werden. Ja auch andere schwierige Probleme, die mit unserer Materie scheinbar im Zusammenhang stehen, etwa das Problem der Unterscheidung von öffentlichem und Privatrecht, das Problem der besonderen Natur der Verfassung und des Verfassungsrechts (etwa als „Recht höherer Ordnung") lassen wir zunächst auf sich beruhen: die aus dem Zusammenhang des Gegenstandes gebotene Fragestellung macht eine dogmatische Erörterung über die Abgrenzung und Feststellung genannter Art an dieser Stelle überflüssig.

Das Problem der Unterscheidung von öffentlichem und Privatrecht — ein Problem aus der allgemeinen Rechtsprinzipienlehre und Rechtsmethodik — ist in der jüngsten Zeit vorwiegend gegen und um die normlogische Rechtsschule erörtert worden. Wir können hier nicht näher darauf eingehen. Allgemein sind als Monisten zu nennen: Austin, Lectures on Jurisprudence, London 1863, II pp. 71, 435 sqq. H. Krabbe, Die Lehre der Rechtssouveränität, Groningen 1906, S. 31 ff.; Kelsen, Hauptprobleme der Staatsrechtslehre, Tübingen 1911, S. 269 f., 630 ff.; v. Laun, Theorie von natürlichem Recht, AöR XXX, 1913, S. 398 ff. Als wichtigste Literatur zitiere ich Bierling, Zur Kritik der juristischen Grundbegriffe, 2. Teil, Gotha 1883, S. 150 ff.; Holliger, Das Kriterium des Gegensatzes zwischen dem öffentlichen und dem Privatrecht (Zürcher

Dissertation), 1904; J. v. S c h e n k, Die Abgrenzung des öffentl. und des Privatrechts in Österreich ZöR I, 1914, S. 63 ff.; F. S o m l ó, Juristische Grundlehre, Leipzig 1917, S. 485 ff. 490 ff.; E. J u n g, Die Abgrenzung des Privatrechts vom öffentlichen Recht und über die Gliederung des gesamten Rechtsstoffs, in der Zeitschrift für Rechtsphilosophie II, 1919, S. 293 ff.; L. W a l d e c k e r, Allgemeine Staatslehre, Berlin 1927, S. 361 ff., 367; S t a m m l e r, Rechtsphilosophie, § 134; G. A. W a l z, Vom Wesen des öffentl. Rechts, Stuttgart 1928; A. G y s i n, Öffentliches Recht und Privatrecht, in ZöR, IX, 1930, S. 481 ff. — Die besondere Natur der Verfassung als Gesetz und des Verfassungsrechts ist in der Literatur, wenn auch nicht immer richtig erkannt, doch durchweg zugegeben; anders dagegen F. S o m l ó, Jurist. Grundlehre, S. 320 ff.; K l e e, Die richterliche Prüfung von Gesetzen, Deutsche Richterzeitung, 1924, S. 149.

Die bisherige juristische Literatur, die sich mit dem Problem der Verfassungslücken beschäftigt, hat ihre Existenz durchweg bejaht, darunter einige Publizisten, die sonst für die übrigen Rechtsgebiete das Dogma von der Geschlossenheit des Rechtssystems durchaus anerkennen (J e l l i n e k, A n s c h ü t z). Jedoch zeigt sich bei der näheren Betrachtung, daß diese allgemeine Lehre nicht ganz haltbar ist.

Man hat nämlich bisher immer von Verfassungslücken gesprochen, — manche von Gesetzes-, manche von Rechtslücken — und sich um die Art ihrer Ausfüllung und die Erklärung ihrer Natur bemüht, ohne jedoch darauf einzugehen, auf welche Weise sich diese Lücken ergeben haben, d. h. an welchem Maßstab gemessen diese Lücken festzustellen und festgestellt sind. Es sind meistens Spekulationen individueller Art, die da und dort eine Entscheidung vermissen und wünschen, oder, um das einmal aufgestellte Dogma zu illustrieren, werden eine Reihe von hypothetischen Fällen konstruiert, an deren faktischen Eintritt im normalen Staatsleben nicht ernsthaft gedacht werden kann.

Die besondere Natur und die eigentümliche Beschaffenheit der geschriebenen Verfassung als Gesetzeswerk sind es, die hier nicht genügend erkannt worden sind. Und das führte dahin, daß Verfassungsgesetze unter denselben Gesichtspunkten betrachtet werden wie andere gewöhnliche Gesetze: so hat man vom Verfassungsgesetz dieselbe Ausführlichkeit und Vollständigkeit bei der rechtlichen Regelung der staatlichen Lebenswirklichkeit erwarten zu müssen geglaubt, wie vom Bürgerlichen Gesetzbuch für das Privatrechtsleben oder vom Strafgesetzbuch für die je vorkommenden kriminellen Fälle.

Ähnliche Rüge jetzt auch bei Carl S c h m i t t, Die staatsrechtliche Bedeutung der Notverordnung, aus „Notverordnung und öffentliche Verwaltung", Berlin und Wien 1931, S. 3, und Karl L ö w e n s t e i n, Erscheinungsformen der Verfassungsänderung, Tübingen 1931, S. 240, 253.

Man hat nicht genügend erkannt, daß die Verfassung die gesetzliche Regelung des Staats a l s T o t a l i t ä t ist, daß sie das staatliche Rechts- und Kulturleben als Ganzes erfaßt: ihre Intention geht auf die Normierung der gesamten Sozialordnung, nicht auf die Regelung einzelner Rechtsverhältnisse. Das ist der wesensmäßige Unterschied des Verfassungsgesetzes von anderen Gesetzen. Und bei dieser Beschaffenheit stehen die inhaltlich verschiedenartigen Rechtsnormen eines Verfassungsgesetzes ideell und sinngemäß in einer harmonischen Dialektik zueinander: die technischen Rechtsnormen dienen zur Aufrechterhaltung (Konkretisierung) der echten Rechtsnormen, die echten Rechtsnormen — die staatlich anerkannten Kulturnormen, selbst ein Kulturgut, Schutz anderer Kulturgüter — verleihen den technischen Rechtsnormen ihre Legitimität, begründen ihr rechtliches Dasein.[1]) Hier besteht kein Unterschied zwischen Subjekt und Objekt der Rechtsordnung, — eine Konzession durch den Monarchen bezeichnet nur den formalen Vorgang —, kein Unterschied zwischen Mittel und Zweck der Rechtssatzung: der Gegenstand jeder Betrachtung ist immer wieder die staatliche Lebenstotalität.

Hier soll nur die Zurückführung der staatsrechtlichen Stoffe auf die verfassungstheoretische Orientierung einmal unterstrichen werden. Vgl. dazu u. a. G. H u s s e r l, Rechtskraft und Rechtsgeltung, Berlin 1925, S. 73, S m e n d, Verfassung und Verfassungsrecht, S. 78, 80 ff., 128 ff; Einleitung zur Reichsverfassung, Berlin 1929, S. XXV; H. H e l l e r, in den Veröffentlichungen der Vereinigung deutscher Staatsrechtslehrer, Heft V, 1929, S. 112.

Dieser angedeutete Sinn der Verfassung erklärt uns die eigentümliche Beschaffenheit der Verfassungsgesetze, ihre oft gesuchte „Unvollständigkeit", ihre „bewußten Lücken". Da sie auf die Totalität des Staates gerichtet ist, so kann es nicht ihre eigentliche Auf-

---

[1]) Die inhaltliche Anknüpfung vom ersten und zweiten Hauptteil der Weimarer Verfassung siehe S m e n d, Einleitung zur Reichsverfassung, Berlin 1929, S. XX; vgl. ebenfalls H. W e s p e, Begriff und Bedeutung der Verfassung (Königsberger Dissertation), 1926, S. 27.

gabe sein, die einzelnen Rechtsverhältnisse der staatlichen Lebenswirklichkeit erschöpfend[1]) und optimal zu regeln. Vielmehr stellt sie nur grundsätzliche Richtlinien (Prinzipien) fest, nach denen sich die konkrete Rechtsordnung zu gestalten, die Sozialordnung zu entwickeln hat. So ist es nicht nur **technisch** unmöglich, unter diesen grundsätzlichen Richtlinien auch Vorschriften über jedes einzelne Rechtsverhältnis aufzunehmen, sondern die Aufnahme solcher Vorschriften ist **verfassungsbegrifflich** nicht notwendig, und es wäre auch **gedanklich** falsch, solche Vorschriften aufnehmen zu wollen; denn der Gegenstand der Verfassung als gesetzlicher Regelung ist die Staatstotalität: die verschiedenen Einzelheiten, wenn sie weder die Rechtsordnung noch die Sozialordnung in bedeutendem Maße betreffen, sind ihr gänzlich gleichgültig, sie sind verfassungsrechtsindifferent.

Daß die Verfassung nicht „alles" aufnehmen kann und aufnehmen will, ist verschiedentlich festgestellt worden, freilich nicht aus ihrem Sinngehalt heraus. Meistens liegen praktische Erfahrungen zugrunde. Vgl. z. B. E. v. Jagemann, Deutsche Reichsverfassung, Heidelberg 1904, S. 229; Brie, Theorie d. konst. Staatsrechts, AöR IV, 1889, S. 32. — Natürlich ist keine Verfassung ganz frei von verfassungsindifferenten Normen, darüber weiter unten. Aber die Feststellung des Nebeneinanderbestehens von verfassungswesentlichen und verfassungsindifferenten Normen ist verfassungstheoretisch von Bedeutung. Die Unterscheidung Nawiasky's von Verfassungen in die, die „einen vorhandenen Zustand kodifizieren", und die, die „sich von der Gegenwart abwenden und in die Zukunft weisen" (Grundprobleme der Reichsverfassung, Berlin 1928, S. 77 ff.) ist für unsere Erörterung recht fruchtbar, ändert aber nichts an ihrem Ergebnis. Unserer Unterscheidung nahe kommt Karl Löwenstein, der zwischen „Fundamentalsätzen" und „Ausführungsnormen" der Verfassung unterscheidet (Erscheinungsformen, S. 243 f.), er behandelt sie aber nicht in unserem Zusammenhang.

Aus der dreifachen Negation: daß eine „vollständige" Rechtsregelung durch die Verfassung begrifflich nicht notwendig, technisch nicht möglich ist und die Verfassung danach nicht tendiert, ergibt sich, daß es nicht angängig ist, von „Lücken der Verfassung" zu sprechen, wo die Entscheidung irgendeiner öffentlich-rechtlichen Einzelheit im Verfassungsgesetz vermißt wird. Die Verfassung ist hier nicht lückenhaft, denn ihre Aufgabe besteht nicht darin, für jede mögliche Rechtslage Antwort und Entscheidung zu geben.

---

[1]) E. Kaufmann, Untersuchungsausschuß und Staatsgerichtshof, Berlin 1920, spricht von „erschöpfender Regelung" der rechtlichen Verantwortlichkeit usw. (S. 80 f.). Dies bezieht sich lediglich auf eine einzelne „Materie".

Eine Lücke dort festzustellen, wo die Rechtsordnung prinzipiell darüber nichts aussagen will, hieße ein objektives Phänomen subjektiv konstruieren.

Freilich ist es nicht einfach, die verfassungswesentlichen Grundnormen gegen die verfassungsindifferenten Einzelvorschriften abzugrenzen. Die formale Existenz in der Verfassungsurkunde sagt über den Wertgehalt eines Rechtssatzes noch gar nichts. Es kommt vor, daß gewisse grundsätzliche Normen nicht aufgenommen werden, weil sich die beteiligten Faktoren über den Inhalt nicht einigen können,[1]) oder daß manche Verfassungen — aus irgend welchem Motiv — Rechtsnormen von sehr geringer Bedeutung enthalten,[2]) oder daß manche Verfassungsrechtssätze bewußt und gewollt sich undeutlich ausdrücken.[3]) Dazu kommt, daß die Auffassung von der Bedeutung eines Rechtssatzes oder eines Rechtsverhältnisses sowohl zeitlich wandelbar als auch örtlich verschieden ist.[4]) Daher gibt es niemals zwei Verfassungsurkunden, die sich inhaltlich völlig decken, und die Aufzählung einzelner Rechtsmaterien in der Verfassung kann immer nur eine schwankende sein. Außerdem ist nicht zu vergessen, daß jede Verfassungsgesetzgebung in Wahrheit doch immer einen Kampf darstellt, — Kampf in irgend

---

[1]) Vgl. Brie, Konst. Staatsrecht, AöR IV, 1889, S. 32.

[2]) Z. B. war in Amerika eine Zeitlang die Entlastung der einfachen Legislatur auf Kosten der Verfassungsgesetzgebung üblich. Man hat dort zur Verfassungsgesetzgebung gegriffen, um entweder die Legislatur zu vermeiden, wenn gewisses Mißtrauen gegen diese bestand, oder um die betroffenen Gesetze vor der Willkür zufälliger Majoritäten zu stabilisieren, oder endlich um dem allgemeinen richterlichen Prüfungsrecht zu entgehen, da die Richter die einfachen Gesetze für nichtig zu erklären in der Lage sind. So sind dort die Verfassungen oft zu kleinen Gesetzbüchern herangewachsen und enthalten Gegenstände, die durch einfache Verordnungen geregelt werden könnten. Vgl. hierüber Jellinek, Allg. Staatslehre, S. 533; J. Bryce, American Commonwealth, Vol. I, pp. 494—96; E. P. Oberholtzer, The Referendum in Amerika, Philadelphia 1893, pp. 44 sqq. — In der Schweiz kann jede Forderung zum Gegenstand eines Volksbegehrens gemacht werden. „Das verwischt die Unterscheidung zwischen Verfassungsmaterie und Gegenstand gewöhnlicher Gesetze." (Fleiner, Schweizerisches Bundesstaatsrecht, Tübingen 1923, S. 398 ff.

[3]) Tezner, Konventionalregeln, Grünhuts Zeitschrift, Bd. XLII, S. 584; Smend, Ungeschriebenes Verfassungsrecht im monarchischen Bundesstaat, in der Festgabe für O. Meyer, Tübingen 1916, S. 264.

[4]) Vgl. G. Seidler, Das juristische Kriterium des Staates, Tübingen 1905, S. 74; Wittmayer, Weimarer Reichsverfassung, Tübingen 1922, S. 28; Karl Löwenstein, Erscheinungsformen, S. 76/7.

welcher Form: konservativ-liberal, unitarisch-föderalistisch, sozialistisch-bürgerlich oder sonstwie —, und daher nicht jede mögliche Frage, sei sie noch so sehr von Wichtigkeit, immer gelöst oder in befriedigender Weise gelöst wird: es wird oft die Frage weiter offen gelassen oder ein vorläufiges Kompromiß geschlossen, statt eine endgültige Entscheidung herbeizuführen.[1]) Dazu kommt endlich die Möglichkeit, daß sich in der Entwicklung der staatlichen Lebenswirklichkeit eine Frage herausstellt, an die man bei der Verfassungsgesetzgebung niemals gedacht hat, die aber im gegebenen Zustand von grundsätzlicher verfassungsrechtlicher Bedeutung geworden ist (man denke an die „neuen" Grundrechte der Weimarer Verfassung).

Also: das Fehlen einer verfassungsindifferenten Einzelvorschrift bedeutet noch keineswegs „Lücke" in der Verfassung. Wie ist es aber nun, wenn das Fehlen einer verfassungs w e s e n t l i c h e n Grundnorm festgestellt wird? Sei es, daß die Verfassung eine wesentliche Frage übersehen hat, sei es, daß sie sie bewußt offen ließ, sei es endlich, daß die Lebensentwicklung sie erst allmählich herausgestellt hat.

Die Existenz solcher unbeantworteten wesentlichen Fragen kann freilich nicht geleugnet werden. Aber es ist eine Verkennung des Wesens der Verfassung, wenn man deshalb von Verfassungslücken sprechen wollte. Denn die Verfassung beansprucht auch in Bezug auf die verfassungs g r u n d s ä t z l i c h e n Normen nicht vollständig zu sein, und sie kann es auch nicht beanspruchen.[2]) Das hat seinen Grund zum Teil in der schwierigen politischen Situation, in der sich jede Verfassungsgesetzgebung befindet, zum Teil in der Schwierigkeit der Feststellung der verfassungswesentlichen Grundnormen und der verfassungswesentlichen Rechtsverhältnisse, wie oben angedeutet wurde.

Die Sinnsystemhaftigkeit, von der aus wir den Begriff der Ver-

---

[1]) Vgl. z. B. die Bedeutung des Art. 146 II RV als Kompromiß: S m e n d, Einleitung zur RV, S. XXIV.

[2]) Ch. B o r g e a u d: La cons itution écrite n'est pas le code complet du droit constitutionnel d'un pays (Etablissement et révision des constitutions en Amérique et en Europe, Paris 1893, p. 48). Vgl. B r y c e, Amer. Commonwealth I, p. 374; Ch. A. B e a r d, The Supreme Court and the Constitution, new edition, New York, 1926, p. 66; Karl L ö w e n s t e i n, Erscheinungsformen, S. 240.

fassungslücken leugnen, gibt uns aber zugleich den Fingerzeig, auf welchem Weg die festgestellten „Verfassungslücken" überwunden werden können. Denn wenn die Verfassung ihrem Sinngehalt nach den Staat als Lebenstotalität umfaßt, so kann und muß jede Frage der staatlichen Lebensentwicklung aus ihr beantwortet werden.[1]) Allerdings darf man nicht am Buchstaben haften, denn das ist auch gerade der Grund, warum die allgemeine Lehre uneingeschränkt die Existenz der Verfassungslücken bejaht hat und verzweifelt hier die Grenze der Jurisprudenz zugeben zu müssen glaubt. Denn wo man die Vorschriften der Verfassung zu rein stofflichen Einzelregelungen reduziert hat und damit ihre systematische Sinnhaftigkeit völlig verkennt, da ist die Feststellung ihrer Unzulänglichkeit gegenüber der staatlichen Lebenswirklichkeit nur allzu natürlich. Wo aber ihre Intention auf die Totalität (nicht Einzelheit und Vollständigkeit) erkannt wird, wo der Geist der Verfassung als eine existente Größe angesehen wird, wo die Verfassung als „das Lebensprinzip des Staates"[2]) nicht als leere Phrase gewertet wird, da muß bei Fehlen einer ausdrücklichen Norm für den konkreten Tatbestand doch irgendwie eine Antwort aus der Verfassung heraus gewonnen werden können. Stellen doch auch Verfassungsrechtssätze „Rechtsgedanken"[3]) einer bestimmten Sozialwertung dar, sind doch auch aus den Verfassungsrechtssätzen gewisse „Werturteile"[4]) zu entnehmen, die uns erkennbare Richtlinien für die zu gebende Entscheidung bieten können.

Freilich wird die Entscheidung, die auf diese Weise gewonnen wird, nicht immer allgemein befriedigend sein. Irgendeiner ablehnenden Kritik ist sie stets ausgesetzt. Die Differenzen von politischen Anschauungen und Rechtsempfindungen, die in den Volksmassen ruhen, werden sich hier in erhöhtem Maße geltend machen.[5]) Werden doch auch andere Entscheidungen, die auf Grund von unzwei-

---

[1]) Freilich nicht Verfassung als „lückenlose geschlossene K o d i f i k a t i o n, die aus sich selbst heraus zu erklären ist": eine „verhängnisvolle irrtümliche Auffassung", gegen die Stier-Somlo mit Recht polemisiert (Deutsches Reichs- und Landesstaatsrecht I, S. 30).

[2]) K. Welcker, Staatslexikon, 3. Aufl., Leizig 1865, Bd. XIII, S. 504.

[3]) Spiegel, Gesetz u. Recht, S. 123.

[4]) Herrfahrdt, Lücken im Recht, S. 90.

[5]) Das ist natürlich heute in dem „pluralistischen" Staatsgebilde besonders fühlbar und deshalb wichtig festzustellen.

deutigen Gesetzesvorschriften ergangen sind, oft starken Anfechtungen unterzogen. Man darf jedenfalls nicht dort die Grenze der Jurisprudenz feststellen wollen, wo sie ihre ernste Aufgabe gerade erst zu erfüllen hat.

Betrachten wir einmal die Beispiele der Verfassungslücken, die die allgemeine Lehre uns überliefert hat: zunächst sei der preußische Budgetkonflikt von 1862 genannt, der eigentlich erst das Lückenproblem in die Literatur eingeführt hat. Die Preußische Verfassung von 1850 schreibt für den Staatshaushaltsplan die Gesetzesform vor, und als im Jahre 1862 dieses Gesetz nicht zustande kam, entstand die Frage, wie die staatliche Wirtschaft nunmehr fortzuführen sei. Ähnlich ist der konstruierte Fall der Friedenspräsenzstärke: was gilt, wenn das Gesetz über die Präsenzstärke nicht zustande kommt? Fernerhin ist angedeutet worden, daß die Verfassungskonflikte immer echte Verfassungslücken seien.[1]) Das sind Fälle, die uns zu einigem Nachdenken gewiß gerechten Anlaß geben. Andere Beispiele, die in der Literatur oft mit großer Vorliebe vorgeführt werden, sind meistens leere Konstruktionen lebhaftester Phantasie, deren Eintritt ebenso unwahrscheinlich ist wie eine verfassungsgesetzliche Bemühung um ihre Lösung müßig — um nicht zu sagen, absurd — wäre. Es ist z. B. gefragt worden, was geschieht, wenn die französische Nationalversammlung, die den Präsidenten zu wählen hat, sich weigert, die Wahl vorzunehmen? Oder, wenn das während der Zeit der Präsidentenlosigkeit (bei Neuwahl, oder bei Tod des Präsidenten) mit der exekutiven Gewalt bekleidete Ministerium seine Demission gibt?[2]) Oder, wenn der deutsche Kaiser als solcher, aber nicht als König von Preußen abdankt?[3]) So hätten wir ebensogut fragen können: was hat zu geschehen, wenn die sämtlichen Mitglieder einer Staatsregierung handlungsunfähig geworden sind? Oder, wenn das ganze Volk sich weigert, jeden staatlichen Befehl auszuführen?

Vgl. über die Beispiele und Erörterungen der Verfassungslücken:

---

[1]) Anschütz, Lücken, S. 334.
[2]) Jellinek, Allg. Staatslehre, S. 357/8.
[3]) Diese akademische Frage bei Anschütz, Lücken, 1906, S. 338, ist im Jahre 1918 beinahe von praktischer Bedeutung geworden. Aber kann man da sagen, daß die Bismarcksche Verfassung hier eine Lücke aufweist, weil sie an eine staatsrechtliche Situation wie die des Jahres 1918 nicht gedacht hat?

Jellinek, Allg. Staatslehre, S. 357 ff.; Zitelmann, Lücken, S. 33; Anschütz, Lücken, S. 332. — Über den Budgetkonflikt Laband, Das Budgetrecht nach den Bestimmungen der preußischen Verfassungsurkunde, und Staatsrecht, 4. Aufl., 1901, Bd. IV, S. 537 mit Literaturnachweis; Jellinek, Gesetz u. Verordnung, S. 301; Bornhak, Preuß. Staatsrecht, Bd. III, S. 598; Bergbohm, Jurispr. u. Rechtsphilosophie, S. 386 f.; Carl Schmitt, Verfassungslehre, S. 332. — Über Präsenzstärke Brie, Konstitutionelles Staatsrecht; AöR IV, 1889, S. 32 mit weiteren Zitaten.

Es sind in Wahrheit zwei ganz verschiedene Gruppen von Fragen, die hier in einem unklaren Zusammenhang aufgeworfen sind. Bei den einen ist die ganze Staats- und Rechtsordnung überhaupt in Frage gestellt, es ist eine Krisis des ganzen Rechtssystems und nicht mehr nur „die Grenze des Staatsrechts"[1]: von einfachen „Lücken" kann überhaupt nicht die Rede sein.[2] Bei den anderen handelt es sich lediglich um Fragen, deren Lösung in der Verfassung nur nicht ausdrücklich (buchstäblich) vorgesehen worden ist. Von Lücken ist hier deshalb nicht zu sprechen, weil die Verfassung eine vollständige Regelung staatsrechtlicher Verhältnisse und Eventualitäten gar nicht intendiert. Und wenn man die Ansicht teilt, daß eine Lösung kraft der Sinnsystemhaftigkeit der Verfassungsformen immer gefunden werden kann, so muß auch hier die „Grenze des Staatsrechts" aufs entschiedenste geleugnet werden.

Beim Fall des Budgetkonflikts — dem meist zitierten Argument für die Existenz von Verfassungslücken — handelt es sich in Wahrheit um eine Frage der Politik, nicht um den Mangel einer Rechtsnorm. Denn daraus, daß die Verfassung für den Staatshaushalt ein Budgetgesetz vorschrieb, ergibt sich, daß ein Staatshaushalt ohne Budgetgesetz verfassungsrechtlich nicht rechtmäßig ist. Aber es wäre doch verfassungsrechtlich noch weniger rechtmäßig — und das liegt ganz auf der Hand —, wenn die Regierung deshalb den Staatshaushalt einfach liegen ließe.[3] In einem Fall, in dem man weiß, was rechtens ist und was nicht rechtens ist und auch, was in concreto zu geschehen hat, kann von einer Rechtslücke nicht die Rede sein. Ähnliches ist zum Fall der Präsenzstärke zu sagen. Und bei Verfassungskonflikten wird man wohl zu-

---

[1] Anschütz, aaO., S. 336.
[2] So auch Spiegel, Gesetz u. Recht, S. 111.
[3] Daher waren die Vorwürfe, die man Laband, der einem Staatshaushalt ohne Budget das Wort führte, machte, nicht ganz berechtigt.

nächst an eine schlichtende Instanz denken müssen; fehlte es an einer solchen, so würde aus den allgemeinen Prinzipien, die in der Verfassung festgelegt sind — Demokratie, Rechtsstaat, Liberalismus, unitarische oder föderalistische Tendenz —, eine Entscheidung zu entnehmen sein. Ist das aber nicht möglich, handelt es sich also um eine von der Verfassung völlig offen gelassene Frage, so wird das letzte Ergebnis, das faktisch zutage tritt, auch die rechtlich sanktionierte Lösung sein.[1])

Im Fall, wo ein Monarch ohne Ernennung des Thronnachfolgers wegfällt (Jellinek, Allgem. Staatslehre, S. 358, Zitelmann, Lücken, S. 33, Anschütz, Lücken, S. 337), liegt die Sache etwas anders, denn hier verweist die Verfassung bezüglich der Thronnachfolge oft auf die königlichen Hausgesetze (z. B. Preuß. Verfassungsurkunde von 1850, Art. 53) und oft entsteht zwischen den alten Hausgesetzen (z. B. Bestimmungen über Heimfallrechte oder über Erbverbrüderungen, vgl. z. B. Roenne-Zorn, Das Staatsrecht der preußischen Monarchie, 5. Aufl., Leipzig 1899, Bd. I, S. 221, Anm. 3) und dem modernen Staatsrecht (z. B. dem Grundsatz der Unteilbarkeit der preußischen Monarchie, vgl. z. B. Roenne-Zorn, aaO., S. 221) ein Widerspruch, wobei also der Verweis leerlaufen muß und damit eine „Lücke" entsteht. Freilich ist sich die bisherige Literatur dessen nie bewußt gewesen und hat die „Lücke" einfach formalistisch festgestellt. Aber auch dieses Bedenken ist für heutige Verhältnisse nicht mehr von Gewicht.

Natürlich kann mit einer unbedingten Verwirklichung all dieser theoretischen Erwägungen niemals gerechnet werden. Die politische Geschichte der Jahrhunderte hat uns zur Genüge gezeigt, daß es eine völlige Koinzidenz von Rechtsordnung und Staatslebenswirklichkeit niemals gegeben hat und auch nicht geben kann. Über die Wirklichkeit der Rechtskraft und Rechtsgeltung darf man sich — auch als Jurist — nicht täuschen lassen. Aber es wäre doch eine Preisgabe jeder theoretischen Arbeit, zu sagen, wir sind hier am Ende der juristischen Dinge,[2]) wir stehen vor „der Grenze des Staatsrechts"![3])

---

[1]) Man denke z. B. an den Todesfall des ersten deutschen Reichspräsidenten im Jahre 1925. Da war jede praktische Lösung — daher auch damals die Vertretung durch den Reichsgerichtspräsidenten —, weil eben die Verfassung diese Frage ganz offen ließ, verfassungsrechtmäßig. — Carl Schmitt weist mit Recht für solche Fälle, für das „verfassungsrechtliche Provisorium", auf die gesteigerte Bedeutung der Präzedenzfälle hin (Staatsrechtliche Bedeutung der Notverordnung, S. 4/5).

[2]) Zitelmann, Lücken, S. 33.

[3]) Jellinek, Allg. Staatslehre, S. 360; dazu fragt Spiegel mit Recht: ist damit die Staatsgesetzgebung, oder die Staatsrechtswissenschaft oder endlich die Staatsrechtsordnung gemeint (Ges. u. Recht, S. 121)?

An diesen zitierten Beispielen haben wir gesehen, daß die sogenannten Verfassungslücken ausschließlich technische Rechtsnormen betreffen, für die das einfache Rechtsempfinden keine Wertung hat. Dieser Umstand ist in Wahrheit der letzte Grund der ganzen Problemlage unseres Gegenstandes. Wenn in der Literatur als Ursache der Verfassungslücken gelehrt wird, daß es hier an einer richterlichen Instanz fehle,[1]) oder, daß hier Willenserklärungen über vorausgesetzte Notwendigkeiten unterblieben seien, die nicht erzwungen werden können,[2]) so ist das nur die äußerliche (formale) Seite dieses innerlichen (wesentlichen) Moments. — Im letzten Grunde ist die ganze formalistische Verzweiflung, die sich in der Theorie von den Verfassungslücken ausspricht, das natürliche Ergebnis der Verkennung des geistigen Sinngehalts der Verfassung: bei Übersehen der Sinnsystemhaftigkeit der Verfassung werden die Verfassungsparagraphen notwendig zu Einzelvorschriften reduziert; bei Haften am Buchstaben ist die Unzulänglichkeit (Lückenhaftigkeit) der geschriebenen Rechtssätze gegenüber der Lebensfülle der Staatswirklichkeit nur zu natürlich.[3])

E. Kaufmann leugnet Lücken im Staatsrecht, erkennt aber seine Grenze an, da es sich im Staatsrecht nicht um hypothetische, sondern um kategorische Rechtssätze handle. Diesen gegenüber habe es keinen Sinn zu fragen, was eintritt, wenn den in ihnen enthaltenen kategorischen Pflichten nicht genügt wird (Das Wesen des Völkerrechts, S. 52 ff.). Sachlich ist das also nur eine andere Formulierung des Satzes, daß der Staat keine übergeordnete Gemeinschaftsordnung habe und daher hypothetische Formeln für den Staat unmöglich seien (aaO. S. 139).

Wir haben bisher versucht, auf die Unzulänglichkeit der Theorie von den Verfassungslücken hinzuweisen, es ist nunmehr das Verhältnis dieses Problems zu dem der Verfassungswandlung näher zu betrachten. Jellinek, der den Satz aufgestellt hat, daß Verfassungslücken zu Verfassungswandel führen können, ist uns die konkreten Beispiele schuldig geblieben. Er meint nur, das werde dann der Fall sein, wenn „der neue faktische Zustand zu gewohn-

---

[1]) Jellinek, Allg. Staatslehre, S. 360, vgl. Anschütz, Lücken, S. 336, auch Tezner Konventionalregeln (Grünhuts Zeitschrift XLII) 1916, S. 562.
[2]) Anschütz, Lücken, S. 336, vgl. Herrfahrdt, Lücken, S. 35 ff.
[3]) Eingehender über den verfassungstheoretischen Formalismus in der Vorkriegspublizistik mein Aufsatz: Formalistischer und antiformalistischer Verfassungsbegriff.

heitsrechtlicher Anerkennung gelangt und ihm normale Bedeutung beigelegt wird. Doch wendet sich Erkenntnis von Verfassungslücken in der Regel an den Gesetzgeber, denn Verfassungsänderung ist der richtige Weg, eine derartige Lücke gründlich auszufüllen" (Verfassungsänderung, S. 44). Mit anderen Worten: Verfassungslücke ist ein in der Verfassung nicht beschriebener Tatbestand; wird eine Regelung (Beschreibung) dieses Tatbestands nachträglich in die Verfassung aufgenommen — Verfassungsänderung —, so liegt eine Verfassungswandlung nicht vor. Wird eine solche Verfassungsänderung nicht vorgenommen, bleibt also ein gewohnheitsrechtlich entstandenes verfassungsrechtliches Rechtsverhältnis in der Verfassung unerwähnt, so ist die Verfassungswandlung da!

Dieser grobe Formalismus ist eine inkonsequente Einengung des von ihm selbst aufgestellten Begriffs der Verfassungswandlung. Er sagt, Verfassungsänderung ist die absichtlich herbeigeführte Änderung der Verfassungstexte, Verfassungswandlung ist die Änderung, die diese Texte formell unverändert bestehen läßt (Verfassungsänderung, S. 3). Wenn aber die Verfassung über den in Frage stehenden Tatbestand überhaupt nichts aussagt, — wobei nach ihm also eine „Verfassungslücke" besteht —, was soll nun dort „geändert" sein? Kann etwas geändert werden, was überhaupt nie bestanden hat? Oder sollte er damit sagen wollen: eine Verfassung müsse für jeden möglichen Fall und jede Eventualität eine Regelung enthalten, jede nachträgliche solche Regelung heische daher eine Verfassungsänderung[1]) und jede unterbliebene solche Verfassungsänderung stelle dann eine Verfassungswandlung dar? Die unmöglichen Konsequenzen eines solchen Formalismus lägen auf der Hand, man braucht nicht erst auf das Verhältnis der einzelnen Verfassungparagraphen gegenüber der unendlichen Lebensfülle der staatlichen Wirklichkeit hinzuweisen.

Die Fälle, die wir als Beispiele für Verfassungswandlung durch eine formal die Verfassung nicht verletzende Praxis kennengelernt haben (oben S. 21 ff.) sind k e i n e Verfassungslücken. Die Wandlung ist nicht dadurch eingetreten, daß eine notwendige

---

[1]) So wäre nicht einmal die Verfassungsvorschrift auszulegen, die für eine „Ergänzung der Verfassung" die Form der Verfassungsänderung vorschreibt, wie z. B. § 73 der Badischen Verf. von 1818 (seit 24. August 1904), § 95 der Verfassung von Dänemark von 1874 usw.

Verfassungsänderung (Verfassungszusatz) unterblieben war, obwohl das betreffende Rechtsverhältnis einer verfassungsgesetzlichen Regelung bedurft hätte, sondern die Wandlung liegt deshalb vor, weil der neu entstandene faktische Rechtszustand aus dem Sinnsystem der Verfassung nicht abgeleitet werden kann, weil er ihm nicht entspricht. Gewandelt (geändert) ist nicht ein positiver Verfassungsartikel, sondern ein sich aus dem Zusammenhang, aus dem System der Verfassungsnormen ergebendes Prinzip. Denn das Recht der kaiserlichen Initiative oder das Institut der Reichsministerien oder die unbeschränkte Zahl der Bundesratsmitglieder sind gedanklich aus der Bismarckschen Verfassung nicht ohne weiteres abzuleiten, und die Einrichtung der parlamentarischen Komitees steht gedanklich direkt im Widerspruch mit dem in der Unionsverfassung verkörperten Prinzip der strengen Gewaltentrennung. Es handelt sich hier um die Änderung eines geistigen Sinngehalts, nicht um das Ausbleiben einer formellen Ergänzung der geschriebenen Verfassung durch einen neuen Rechtssatz.

Nach dieser kurzen Betrachtung des Lückenproblems im Verfassungsrecht zeigt sich, daß die allgemeine Rechtsquellentheorie für das Gebiet des Verfassungsrechts nicht ohne weiteres gilt. Dies wird noch deutlicher nach der Erörterung über das Gewohnheits- im Verfassungsrecht, unten S. 101 ff. Eine verfassungstheoretisch orientierte Geltungstheorie des Verfassungsrechts wird noch in späterem Zusammenhang, im Kapitel über die Verfassungswandlung als Verfassungsproblem, unten S. 153 ff. angedeutet werden.

Das Obsolet-Werden von Rechtssätzen und die Verfassungswandlung.

Die Erkenntnis, daß ein Verfassungsrechtssatz durch die Unmöglichkeit der Ausübung der in ihm statuierten Rechte eine Wandlung erfährt (o. S. 25 ff.), führt uns zu der Frage, wie ein Rechtssatz durch die Nichtausübung (oder: Nichtanwendung) seine Geltung überhaupt verliert, wie ein Rechtssatz „obsolet" wird. Von welcher Bedeutung diese Frage werden kann, zeigt uns die französische Verfassungspraxis im Jahre 1924, in der die Frage aufgeworfen wird, ob das Recht des Präsidenten der Republik, die Deputiertenkammer aufzulösen, obwohl ihm das Recht im Verfassungsgesetz ausdrücklich eingeräumt ist, in Wirklichkeit noch bestehe (vgl. oben S. 26 f.).

Diese Frage nach dem Obsoletwerden von Rechtssätzen enthält zugleich ein Zugeständnis, daß das Recht ein wandelbares Wesen hat. Denn für die naturrechtliche und kanonistische Rechtsauffassung gibt es gewisse Rechtssätze, — nicht Rechtsideen —, die jeder irdischen Gewalt entzogen sind, die über der Gesamtheit der Menschheit stehen, die für die Ewigkeit Geltung haben: das sind die „lex naturalis" und die „lex divina", beide Ausstrahlungen der „lex aeterna", die mit dem Wesen Gottes identisch ist. Nach dieser Auffassung würde man erst unterscheiden müssen, um nach der Wandlung eines Rechtssatzes zu fragen, ob dieser Rechtssatz dem Bereich des „jus divinum" oder dem der „lex humana" (lex positiva) angehört.

Vgl. über die angedeutete Auffassung etwa des heiligen Thomas, Gierke, Johannes Althusius und die Entwicklung der naturrechtlichen Staatstheorie, Breslau 1880 (4. Ausgabe, 1929), S. 273, Note 22, 23 und S. 266.

Unsere heutige allgemeine Rechtsauffassung geht jedoch dahin, daß die Wandelbarkeit nicht bloß ein wesentliches Merkmal des Rechts, sondern auch eine notwendige Eigenschaft eines jeden Rechtsideals sei. „Das Recht entstammt in seinen Einzelheiten dem bedingten Verlaufe des Menschendaseins" (Stammler). Die Geschichte vergangener Jahrtausende hat uns zur Genüge gezeigt, in welchem engen Zusammenhang die Rechtsauffassung und Rechtsordnung mit dem Kulturfortschritt und wie alle gleich im dauernden Fluß der Zeit stehen. Gerade unsere heutige Gegenwart hat am besten gezeigt, wie die Lehre von der Unwandelbarkeit des seinsollenden Rechts jeder Realität entbehrt (man denke an die Staatsauffassung, an den Eigentumsbegriff!).

„Es lohnt sich nicht, darüber viele Worte zu verlieren", siehe statt vieler M. E. Mayer, Rechtsphilosophie, 2. Aufl., Berlin 1926, S. 10; Stammler, Lehrbuch der Rechtsphilosophie, 3. Aufl., Berlin-Leipzig 1928, § 52.

Fragen wir, wie ein Rechtssatz durch Nichtausübung oder Nichtanwendung obsolet wird, außer Geltung kommt, so kommen wir damit zu der Frage der Rechtsgeltung überhaupt, zu einem der Hauptprobleme der Rechtsphilosophie. Auf dieses schwierige und viel diskutierte Problem einzugehen, ist hier nicht am Platz. Für unsere weitere Untersuchung genügt es, wenn wir die Geltung im juristisch-technischen Sinne und die soziale Geltung, die Geltung im rechtsphilosophischen Sinne, auseinanderhalten.

Die Geltung im juristisch-technischen Sinne bedeutet die Positivität eines Rechtssatzes, die Verbindlichkeit für die die Normen anwendenden und für die ihnen unterworfenen Personen. Ein ordnungsmäßig zustande gekommenes und ordnungsmäßig publiziertes Gesetz heischt befolgt und angewendet zu werden. Dies Gesetz gilt. Es gilt für ein bestimmtes Gebiet, von einem bestimmten Zeitpunkt ab, oft auch für eine bestimmte Zeitdauer. Es „gilt" im juristisch-technischen Sinne.

Die Geltung im rechtsphilosophischen Sinne ist aber die Wirkung, die Wirksamkeit eines Rechtssatzes im Leben der sozialen Wirklichkeit. In diesem Sinne gilt ein Rechtssatz nur, wenn er tatsächlich angewendet wird; wenn er nicht nur „auf dem Papier steht". Diese Geltung äußert sich in der Befolgung durch die den Normen Unterworfenen einerseits, in der Anwendung — also im Fall einer Nichtbefolgung — durch die die Normen Anwendenden anderseits.

Die Begriffsbestimmung der Geltung in diesem doppelten Sinne entlehne ich M. E. Mayer, aaO., S. 56 ff.; Stammler, aaO. § 68. — Die

Hervorhebung des Unterschieds der Nichtanwendung von der einfachen Nichtbefolgung ist ein Verdienst Kelsens, Hauptprobleme der Staatsrechtslehre, S. 49 f. und S. 35.

Die Trennung dieser beiden Geltungsbegriffe dient uns nicht zur Erforschung der Geltungsvoraussetzungen und der Geltungsgründe, sondern lediglich zur Präzisierung unserer Fragestellung. Denn uns interessiert nicht die juristische Geltung — diese ist unproblematisch —, sondern nur die soziale Geltung, oder besser: die soziale N i c h t geltung. Unsere Frage lautet: wie verliert ein juristisch geltender Rechtssatz seine soziale Geltung?

Die Möglichkeit, daß ein Rechtssatz seine tatsächliche Wirkung verliert, liegt auf der Hand. Sind doch die Rechtsnormen als solche niemals absolute, konstante Werte: Kultur- und Wertanschauungen, soziale und wirtschaftliche Verhältnisse erzeugen, tragen und bestimmen sie. Kommt ein geschriebener Rechtssatz mit dem aktuellen Kultur- und Rechtsempfinden nicht oder nicht mehr überein, so wird seine soziale Wirksamkeit — je nach dem Grad der Differenz zwischen der in ihm verkörperten und der tatsächlich herrschenden Kultur- und Rechtswertung — mehr oder weniger in Frage gestellt.

Das für uns wichtige Problem besteht darin, einen juristisch geltenden, aber sozial nicht oder nicht mehr geltenden Rechtssatz, — einen Rechtssatz, der nur auf dem Papier steht —, rechtlich zu betrachten: ist das nur formal „geltende" Recht auch „wirkliches" Recht? Besteht die Geltung eines Rechtssatzes schon oder lediglich in seiner „formalen Existenz" (dem Geschrieben-Sein)?

In der rechtsphilosophischen Disziplin ist man darüber ziemlich einig, daß die soziale Geltung (Wirksamkeit) nicht zu den bleibenden Merkmalen des Rechts b e g r i f f s gehöre, sondern daß sie lediglich ein tatsächlicher Vorgang der Rechts w i r k l i c h k e i t sei. Und da ein kultureller Vorgang nicht wertfrei, etwas Tatsächliches und Bewirktes nicht ein kritisches Prinzip sein könne, so sei die Geltung auch kein Merkmal der Rechts i d e e.

Vgl. M. E. Mayer, aaO. S. 57 f.; Stammler, aaO. § 68; Kelsen, Das Problem der Souveränität und die Theorie des Völkerrechts, Tübingen 1920, S. 100 (Polemik gegen Somló, Jurist. Grundlehre, S. 105). — Dagegen: K. Larenz, Das Problem der Rechtsgeltung, Berlin 1929, S. 6 ff.

Aus diesem Grund hat man gefolgert, daß „der Vorgang eines bloß faktischen Außerkraftsetzens von Rechtssätzen rechtlich völlig unfaßbar" sei, daß einem Juristen in solchem Fall nichts anderes übrig bleibe als „die formale Existenz des Rechtssatzes im Gegensatz zu dem nicht entsprechenden Verhalten der Subjekte zu konstatieren" (K e l s e n, Hauptproblem, S. 49 f.)

Diese normlogische Methode wird aber dem Gegenstand ihrer Behandlung nicht gerecht. Die Jurisprudenz ist in erster Linie eine Wissenschaft vom lebenden Recht, eine Wissenschaft von der Rechtswirklichkeit, dagegen weder eine reine Erkenntnistheorie des Rechtsbegriffs, noch die Lehre von der abstrakten Rechtsidee.[1]) Der Begriff der Sozialgeltung bleibt, auch wenn ihm in der Rechtsphilosophie keine besondere Bedeutung beigelegt wird, für die positive Jurisprudenz unumgänglich.

Es ist hier nicht der geeignete Ort, auf die Methode der normlogischen Schule einzugehen. Darüber ist schon genug gesagt worden. Genannt sei statt vieler E. K a u f m a n n, Kritik der neukantischen Rechtsphilosophie, Tübingen 1921, S. 20 ff.; Ph. H e c k, Die reine Rechtslehre und die jungösterreichische Schule der Rechtswissenschaft, in: Archiv für zivilistische Praxis, NF. II, 1924, S. 173 ff.; S. M a r c k, Substanz- und Funktionsbegriff, Tübingen 1925, S. 59 ff. Neuere Literatur siehe bei L e i b h o l z, Gleichheit vor dem Gesetz, Berlin 1925, S. 138, Note 2 und Wesen der Repräsentation, Berlin und Leipzig 1929, S. 151 Note.

Vom Standpunkt der Rechtswirklichkeit aus betrachtet, hat eine Rechtsnorm, die der sozialen Geltung gänzlich darbt, gar kein materielles Dasein: mit dem Verlust ihrer Sozialgeltung entfällt auch ihr Sinn- und Wertgehalt. Ihre Bedeutung für die Betrachtung der positiven Rechtsnormen beschränkt sich nur noch auf ihre formale Existenz, ihr Geschrieben-Sein.

Diese Erscheinung — wie ein Rechtssatz durch den Verlust der Sozialgeltung seine ganze wirkliche Bedeutung einbüßt — ist eine Umkehrung des Vorgangs der gewohnheitlichen Rechtsbildung. Hier ist ein materieller Rechtssatz allmählich entstanden — ohne formale Aufzeichnung —, dort wird ein Rechtssatz, trotz seiner weiteren Formalexistenz, allmählich „obsolet", er kommt außer Geltung, geht materiell unter. Wenn man allgemein der Meinung ist, daß ein gewohnheitsrechtlicher Satz ein wirklicher Rechtssatz

---

[1]) Ähnlich W i e l i k o w s k i: „Die normative Jurisprudenz verwirrt die juristische Methodenfrage" (Die Neukantianer in der Rechtsphilosophie, München 1914, S. 180).

ist, so muß man konsequenterweise zugeben, daß ein obsolet gewordener Rechtssatz in Wirklichkeit kein Rechtssatz mehr ist.

Denn die formale Existenz allein konstituiert noch niemals den wirklichen Rechtssatz. Die große Bedeutung der Rechtsformung, die wir niemals verkennen dürfen, soll uns nicht irreführen, als ob sie allein die Existenz oder Nichtexistenz eines Rechtssatzes ausmache. Die äußere Garantierung seiner Durchsetzung, seine innere Fundierung gegenüber der Sozietät — die „Autorität" und die „Vernünftigkeit" des Rechtssatzes —, dürfen niemals fehlen. All die einzelnen Momente festzustellen, die zum Wesen und Begriff des Rechtssatzes gehören, — die eigentliche Lehre der Rechtsgeltung —, ist Aufgabe der Rechtsphilosophie. Positivrechtlich ist für uns wichtig die Erkenntnis, und diese lehrt uns der Begriff des Gewohnheitsrechts, daß das Fehlen der formalen Existenz noch keineswegs die Negation eines existenten Rechtssatzes bedeutet. Daher kann die bloße Formalexistenz auch nicht genügen, die Realität, die wirkliche Existenz eines wirklichen Rechtssatzes zu begründen.

Freilich darf nicht verkannt werden, daß die formale Existenz eines Rechtssatzes grundsätzlich gewisse materielle Wirkung hat: namentlich die auf dem formellen Dasein der Norm beruhende Motivierung der Normunterworfenen. Diese Motivation ist in der Tat die wichtigste Funktion der Rechtsnormen und entfaltet der Breite nach die größte soziale Wirkung. Daher: solange ein Rechtssatz formell besteht, ist die Vermutung grundsätzlich begründet, daß er auch tatsächlich „Geltung" hat, daß er „wirklich" gilt.

L a b a n d lehrt in seinem großen Staatsrecht (II, S. 75): „Solange der Staat seinen Befehl, daß ein gewisser Rechtssatz gelten soll, aufrecht erhält, können Untertanen und Behörden diesen Befehl nicht unbeachtet lassen und noch weniger ihn durch Nichtbefolgung aufheben." Das wäre dann nicht ganz falsch, — freilich auch nicht ganz richtig —, wenn er damit sagen wollte, daß einem positiven Rechtssatz, wie er auch im konkreten Fall sei, die ihm eigene Motivationswirkung stets innewohne. Denn es ist in der Tat nicht immer leicht, im gegebenen Fall festzustellen, ob ein konkreter Rechtssatz, mag seine Sozialgeltung (Befolgung, Anwendung) noch von so unbedeutendem Maße sein, nicht dennoch in gewissem Grade motivierend wirkt. Ist doch die soziale Geltung eines Rechtssatzes von einer unendlichen Gradualität und tritt sie doch auch in unendlich verschiedenem Grade auf. Dieser Satz wäre aber falsch, wenn er lediglich dies besagte: ein Rechtssatz gilt, weil er gelten muß, weil er positiv ist, weil er „auf dem Papier steht". Und das ist in der Tat die Auffassung des

Vorkriegspositivismus. Der Begriff der juristischen und der der sozialen Geltung wurden vermengt und identifiziert: die „positive" Norm „gilt". Für die Geltung im juristischen Sinne ist das eine reine Tautologie, für die soziale Geltung eine grobe Verkennung der Rechtswirklichkeit. Die ganze Rechtsbetrachtung dieser Denkrichtung hat ihre Welt lediglich in den positiven Rechtssätzen und steht der Rechtswirklichkeit mit einer geradezu überlegenen Ignoranz gegenüber: es wird entweder behauptet, ein Rechtssatz könne niemals durch die Nichtbefolgung aufgehoben werden, und niemand kümmert sich um den Beweis oder Gegenbeweis der aufgestellten These (so L a b a n d, aaO.); oder es wird gesagt, ein bloßes faktisches Verdrängen könne nicht genügen, den Rechtsregeln ihre verpflichtende Kraft und ihren Rechtscharakter zu nehmen, und damit wird jede weitere juristische Erwägung abgeschnitten (so H i l d e s h e i m e r, Revision, S. 12, der hier L a b a n d s Lehre vertritt). So ist die nicht unbedenkliche These, daß es ein dem Verfassungsrecht derogierendes Gewohnheitsrecht schlechthin nicht gebe (S e y d e l, L a b a n d), — worauf noch zurückzukommen ist —, eine konsequente Folgerung aus dieser Betrachtungsweise, und die theoretische Hilflosigkeit einer Erscheinung wie der Verfassungswandlung gegenüber — das hat am besten L a b a n d in seinen Schriften über die Wandlungen der Reichsverfassung gezeigt — das natürlichste Ergebnis dieses extremen Positivismus. Vgl. C. S c h m i t t, Verfassungslehre, S. 6 unten und S. 146.

Anders aber bei einem wirklich obsolet gewordenen Rechtssatz: er hat so wenig Rechtscharakter, daß er nicht mehr die geringste Motivationswirkung hat. Der Gedanke an seine Anwendung wirkt eher, als ob etwas Unrechtes geschehe. Während die Befolgung einer gewohnheitsrechtlichen Norm völlig rechtmäßig wirkt, wird die Befolgung einer obsolet gewordenen Norm als geradezu rechtswidrig empfunden. Es ist an der Stelle eines Rechtssatzes nur noch sein toter Buchstabe geblieben, nur noch seine „formale Existenz",[1] die für die positive Jurisprudenz keinerlei Bedeutung mehr hat.

Ähnlich W. J e l l i n e k: Die ständige Nichtübereinstimmung der Wirklichkeit mit dem Inhalt eines Gesetzes nimmt dem Gesetz den Charakter eines geltenden Rechtssatzes (Gesetz, Gesetzesanwendung, S. 23, Note 59). I s a y, Rechtsnorm und Entscheidung, S. 229; vgl. auch Tezner, Konventionalregeln, S. 601. — Nicht so ist zu verstehen F. J. S t a h l, daß „die Autorität der Constitution im Laufe der Zeit hinter die der verjährten Übung zurücktreten solle" (Rechts- und Staatslehre, 5. Aufl. Tübingen und Leipzig 1878, II, S. 278). Vgl. dazu G r o t e f e n d, Das deutsche Staatsrecht der Gegenwart, Berlin 1869, S. 282.

---

[1] K e l s e n: „eine andere hat der Rechtssatz für den Juristen nicht" (Hauptprobleme, S. 49). Dabei erkennt doch auch er die gewohnheitsrechtlichen Normen an (Allgemeine Staatslehre, Berlin 1925, S. 232)!

Die Schwierigkeit und die Anfechtbarkeit der praktischen Feststellung, wann ein Rechtssatz wirklich ganz „obsolet" geworden ist, wann der Buchstabe wirklich „tot" ist und nur noch „auf dem Papier" steht, sind nicht abzustreiten. Kommt doch einem Rechtssatz kraft seiner Normativität grundsätzlich eine gewisse Rechtskraft (Motivationswirkung) zu (S. 63). Dies sind schließlich die letzten Gründe unseres Problems.[1]) Aber dogmatisch ist die Möglichkeit, daß ein Rechtssatz obsolet wird, daß er durch den Verlust seiner Sozialgeltung auch seinen Rechtscharakter verliert, nach dem bisher Gesagten durchaus zu bejahen. Die normlogische Methode beengt die juristische Betrachtung, der einseitige Positivismus vergewaltigt die Rechtswirklichkeit.

Unser angeführtes Beispiel — der Untergang des Auflösungsrechts des Präsidenten der französischen Republik — hat gezeigt, wie ein Rechtssatz, ja ein Verfassungsrechtssatz, in der Tat obsolet werden kann (o. S. 26). Der Rechtssatz des Art. 5 ist so sehr außer Geltung gekommen, daß nicht nur in den letzten Jahrzehnten seine Anwendung niemals ernsthaft in Erwägung gezogen, und niemals zur Ausführung gebracht wurde,[2]) sondern daß seine bereits erfolgte Anwendung, die als solche doch sicher rechtmäßig war, nachträglich als rechtswidrig empfunden, als rechtswidrig konstruiert wird. Für die tatsächlichen Verhältnisse des französischen Verfassungsrechts wäre es daher nicht nur unterschiedslos, sondern es entspräche ihnen eher, wenn der Wortlaut des Art. 5 nicht bestände.

Redslob schrieb 1914, daß es keine Rechtsregel sei, wenn der französische Präsident die Deputiertenkammer nicht auflösen kann, und daß der Nicht-Gebrauch lediglich Konventionalregel darstelle (Abhängige Länder, S. 23). — Damals fehlte ja noch der in dieser Hinsicht lehrreiche Fall Millerand. Über Konventionalregeln weiter unten S. 120 ff.

Die französische Theorie, die im großen ganzen dem deutschen Positivismus nahe kommt, hält trotz der Beobachtung der abweichenden Praxis am Gesetzestext fest. Darauf komme ich noch zurück.

Sollte man einwenden, daß ein obsolet gewordener Rechtssatz, solange seine formale Existenz (das Geschrieben-Sein) fortdauert,

---

[1]) Daher sagt mit gewissem Recht Jellinek, daß man aus noch so langer Nichtausübung allein nicht den Schluß ziehen dürfe, daß die betreffenden Gesetzesbestimmungen obsolet geworden seien (Verfassungsänderung, S. 40).
[2]) Vgl. dagegen die Praxis der Auflösung des Reichstags in Deutschland!

insofern seinen Rechtscharakter nicht ganz verliert, als ihm in irgend einem Zeitpunkt wieder zu seiner vollen Rechtskraft verholfen werden kann, als er dann und wann wieder einmal „zum Leben" kommen kann: so ist dem gegenüber zu sagen, daß in einem solchen Fall der neu belebte Rechtssatz genau wie ein neu entstandener Rechtssatz zu beurteilen ist. Denn sobald ein Rechtssatz ganz obsolet geworden ist, — wo ihm also jede Wirkung abzusprechen ist — hat seine überbliebene Formalexistenz keinerlei Bedeutung mehr: man kann ihm ebensowenig Gewicht beilegen, weil er eines Tages wieder zur Rechtskraft kommen kann, wie einem geltenden Rechtssatz Anerkennung versagen, weil er eines Tages auch absolet werden könnte.

Daß die Formalexistenz der obsolet gewordenen Rechtssätze normalerweise beibehalten wird, geht teils auf psychologische, teils auf gesetzgebungstechnische Gründe zurück. Denn Außerkraftsetzen ist etwas Anderes als einfach Untergehenlassen, Beseitigen etwas Anderes als Nichtbeachten. Es gehört eben einmal zur Menschennatur, daß die Beharrung einer Aktion vorgezogen wird, daß eine sachliche Entscheidung möglichst vermieden, möglichst umgangen wird. Diese Erkenntnis zwingt uns aber umso mehr, der bloßen Formalexistenz eines obsolet gewordenen Rechtssatzes eine allzu große juristische Bedeutung nicht beizulegen.

Über die Tendenz zur Vermeidung von Aktion und Entscheidung vgl. z. B. die treffenden Beobachtungen bezüglich der Volksabstimmung bei C. Schmitt, Verfassungslehre, S. 280 f.

Haben wir festgestellt, daß ein Rechtssatz seinen Rechtscharakter völlig verlieren kann, obwohl seine Formalexistenz unverändert bleibt, so ist über die Verfassungswandlung, die dadurch bewirkt wird, daß ein Verfassungsrechtssatz seine Geltung verliert, in diesem Zusammenhang nicht mehr viel zu sagen. Durch den Verlust der tatsächlichen Wirkung verliert der Verfassungsrechtssatz seinen Rechtscharakter einerseits, bewirkt eine Inkongruenz zwischen Verfassungsnorm und Verfassungswirklichkeit andererseits (vgl. o. S. 25). Natürlich macht sich auch hier die Eigenart des Verfassungsrechts geltend; das wird noch in einem anderen Zusammenhang angedeutet werden (S. 160 ff.).

Die „materielle" Verfassungsänderung und die Verfassungswandlung.

Die verschiedenen Formen der verfassungswidersprechenden Praxis, durch die eine Verfassungswandlung eintreten kann, sind oben kurz aufgezeigt worden (S. 29 ff.). Wir wenden uns nunmehr dem Problem der sogenannten materiellen Verfassungsänderung zu. Denn das ist der Weg, auf dem sich bei weitem die meisten Fälle der Verfassungswandlung vollziehen.

Das Problem der materiellen Verfassungsänderung ist in der Literatur vielfach behandelt worden, dabei geht der Streit in erster Linie um die Zulässigkeit oder Unzulässigkeit dieser Praxis. Es gehört in die Problemgruppe der Verfassungsänderung. Wir behandeln es hier, weil wir die Verfassungswandlung als eine Inkongruenz zwischen Verfassungsnorm und Verfassungswirklichkeit ansehen. Wenn Preuß den Zusammenhang des Problems der materiellen Verfassungsänderung mit dem der Verfassungswandlung ablehnt (Verfassungsändernde Gesetze und Verfassungsurkunde, DJZ, 1924, S. 650), so kommt das daher, weil er hauptsächlich in dem Unbewußtsein der Abänderungswirkung das wesentliche Moment der Verfassungswandlung erblickt.

Das Problem der materiellen Verfassungsänderung — diese selbst ein künstliches Produkt der deutschen Verfassungspraxis — war und blieb ein deutsches Problem. Weder die Vereinigten Staaten, noch Frankreich, noch die Schweiz haben es gekannt, noch kennen sie es heute. Die Publizistik des deutschen Kaiserreichs, die der Praxis gegenüber viel zu nachgiebig war, hat es ins Leben gebracht, die der Gegenwart hat es ererbt. Daraus ist aber weder der letzteren ein Vorwurf zu machen, noch der ersteren eine Entschuldigung. Gewiß kann man nicht buchstäblich nachweisen, daß die Bismarcksche Verfassung nur eine Verfassungsänderung (Art. 78 aRV) im Weg der Textänderung zulassen wollte — etwa wie § 38 II der Verfassung von Lübeck oder das Einführungsgesetz zur Verfassung der Tschechoslowakei —, noch weniger läßt sich sprachtechnisch die Idee der Textänderung aus dem Wort „Verfassungsänderung" unbedingt ableiten — wie etwa aus dem Wort „révision" oder

„amendment" —, aber es ist noch nirgendwo auch nur annähernd dargetan worden, daß die Bismarcksche Verfassung die Praxis der materiellen Verfassungsänderung b e w u ß t g e w o l l t habe: alle Begründung der Zulässigkeit ist über die einfache Leugnung der Unzulässigkeit nicht hinausgekommen.

Die Behandlung des Problems hat sich im Laufe der Zeit stark gewandelt. In der Vorkriegszeit drehte sich die Frage vorwiegend um die Bedeutung der T e x t änderung: ist „Verfassungsänderung" gleichlautend mit Textänderung? Oder kann sie auch ohne eine Änderung der Texte geschehen? In der Nachkriegsliteratur gewinnt dagegen die inhaltliche Unterscheidung immer mehr an Gewicht: es wird gefragt, ob ein Verfassungsartikel rechtssatzmäßig „geändert" wird, oder ob er nur für einen konkreten Fall „durchbrochen" wird.[1]) Und sowie für die Vorkriegsliteratur die inhaltliche Unterscheidung (rechtssatzmäßige Änderung oder Durchbrechung), wenn sie auch außerhalb der gezeigten Fragestellung stand, doch in ihrem Ergebnis, vielleicht im Unterbewußtsein, mitbestimmend war,[2]) so wird die formelle Unterscheidung (Verfassungsänderung mit oder ohne Änderung der Texte) in der Nachkriegszeit bei jeder Untersuchung über das Problem der Verfassungsänderung beibehalten.

Die Frage, ob eine Verfassungsänderung ohne eine Änderung der Texte (materielle Verfassungsänderung) rechtlich zulässig sei, ist endgültig im positiven Sinne entschieden worden: in der Vorkriegszeit aus der schwachen Haltung der Staatsrechtslehre gegenüber der Reichsregierung, in der neuen Publizistik aus historischer Überkommenheit, aus Rechtstradition.[3]) Für uns ist dies also kein Problem mehr. Die Betrachtung nach der inhaltlichen Unterscheidung, nach rechtssatzmäßiger Verfassungsänderung und Verfassungsdurchbrechung, liegt dagegen in einer anderen Denkebene als das Problem der Verfassungswandlung: denn da wird im wesent-

---

[1]) Diese Fragestellung war im alten Staatsrecht so gut wie unbekannt, vgl. P r e u ß, aaO., S. 652.
[2]) Bei der Frage der Verfassungsänderung ohne Änderung der Texte dachte man damals vor allem an die „Spezialgesetze". Die Haltung diesen gegenüber war maßgebend für die Beantwortung der Frage nach der Zulässigkeit der materiellen Verfassungsänderung. Vgl. z. B. R o e n n e, Das Staatsrecht des Deutschen Reichs, 2. Aufl. Leipzig 1877, II, S. 31 ff.
[3]) Vgl. A n s c h ü t z, Komm. Art. 76 Note 3 Abs. II, — gegen die „Tradition": P r e u ß, aaO., S. 650 f.

lichen über die Zulässigkeit der Durchbrechung[1]) diskutiert, — die rechtssatzmäßige Verfassungsänderung gilt allgemein als zulässig, sei es mit, sei es ohne Textänderung —, und dann ihr Verhältnis zu der materiellen Verfassungsänderung erörtert: ob auch für die Verfassungsdurchbrechung eine formelle Textänderung notwendig sei,[2]) oder ob eine materielle Verfassungsänderung dafür schon genüge.[3]) Darauf einzugehen besteht für uns hier kein Anlaß. Denn für uns wesentlich sind nur die Fälle, wo eine formelle Verfassungsänderung ausbleibt: hier ist eine Verfassungswandlung jedenfalls vorhanden, gleichgültig, ob ein Rechtssatz in seiner ganzen Tragweite in Frage gestellt wird, oder ob er nur für einen konkreten Fall durchbrochen wird. Sobald aber zugleich auch eine formelle Verfassungsänderung geschieht, so entfällt jeder Fall, sei es eine rechtssatzmäßige Verfassungsänderung, sei es eine Verfassungsdurchbrechung, in gleicher Weise dem Gesichtskreis unserer Betrachtung. Denn hier ist die Verfassungsnorm an die ihr nicht entsprechende Verfassungswirklichkeit angepaßt worden, eine Inkongruenz beider daher nicht mehr vorhanden.

Nach dem Vorhergehenden ist also das eigentliche Problem der materiellen Verfassungsänderung (das Problem von ihrer Zulässigkeit) ein bereits gelöstes, das der Verfassungsdurchbrechung ein für uns nicht zu lösendes. Was wir aber hier zu behandeln für nötig halten, sind die verschiedenen F o r m e n der materiellen Verfassungsänderung.

Wesentlich für die materielle Verfassungsänderung ist die Beobachtung der für Verfassungsänderung vorgeschriebenen Form-

---

[1]) Über Verfassungsdurchbrechung vgl. Graf zu D o h n a und T r i e p e l in ihren Berichten auf dem 33. Juristentag (Verhandlungen, 1925, S. 31, 35), Carl S c h m i t t, Verfassungslehre, S. 99, 106, J e s e l s o h n, Verfassungsänderung, S. 45 ff., 65 ff., T h o m a, Grundbegriffe und Grundsätze, im Handbuch des deutschen Staatsrechts, Bd. II, Tübingen, 1931, S. 155, und W. J e l l i n e k, Das verfassungsändernde Reichsgesetz, daselbst, II, S. 187 f., jetzt vor allem die umfassende Arbeit von Karl L ö w e n s t e i n, Erscheinungsformen der Verfassungsänderung, 1931, der noch die weitere Unterscheidung von Verfassungsdurchbrechung und Verfassungsüberschreitung macht (S. 219 ff.), auf diese fruchtbare Lehre kann hier nicht eingegangen werden.

[2]) So T r i e p e l, Verhandlungen des 33. Deutschen Juristentags, S. 49; W. J e l l i n e k, aaO., S. 187.

[3]) So J e s e l s o h n, Begriff, Arten und Grenzen der Verfassungsänderung, Heidelberg 1929, S. 51.

erschwerung einerseits, das Ausbleiben einer Änderung der Verfassungsurkunde anderseits. „Verfassungsänderung" heißt also hier die Erfüllung der qualifizierten Mehrheit; „materiell" die Nichtberührung der Verfassungsurkunde. Der Terminus stammt von L a b a n d (Staatsrecht, II, S. 38), findet auch heute noch vielfache Anwendung (E. J a c o b i, Reichsverfassungsänderung, in der Festgabe für das Reichsgericht, Reichsgerichtspraxis, I, Berlin-Leipzig, 1929, passim; J e s e l s o h n, Verfassungsänderung); andere sprechen von „mittelbaren" oder „stillschweigenden" Verfassungsänderungen (v. R a u c h h a u p t, Verfassungsänderungen nach deutschem Landesstaatsrecht, Breslau, 1908, S. 70; A n s c h ü t z, Komm. Art. 76, Nr. 2, auch K. L ö w e n s t e in, Erscheinungsformen, passim), oder einfach von „Verfassungsänderung ohne Änderung der Verfassungsurkunde" (so der 33. DJT; P r e u ß, Verfassungsändernde Gesetze, DJZ, 1924, S. 650 f.; P i l o t y, DJZ, 1923, S. 512).

Die alte Staatsrechtslehre, wie oben angedeutet, unterschied die Verfassungsänderungsfälle nur danach, ob zugleich eine Textänderung vorgenommen wurde oder nicht. Es bestand also lediglich der eine Gegensatz zwischen formeller und materieller Verfassungsänderung. Gelegentlich wird aber auch eine Unterscheidung danach getroffen, ob die Verfassungsurkunde vor, nach oder zugleich mit dem verfassungsändernden, mit qualifizierter Mehrheit angenommenen Gesetz (Spezialgesetz) abgeändert wird. (W i e s e, Verfassungsänderungen nach Reichsrecht, Breslau 1906, S. 66; v. R a u c h h a u p t, Verfassungsänderungen, S. 69 f.). Diese Differenzierung besteht aber lediglich in dem zeitlichen Unterschiede der Publikation des Gesetzes und der Verfassungsänderung, der in diesem Zusammenhang von keiner grundsätzlichen Bedeutung ist — denn eine formelle Verfassungsänderung liegt doch jedenfalls vor —, sie hat auch in der Literatur bisher kaum Beachtung gefunden und ist für unsere Betrachtung belanglos.

<small>Diese Unterscheidung hält neuerdings Karl L ö w e n s t e i n, namentlich für die Frage der Kompetenzüberschreitung, für wesentlich und rügt ihre Nichtbeachtung in der Literatur (Erscheinungsformen, S. 40 und Note 1).</small>

Die neue Publizistik, die besonders in der inhaltlichen Unterscheidung der Verfassungsabänderungen ihre Probleme sieht, hat außerdem unter den materiellen Verfassungsänderungen eine f o rmelle Unterscheidung geschaffen, die für unsere Fragestellung von großem Wert ist: sie kennt nämlich folgende drei Arten der materiellen Verfassungsänderung.

Die folgende Unterscheidung findet sich sowohl bei J a c o b i, Reichsverfassungsänderung (in Festgabe für das Reichsgericht), 1929, I, S. 263 ff, wie bei J e s e l s o h n, Verfassungsänderung, S. 20 ff. An ihrer Reihenfolge habe ich nicht festgehalten.

1. Die kenntlich gemachte materielle Verfassungsänderung oder: ausdrückliche Verfassungsänderung. J e s e l s o h n, aaO., S. 32).

Hier ist die Eigenschaft des Gesetzes, daß sein Inhalt in Widerspruch zur Verfassung steht und es daher mit der für Verfassungsänderung vorgesehenen qualifizierten Mehrheit angenommen wird, in ihm selbst (Publikationsklausel) zum Ausdruck gebracht. Meistens begnügt sich diese Kenntlichmachung mit einem allgemeinen Hinweis: die einzelnen Paragraphen des Gesetzes, in denen die Verfassungsänderung gesehen wird, und die betroffenen Verfassungsartikel werden nicht besonders erwähnt. So sehen wir bei dem oben angeführten Reichsbahngesetz in seiner Eingangsformel nur die Worte: „Der Reichstag hat das folgende Gesetz beschlossen, das mit der Zustimmung des Reichsrats hiermit verkündet wird, nachdem festgestellt ist, daß die Erfordernisse verfassungsändernder Gesetzgebung erfüllt sind."

Die Kenntlichmachung der materiellen Verfassungsänderung war in der Vorkriegszeit so gut wie unbekannt. Eine Ausnahme machte das Gesetz über die Legislaturperiode vom 21. Juli 1870, in dessen Verkündungsformel die Wendung: „nach erfolgter verfassungsmäßiger Zustimmung des Bundesrats und Reichstags" stand.[1] Nach S e y d e l und H. S c h n e i d e r war es dagegen in Bayern anerkannter Brauch, daß die Beobachtung der Abänderungsvorschriften in der Verkündungsformel festgestellt wurde.[2] In der Reichsgesetzgebung der Nachkriegszeit war es zuerst üblich, die materiellen Verfassungsänderungen nicht kenntlich zu machen.[3]

---

[1] Vgl. H ä n e l, Studien zum deutschen Staatsrecht, Leipzig 1880, I, S. 257; D o h n a, Verhandlungen, S. 37; J e s e l s o h n, aaO., S. 33.
[2] Vgl. D o h n a, aaO., S. 38; H. S c h n e i d e r, Die Verfassungsgesetze und verfassungsändernden Gesetze in Bayern, Erlanger Dissertation 1903, S. 19.
[3] Vgl. P ö t z s c h, Vom Staatsleben, JöR, XIII, 1925, S. 226 ff.

Seit aber die Gemeinsame Geschäftsordnung der Ministerien (bes. Teil) vom 1. Mai 1924 die Kenntlichmachung ausdrücklich verlangte (§ 32 II: „Enthält das Gesetz eine Verfassungsänderung, so soll in der Eingangsformel ausgedrückt werden, daß die besonderen Vorschriften für verfassungsändernde Beschlüsse beachtet sind"), ist sie in der Praxis bisher immer eingehalten worden. Denn obwohl diese Bestimmung keine verbindliche Rechtsverordnung darstellt und ein ihr nicht genügendes Gesetz noch keineswegs ungültig wird,[1]) wird sie infolge ihrer inneren Notwendigkeit doch immer befolgt. Den Anfang dieser Praxis machte das erwähnte Reichsbahngesetz vom 30. August 1924.

Diese Praxis wird von der Wissenschaft allgemein geduldet, wenn auch niemals begrüßt. Aber während hiermit ein radikaler Bruch mit der überkommenen inkorrekten und schädlichen Praxis — das bleibt die materielle Verfassungsänderung bei allen Verteidigungen und Rechtfertigungen — bewußt vermieden wird, macht sich die Tendenz der neuen Staatsrechtslehre zur Befestigung der Formstrenge der geschriebenen Verfassung immer mehr geltend: schwere Bedenken gegen die Verfassungsänderung ohne Änderung der Texte, die schon in der Vorkriegszeit vielfach geäußert wurden (vgl. u. S. 74), werden jetzt mit doppeltem Pathos vorgetragen. Und so haben Preuß (Um die Reichsverfassung von Weimar, Berlin 1924, S. 112 ff.) und Bilfinger (Verfassungsumgehung, AöR NF XI, 1926, S. 174) ihre Zulässigkeit überhaupt abgelehnt und verlangen für jede Verfassungsänderung eine Abänderung der Verfassungsurkunde. Auch Triepel steht dieser Praxis energisch ablehnend gegenüber (Verhandlungen, S. 55 f.).

In der neuen Staatsrechtslehre halten materielle Verfassungsänderung für zulässig: Stier-Somlo, Reichs- und Landesstaatsrecht, I, S. 666; Anschütz, Komm., Art. 76, Note 2; und die führenden Kommentare; ferner Piloty, Verfassungsänderung ohne Änderung der Verfassungsurkunde, DJZ, 1923, S. 650; Jacobi, aaO., S. 259 f.; Jeselsohn, aaO., S. 23; früher auch Triepel, Weg der Gesetzgebung nach der neuen Reichsverfassung, AöR, XXXIX, 1920, S. 543. — Bedenken hiergegen siehe bei Piloty, aaO., S. 516; Preuß, DJZ, 1924, S. 653 ff.; Jacobi, aaO., S. 270; Jeselsohn, aaO., S. 24; eindrücklich Bilfinger, Verfassungsfrage und Staatsgerichtshof, in Zeitschrift für Politik (ZfP), XX, 1930, S. 89 ff.; Löwenstein, Erscheinungsformen, passim.

Die Frage, wie ein kenntlich gemachtes materiell verfassungs-

---

[1]) Vgl. Jacobi aaO., S. 262; Jeselsohn, aaO., S. 35.

änderndes Gesetz wieder selbst abgeändert oder aufgehoben wird — auch sie ist ein Erbgut der Vorkriegspublizistik, vgl. u. S. 76 —, ist noch heute unentschieden geblieben: die einen verlangen für die Abänderung oder Aufhebung auch dieses Gesetzes die Beobachtung der verfassungsändernden Formerschwerung (P i l o t y, aaO. S. 513; S t i e r - S o m l o, aaO. S. 665), die anderen lassen dagegen ein einfaches Gesetz dazu genügen (D o h n a, aaO. S. 39; J a c o b i, aaO. S. 264; J e s e l s o h n, aaO. S. 26 ff.). Die Praxis scheint mehr zu der Annahme des einfachen Gesetzes zu neigen. Jedoch beobachtet sie die Form der Verfassungsänderung, wenn die weitere Änderung mehr als die einfache Aufhebung oder Abschwächung des ersten Änderungsgesetzes bedeutet. Sie entspricht also einer Ansicht, die unter dem Kaiserreich besonders von S e y d e l vertreten wurde (vgl. u. S. 76).

Vgl. über die Stellungnahme der aktuellen Gesetzgebungspraxis J e s e l s o h n, aaO., S. 28 ff.

2. Die nicht kenntlich gemachte (oder: stillschweigende[1]) J e s e l s o h n, aaO. S. 32) materielle Verfassungsänderung.

Hier ist der Widerspruch des Gesetzes zur Verfassung ebenfalls im Gesetzgebungsverfahren erkannt und sind die erschwerenden Formen der Revisionsvorschriften beobachtet worden. Aber das Gesetz selbst bringt nicht zum Ausdruck, daß es unter den Garantien der Abänderungserschwerung ergangen, daß also die materielle Verfassungsänderung bewußt und gewollt ist. Äußerlich unterscheidet sich dieses Gesetz durch nichts von einem einfachen, der Verfassung widersprechenden Gesetze. Beispiele sind die oben angeführten Gesetze zur Befriedung des Reichstagsgebäudes vom 8. Mai 1920 und über den Staatsgerichtshof vom 9. Juli 1921 (o. S. 30).

In der Vorkriegspraxis ergingen die materiellen Verfassungsänderungen — mit der oben erwähnten einen Ausnahme (S. 71) — durchweg ohne Kenntlichmachung. Und dabei blieb zuerst auch die Gesetzgebung der Nachkriegszeit. Erst seit 1924 ist die Kenntlichmachung durch die Eingangsformel zur Regel geworden.

Die Kritik der Vorkriegszeit an dieser Praxis gilt der materiel-

---

[1]) Nicht zu verwechseln mit der alten Ausdrucksweise, die damit die materielle Verfassungsänderung schlechthin bezeichnet: v. R a u c h h a u p t, aaO., S. 70. T r i e p e l, Verhdlgn., S. 47. A n s c h ü t z, Komm., Art. 76, Note 2.

len Verfassungsänderung überhaupt. Denn man hat die Frage nur dahin gestellt, ob die Verfassung auch ohne eine Textänderung abgeändert werden könne, und die Frage nach der Bedeutung der Publikationsformel nicht besonders aufgeworfen.[1]) Die herrschende Lehre unter der Führung L a b a n d s hat die Verfassungsänderung ohne Änderung der Verfassungstexte für allgemein zulässig erklärt, wobei die L a b a n d sche Argumentation maßgebend war: die materielle Verfassungsänderung sei deshalb nicht unzulässig, weil ein positiver Rechtssatz, der etwa bestimmt, daß Änderungen der Verfassung nur unmittelbar durch Gesetze, die ihren Wortlaut anders fassen, erfolgen dürfen, nicht vorliege, und eine Einschränkung der Verfassungsänderung auf nur formelle Verfassungsänderung weder aus der juristischen Natur der Verfassung noch aus dem Verhältnis der Verfassungsurkunde zu einfachen Gesetzen sich herleiten ließe (Staatsrecht, II, S. 39).

Als Vertreter der herrschenden Lehre: H ä n e l, Studien, I, S. 258; Ph. Z o r n, Das Staatsrecht des Deutschen Reichs, 2. Aufl. Leipzig 1895, S. 432; S e y d e l, Kommentar zur Verfassungsurkunde für das Deutsche Reich, 2. Aufl. Freiburg und Leipzig 1897, S. 418, Note 4; Ad. A r n d t, Kommentar zur Reichsverfassung, 5. Aufl. Berlin 1913, Art. 78, Note 2; M e y e r - A n s c h ü t z, Lehrbuch des deutschen Staatsrechts, 7. Aufl. Leipzig 1919, § 164, S. 689; H. S c h n e i d e r, aaO., S. 19; W i e s e, aaO., S. 68; v. R a u c h h a u p t, aaO., S. 68 f.; H i l d e s h e i m e r, Revision, S. 70.

Die Gegner der materiellen Verfassungsänderung, die im wesentlichen vom Wesen und Begriff der Verfassung ausgingen, und hin und wieder die höhere Autorität der Verfassung kraft ihrer Natur betonten, sind aber schließlich dem formalistischen Positivismus der Vorkriegspublizistik unterlegen: nicht nur die Praxis des Kaiserreichs hielt weiter an der materiellen Verfassungsänderung fest,[2]) sondern auch die Nachkriegsgesetzgebung entging nicht ihrem Bann, ja selbst der große verfassungsverteidigende Eifer der nachrevolutionären Staatsrechtslehre hat mit ihr ganz zu brechen nicht gewagt.

Gegner der materiellen Verfassungsänderung in der Vorkriegsliteratur: G. B e s e l e r, Reichstagskompetenz, in Preuß. Jahrb. 1871, S. 190 ff.; H. A. Z a c h a r i a e, Zur Frage der Reichskompetenz ggenüber dem Unfehlbarkeitsdogma, Braunschweig 1871, S. 46; W e s t e r k a m p, Über die Reichsverfassung, Hannover 1873, S. 132; v. R o e n n e, Staatsrecht des

---

[1]) Siehe H ä n e l, Studien, I, S. 257 Note.
[2]) Vgl. L a b a n d, Staatsrecht, II, S. 42.

Deutschen Reichs, II, 1, S. 31 ff.; S p i e r, Das Problem der Verfassungsänderung, S. 50 f. — Schwere Bedenken: J e l l i n e k, Verfassungsänderung, S. 6; v. J a g e m a n n, Die deutsche Reichsverfassung, S. 227 ff.; S e u l e n, Verfassungsänderungen nach preußischem und nach Reichsrecht, Rostocker Dissertation 1902, S. 19 ff.; W i e s e, aaO., S. 65 ff.; v. R a u c h h a u p t, aaO., S. 83.

Mit dem endgültigen Sieg der Zulässigkeit der materiellen Verfassungsänderung war auch die Frage nach der Bedeutung ihrer Kenntlichmachung durch die Verkündungsformel implizite entschieden: ist das materiell verfassungsändernde Gesetz als solches gültig, so kann es nicht deshalb ungültig sein, weil seine Kenntlichmachung fehlt. Denn ein positiver Rechtssatz, der die Kenntlichmachung für die materielle Verfassungsänderung ausdrücklich vorschreibt — etwa wie der oben zitierte § 32 GGO II —, lag nicht vor. Und so wurde die Frage in der Tat, wenn sie überhaupt aufgeworfen wurde, in diesem Sinne beantwortet.

So z. B. W i e s e, aaO., S. 68; v. R a u c h h a u p t, aaO., S. 80; A r n d t, Kommentar, S. 397; H. S c h n e i d e r, aaO., S. 20.

In der Nachkriegsliteratur wird die nicht kenntlich gemachte materielle Verfassungsänderung einstimmig bekämpft, wenn auch ihre Rechtsgültigkeit allgemein anerkannt wird. Der Grund hierfür liegt nahe. Denn das verfassungsändernde Gesetz hat hier in seiner Erscheinung jede Beziehung verloren zu seiner ursprünglichen Bedeutung als Ausdruck einer besonderen verfassunggebenden Gewalt. Überdies wäre dies ein in seiner Tragweite nicht abzuschätzendes Übel für das richterliche Recht, die Gesetze auf ihre Verfassungsmäßigkeit hin zu prüfen, das sich in der Praxis herausgebildet hat. Denn woran soll der Richter erkennen, daß ein materiell verfassungswidriges Gesetz verfassungsmäßig zustandegekommen ist? Dieses Problem ist aber insofern nicht mehr so sehr von Aktualität, als die Reichsgesetzgebung seit 1924 die Kenntlichmachung der materiellen Verfassungsänderung sich zur Regel gemacht hat.

Scharfe Kritik gegen die nicht kenntlich gemachte materielle Verfassungsänderung T h e i ß e n, Verfassung und Richter, AöR, NF, VIII, 1925, S. 276, nach ihm ist sie überhaupt unzulässig. Ferner P i l o t y, DJZ, 1923, S. 512; T r i e p e l, Verhandlungen, S. 59; mit ihm der 2. Leitsatz des 33. DJT, Verhandlungen, S. 68; J a c o b i aaO., S. 263; J e s e l s o h n, aaO., S. 34. — Daher befremdend die Reichsgerichtsentscheidung: „Für die Wirksamkeit einer Verfassungsänderung ist nicht erforderlich, daß sie vom Gesetzgeber ausdrücklich als solche bezeichnet wird" (JW 1927, S. 2198). So auch A n s c h ü t z, Komm., Art. 76, Note 2.

Über die Art der Abänderung oder Aufhebung der nicht kenntlich gemachten materiellen Verfassungsänderung war die Ansicht der Vorkriegspublizistik sehr geteilt. H ä n e l verlangte für jede weitere Abänderung einer materiellen Verfassungsänderung die Beobachtung der Formerschwerung (Studien, I S. 255 Note 6). S e y d e l verlangte sie nur für den Fall, daß diese weitere Abänderung wiederum eine Änderung der Verfassung selbst bedeutet, sonst genüge das einfache Gesetz (Kommentar, Art. 76, S. 419). L a b a n d ließ dagegen für jede weitere Abänderung einer materiellen Verfassungsänderung das einfache Gesetz genügen, selbst wenn es die ursprünglich betroffenen Verfassungsnormen noch weitergehend beeinträchtigte (Staatsrecht II S. 41). A n s c h ü t z ließ demgegenüber es auf die Kenntlichmachung ankommen: hat das materiell verfassungsändernde Gesetz sich ausdrücklich als solches gekennzeichnet, so unterliegt seine Abänderung der Erschwerung der Verfassungsänderung, geschah dies aber nicht, so genügt zu seiner Abänderung das gewöhnliche Gesetz, und zwar ist es an die Grenze der vom ersten Gesetz vollzogenen Verfassungsänderung nicht gebunden (M e y e r - A n s c h ü t z, Lehrb. d. deut. StR., 7. Aufl., 1919, S. 690.[1]) Da die Kenntlichmachung dem Kaiserreich so gut wie unbekannt war, läuft also praktisch diese Lehre auf dasselbe hinaus wie die Theorie L a b a n d s.

Für die verstärkte formelle Gesetzeskraft der materiellen Verfassungsänderung waren ferner Z o r n, Staatsrecht des Deutschen Reichs, S. 433, v. R a u c h h a u p t, aaO., S. 47. Aber die Praxis gab der L a b a n dschen Lehre Recht. Daß diese Praxis — die in ihrer Wirkung jeden Sinn und Wert der Verfassung in Frage stellt — nicht unangefochten blieb, war ganz natürlich. Überhaupt war alle Polemik, die in der Vorkriegsliteratur gegen die materielle Verfassungsänderung als solche gerichtet wurde, im wesentlichen gegen diese Praxis gerichtet. Vgl. z. B. Z o r n aaO., v. R a u c h h a u p t aaO. Aber dadurch ließ sich weder die Praxis noch die Doktrin des Kaiserreichs von ihrer laxen Auffassung abbringen.

In der neuen Staatsrechtslehre ist die Frage nach der Abänderung der nicht kenntlich gemachten Verfassungsänderung nicht gesondert erörtert worden. Allgemein denkt man — ist doch die Unterscheidung von kenntlich gemachten und nicht kenntlich gemachten materiellen Verfassungsänderungen noch recht jungen Datums — an die Frage der Abänderung der materiellen Verfas-

---

[1] So schon Fr. T h u d i c h u m, Verfassungsrecht des Norddeutschen Bundes, Tübingen 1870, S. 84.

sungsänderung überhaupt. Die oben mitgeteilten Ansichten hierüber (S. 72) gelten wohl auch hier. Wichtig aber ist in diesem Zusammenhang — und wohl auch nicht unbezeichnend für die herrschende Theorie — der fünfte Leitsatz des 33. Juristentags: „Die Abänderung oder Aufhebung eines verfassungsändernden Gesetzes bedarf der Erfüllung der erschwerenden Voraussetzungen einer Verfassungsänderung nur, wenn dies im Gesetz ausdrücklich bestimmt ist oder das Gesetz als Verfassungsgesetz bezeichnet ist" (Verhandlungen, S. 68).

Jacobi läßt ausdrücklich für die Abänderung einer nicht kenntlich gemachten materiellen Verfassungsänderung das einfache Gesetz genügen, aaO., S. 263.

3. Die zufällige materielle Verfassungsänderung (oder: unbewußte Verfassungsänderung, Jeselsohn, aaO. S. 35).

Hier steht der Inhalt des beschlossenen Gesetzes im Widerspruch zur Verfassung. Der Widerspruch ist im Gesetzgebungsverfahren nicht bemerkt worden. Wie sich aber nachträglich feststellen läßt, ist das Gesetz bei seiner Schlußabstimmung mit einer den Erfordernissen der Verfassungsänderung entsprechenden Mehrheit angenommen worden. Es fragt sich nun, ob dies Gesetz als rechtsgültig anzusehen ist.

Als Beispiel für dieses vorwiegend theoretische Problem kann das Besoldungsgesetz vom 16. Dezember 1927 (RGBl. S. 549) erwähnt werden. Es schreibt nämlich in seinem § 41 vor, daß die Länder und Gemeinden künftig jede dritte planmäßige Stelle der Besoldungsordnung unbesetzt lassen müssen. „Darin liegt ein Eingriff in die Organisation der Landesverwaltungen, der mindestens soweit verfassungswidrig ist, wie die betroffenen Landesbehörden zur Ausführung von Landesgesetzen berufen sind" (Jeselsohn aaO.).

Vgl. über diesen Fall Jeselsohn, aaO., S. 37; W. Jellinek, Das verfassungsändernde Reichsgesetz, S. 188, Note 23. Ob die Ungültigkeit dieser Einzelbestimmung weitere Teile des Gesetzes oder das ganze Gesetz ergreift, lassen wir dahingestellt sein. Jeselsohn läßt es auf die Bedeutung ankommen, die dem § 41 im Zusammenhang der Reichsbesoldungsordnung zukommt.

Für die Gültigkeit einer zufälligen materiellen Verfassungsänderung hat sich Triepel erklärt, ja selbst für den Fall, wenn sich später mit Gewißheit feststellen lasse, daß bei sorgfältiger

Überlegung das Gesetz nicht durchgegangen wäre (Verhandlungen, S. 58) und mit ihm auch W. Jellinek (Das verfassungsändernde Reichsgesetz, S. 188). Die Mehrzahl der hierüber geäußerten Meinungen hält sie jedoch für rechtsungültig. Denn zu einer Verfassungsänderung ist ein besonders darauf gerichteter Wille rechtlich notwendig. Dieser Wille liegt aber bei der zufälligen Verfassungsänderung nicht vor. Es wird doch auch in der einfachen Gesetzgebung ein Beschluß erst dann als Gesetz verkündet, wenn er als Gesetzesbeschluß gefaßt war.

Gegen die Gültigkeit der zufälligen Verfassungsänderung Breitholdt, Die Abstimmung im Reichstag, AöR NF X, 1926, S. 316; Jacobi, aaO., S. 263; Jeselsohn, aaO., S. 36f.; Lobe im Heft 2 der von Bumke herausgegebenen Ausgew. Entsch. d. StGH., Berlin 1930, S. 111f.; Löwenstein, Erscheinungsformen, S. 73ff. — Vgl. Thoma, Das richterliche Prüfungsrecht, AöR NF IV, 1922, S. 279.

Die anderen Abarten der verfassungswidersprechenden Praxis, die wir oben gesehen haben (S. 31 ff.): einfache Gesetzgebung. Geschäftsordnungen oberster Staatsorgane und deren tatsächliche Praxis — sie sind mitunter die wichtigsten Fragen aus dem Problem der Verfassungswandlung —, stehen außerhalb des Problems der materiellen Verfassungsänderung. Wir werden sie in anderem Zusammenhang behandeln.

Verfassungsinterpretation und Verfassungswandlung.

Daß eine Verfassungswandlung durch die Interpretation der Verfassung bewirkt werden kann — wie auch in der Literatur oft erwähnt ist —, haben wir oben an einigen historischen Fällen zu zeigen versucht (S. 35 ff.). Nunmehr ist das Problem der Verfassungsinterpretation etwas eingehender zu betrachten. Wir werden uns dabei insbesondere mit der Verfassungsinterpretation in den Vereinigten Staaten zu beschäftigen haben, mit der man dort über fast alle verfassungsrechtliche Probleme Herr geworden ist. Diese Betrachtung ist um so mehr vonnöten, als die amerikanische Verfassungsgerichtsbarkeit heute geradezu vorbildlich geworden ist, ihre Entstehungsgeschichte aber in der außeramerikanischen Literatur gar nicht genug hervorgehoben wird, obwohl sie zum vollen Verständnis der amerikanischen Praxis ganz unerläßlich wäre.

Die Interpretation bezeichnen als einen Weg der Verfassungswandlung: Jellinek, Verfassungsänderung, S. 8 ff. (vgl. o. S. 35 f.): Hatschek, Konventionalregeln oder über die Grenze der naturwissenschaftlichen Begriffsbildung im öffentlichen Recht (JöR III), 1909, S. 32; Tezner, Konventionalregeln und Systemzwang (Grünhuts Zeitschr. XLII), 1916, S. 573, 609; Hildesheimer, Revision, S. 11; Wespe, Begriff und Bedeutung der Verfassung, 1926, S. 131 ff.

Die Frage der Verfassungsgerichtsbarkeit ist namentlich für die deutsche Praxis von großer Bedeutung gewesen. Vgl. u. a. R. Thoma, Das richterliche Prüfungsrecht, AöR. XLIII, 1922, S. 267 ff.; W. Jellinek, Das Märchen von der Überprüfung verfassungswidriger Reichsgesetze durch das Reichsgericht, Juristische Wochenschrift (J. W.) 1925, S. 454 ff.; Stülz, Verfassungsgerichtshof, DJZ 1926, S. 837 ff.; W. Simons, Reichsverfassung und Rechtsprechung, Zeits. f. ges. Staatswissenschaften, LXI, 1926, S. 385 ff.; Morstein-Marx, Variationen über richterliche Zuständigkeit zur Prüfung der Rechtmäßigkeit der Gesetze, Berlin 1927; Nawiasky, Reichsverfassungsstreitigkeiten, AöR. NF XII, 1927, S. 130 ff.

Das Problem der Verfassungsinterpretation ist aber nicht mit dem eigentlichen Problem der Gesetzesinterpretation — dem Problem der Ermittlung und Anwendung des Rechts — zu verwechseln. Denn obwohl beide Probleme denselben Ausgangspunkt haben, nämlich die Auslegung einer geschriebenen Rechtsnorm, sind ihre Fragestellungen dennoch voneinander recht verschieden.

Beim Problem der gewöhnlichen Gesetzesinterpretation — einem viel erörterten Problem in der zivilistischen Literatur — unterscheidet man die Legalinterpretation einerseits, die doktrinäre Interpretation andererseits, und die letzte wird wieder in grammatische und logische eingeteilt. Aber neben diesem Gegensatz von Wort- und Sinnesinterpretation streitet man besonders um die Grundlage ihrer Methoden: namentlich ob hier historische oder systematische oder Zweckgedanken den Ausschlag geben sollen. Jedenfalls ist das Problem hier der Gegenstand einer vorwiegend theoretischen, dogmatischen Betrachtung. Nach welcher der gezeigten Denkrichtungen die Theorie und Praxis in der heutigen Wirklichkeit tendiert, ist hier nicht näher zu verfolgen.

Vgl. hierzu Enneccerus-Nipperdey, Lehrb. d. bürgerl. Rechts, I, 13. Bearb. Marburg 1931, §§ 48 ff.; Ph. Heck, Gesetzesauslegung und Interessenjurisprudenz, Tübingen 1914, S. 4 ff.; Fr. Leonhard, Auslegung und Auslegungsnorm, Marburg 1927; über den Standpunkt in der Praxis siehe W. Walder, Grundlehre jeder Rechtsfindung, Berlin 1928. — Natürlich ist das Problem besonders von der Freirechtsschule behandelt worden, siehe die Literatur beim Lückenproblem, o. S. 41 f.; ferner Jellinek, Verfassungsänderung, S. 9 Note 1.

Dem gegenüber ist das Problem der Verfassungsinterpretation ein mehr von der Wirklichkeit gestelltes. Hier ist nicht zu fragen, wie ein geschriebener Verfassungsrechtssatz bei praktischen Fällen auszulegen sei, welche Gedanken der Auslegungsmethode zugrundegelegt werden müssen, sondern es soll hier festgestellt werden, wie ein Verfassungsrechtssatz ausgelegt worden ist, und wenn diese Auslegung zu einer Verfassungswandlung geführt hat, wie dieser Gesichtspunkt bei der Auslegung mitbestimmend war.

Ferner ist das Problem der Verfassungsinterpretation, das wir hier behandeln wollen, nicht zu verwechseln mit dem der sogenannten authentischen Interpretation. In diesem Falle wird nämlich ein mehrdeutiger Verfassungsrechtssatz durch einen weiteren Verfassungsrechtssatz in seiner von den Verfassungsgebern gewollten Auslegung eindeutig festgelegt: authentische Verfassungsinterpretation ist eine Verfassungsinterpretation durch die Verfassung selbst.

So auch Hildesheimer, Revision, S. 16 Note 2. — Vgl. Jacobi, Reichsverfassungsänderung, S. 266.

Die authentische Interpretation ist nach mehreren ausdrücklichen Verfassungsbestimmungen einer Verfassungsänderung gleichzustellen und bedarf zu ihrem gültigen Beschluß der Beobachtung der für Verfassungsänderung vorgeschriebenen Formerschwerung. So z. B. die Verfassung von Baden (1818), § 73 (seit Ges. vom 24. August 1904): „Zur gültigen Abstimmung über Entwürfe, durch welche die Verfassung ergänzt, erläutert oder abgeändert werden soll, wird in beiden Kammern die Anwesenheit von mindestens drei Vierteln der Mitglieder erfordert". So auch die Verfassungen des Königreiches Sachsen (§ 152), von Hessen (Art. 110), von Reuß äL. (§ 90) und von Bolivien (Art. 136). Dagegen ist gelegentlich die Ansicht vertreten worden, daß die authentische Interpretation keine Verfassungsänderung sei, da hier nichts Neues in die Verfassung komme, und daher einer Beobachtung der Formerschwerung nicht bedürfe (Spier, Problem der Verfassungsänderung, S. 62). Auch auf diese Kontroverse ist hier nicht einzugehen.

Den Legalstandpunkt vertritt in der Literatur Jacobi, Reichsverfassungsänderung, S. 266, und wohl auch die Rechtsprechung, vgl. z. B. Entscheidung des StGH in RGZ 122, Anh. S. 17 ff., 40.

Der Gegenstand unseres zu behandelnden Problems ist aber nicht die Verfassungsinterpretation durch die Verfassung selbst, sondern die Interpretation der Verfassung durch das Gericht, durch die richterliche Entscheidung. Das soll im folgenden näher dargestellt werden.

Das Problem der Verfassungsinterpretation ist ein Hauptproblem der amerikanischen Verfassungsrechtspraxis und Verfassungsrechtstheorie. In keinem anderen Land der Welt ist die Verfassung so viel interpretiert worden wie hier, in keiner anderen Rechtsordnung hat die Verfassungsinterpretation eine so bedeutende Rolle gespielt wie in der amerikanischen.

So der viel zitierte Satz von Bryce: "Probably no writing except the New Testament, the Koran, the Pentateuch and the Digest of the Emperor Justinian, has employed so much ingenuity and labour as the American Constitution in sifting, weighing, comparing, illustrating, twisting and torturing its text" (American Commonwealth, new edition, New York 1926, I, p. 375). — Bryce nennt drei Wege der Fortbildung der amerikanischen Verfassung: amendments, interpretation, usage (Commw. I, p. 480).

Hildesheimer überträgt sie — nicht ohne Mißverständnis — auf das Verfassungsrecht überhaupt (Revision, S. 11). Das Problem der „amendments" fällt aus dem Rahmen unserer Arbeit, das der „usage of constitution" wird an anderer Stelle zur Erörterung kommen (S. 131 ff.).

Dies hat seinen Grund in den folgenden Umständen:

1. In Amerika besteht ein engeres Verhältnis zwischen Richtern und Verfassung als in anderen Staaten. Das ist nicht zuletzt ein Ausfluß der Verfassung selbst (Art. VI). Aber vor allem ist das auf das allgemeine richterliche Prüfungsrecht der Verfassungsmäßigkeit der Gesetze zurückzuführen, das hier in der bedeutungsvollsten Weise besteht (darüber weiter unten). Da die Gesetze aber — sind sie doch die legalisierenden Manifestierungen der fluktuierenden Kulturentwicklung — stets mit dem Lebensimpuls der Staats- und Kulturgemeinschaft selbst im Fortschreiten sind, während die Buchstaben der Verfassungsurkunde doch immer dieselben von 1787 bleiben, so kommen die Gesetze oft, oder sie scheinen wenigstens oft in Widerspruch zur Verfassung zu kommen. Und die häufig aufgeworfene Frage, ob ein bestimmtes Gesetz nicht gegen den Wortlaut der Verfassung verstoße, bedingt naturgemäß eine ebenso häufige Praxis der Verfassungsauslegung.

Das richterliche Prüfungsrecht stammt, wenigstens der Idee nach, aus der älteren englischen Staatsordnung, wo die Kolonialgesetze der Prüfung des englischen Richters auf ihre Übereinstimmung mit dem englischen Recht unterlagen. Vgl. A. Todd, Parliamentary Government in the British Colonies, 2d Edit. London 1894, pp. 306 sqq., 309, 346 sqq.; Br. Coxe, An Essay of Judicial Power and Unconstitutional Legislation, Philadelphia, 1893, pp. 208 sqq.; Jellinek, Allg. Staatslehre, S. 519; vor allem Dicey, Introduction to the Study of the Law of the Constitution, 8th Edition, London 1927, p. 154. — Über die Entwicklung des Prüfungsrechts der Supreme Court of the United States u. S. 85 ff.

2. Vor allen Dingen ist aber die überragende Bedeutung der Verfassungsinterpretation ein notwendiges Ergebnis des allzu schwierigen Verfahrens der Verfassungsänderung. Denn man hat die amerikanische Verfassung oft gerade wegen ihrer schweren Abänderbarkeit als die starrste der geschriebenen Verfassungen bezeichnet. In der Tat sind im ganzen 19. Jahrhundert nicht mehr als vier Zusätze zur Verfassung (amendments) angenommen worden. Da aber die Notwendigkeit einer Verfassungsänderung doch immer besteht — "growth and decay are the necessary conditions of the life of institutions as well of individual organism" (Bryce, Americ. Comm. I p. 362) —, so ist eine Interpretation, die die Ver-

fassungsvorschriften unbekümmert um den ihnen ursprünglich beigelegten Sinn, aber entsprechend den herrschenden Bedürfnissen und Anschauungen anwendet, der natürlichste Weg, um die unmittelbare lebendige Relation zwischen Verfassung und Staatsgemeinschaft zu erhalten. Bryce hat mit vollem Recht gesagt: "the Americans have more than once bent their constitution in order that they might not be forced to break it" (Amer. Comm. I p. 391).

Die amerikanische Verfassung hat bis zum heutigen Tag nicht mehr als 19 amendments bekommen. „Sieht man die ersten 10 als einen wesentlichen Bestandteil der ursprünglichen Urkunde an, dann wurden in 137 Jahren nur 9 amendments vorgenommen" (J. Beck, Verfassung der Vereinigten Staaten von Nordamerika, deutsche Ausgabe von Friedmann, Berlin-Leipzig 1926, S. 239). — Vgl. ferner Jellinek, Allg. Staatslehre, S. 535 und Note 2.

3. Endlich ist die nahe Verwandtschaft des amerikanischen Rechtssystems mit dem englischen nicht zu vergessen, in dem die Rechtsprechung der Gerichte doch eine unendlich größere Rolle spielt als auf dem europäischen Kontinent. Denn in England besteht nicht nur der größere Teil der common law aus der sogenannten „case-law" oder „judge-made law", sondern selbst die „Verfassungsprinzipien" beruhen hauptsächlich auf Gerichtsentscheidungen: "in England the so-called principles of the constitution are inductions or generalisations based upon particular decisions pronounced by the Courts" (Dicey, Introduction, p. 193), — darauf haben wir noch zurückzukommen. Die hohe Bedeutung der richterlichen Entscheidung für die Entwicklung des Verfassungsrechts in den Vereinigten Staaten ist also nicht zuletzt auf dem aus England her überlieferten Rechtssystem begründet.

Über das Verhältnis des amerikanischen Rechts zum englischen H. W. Horwill, The Usage of the American Constitution, Oxford 1925, pp. 3 sqq.; über das Verhältnis der Supreme Court zum Privy Council Dicey, Introduction, pp. 160—61; über den Gegensatz des anglo-amerikanischen Rechts zum deutsch-germanischen R. Pound, Law in Books and Law in Action (American Law Review, Vol. XLIV), 1910, p. 29.

Daher ist der Begriff der Präzedenz, der für das englische Recht, insbesondere für die Bildung der common law von größter Bedeutung ist, — "a judicial precedent in England is not merely evidence of the law but a source of it" (Salmond, Jurisprudence, 7th edit. London, 1924, p. 187); oder "the appeal to precedent is a useful fiction by which judicial decision conceals its transformation into judicial legislation" (Dicey, Introduction, p. 18) — auch für das amerikanische Rechtssystem von Wichtigkeit. Aber die amerikanischen Juristen — und hierin offenbart sich der wesensmäßige Unterschied zwischen dem fortschreitenden Amerikaner und dem konservativen Engländer — haben sich bald bewußt von der Doktrin der Präzedenz befreit. Man gewann die Einsicht, daß "an overruling of precedents is quite permissible within the spirit of our system" (E. Bruncken, The Elasticity of the Constitution in "the Green Bag", Vol. XX, Boston, 1908, p. 18). Denn "considering the influence of manners upon law and the force of opinion which is silently and almost insensibly controlling the course of business and the practice of the courts, it is impossible that the fabric of jurisprudence should not exhibit deep traces of the progress of society as well as the footsteps of time" (I, Kent's Commentaries on American Law. 14th edit. Boston, 1898, p. 479). Während also die große, vorwiegend auf einer überkommenen Tradition beruhende Bedeutung der richterlichen Entscheidung für das lebende Rechtssystem hier weiter fortbesteht, verließen die Amerikaner bewußt die Doktrin der Präzedenz und ermöglichen hiermit ihre „elastische" Interpretation.

Vgl. über die Präzedenz in England Salmond, Jurisprudence, secs. 54—62 (pp. 187—206); in Amerika und den Bruch mit ihr Bruncken, The Elasticity of the Constitution, p. 18 & passim; Jellinek, Verfassungsänderung, S. 17.

Natürlich ist die Interpretation der Verfassung nicht ausschließlich den Gerichten vorbehalten. Sondern jedermann, der sich eine verfassungsrechtliche Frage vorlegt, interpretiert die Verfassung. Und jede Staatsbehörde, die darüber entscheidet, ob eine Konfliktsfrage eine verfassungsrechtliche oder nur eine politische Frage darstellt, interpretiert die Verfassung.[1]) Aber von größerer Bedeutung für das ganze Rechtssystem ist natürlich vor allem die richterliche Interpretation. Denn hier wird die eindeutige Frage vorgelegt, ob ein bestimmtes Gesetz gegen einen bestimmten Verfassungsartikel verstoße oder nicht. Die klare Fragestellung und ihre notwendig klare Beantwortung lassen die Interpretation hier in der deutlichsten Weise und für jedermann er-

---

[1]) So Bryce, Amer. Comm. I p. 376. Dieser Gedanke liegt wohl der Jellinekschen Formulierung zugrunde, daß die Verfassung durch die Interpretation der Parlamente sowie der Regierungs- und Gerichtsbehörden gewandelt werden könne (Verfassungsänderung, S. 9).

kennen. Und da die Entscheidungen der einfachen Gerichte in den meisten Fällen zur Berufung an die Supreme Court der Vereinigten Staaten gebracht werden, und die Supreme Court die endgültige Entscheidung trifft, so wird in Wahrheit die Supreme Court die eigentliche Instanz für die Verfassungsinterpretation.

Vgl. hierüber Bryce, Americ. Commonw. I pp. 376—7; Dicey, Introduction, p. 156; Hildesheimer, Revision, S. 17.

Die Bedeutung der Supreme Court als „Verfassungsgerichtshof" liegt aber nicht so sehr in ihrer weitgehenden Zuständigkeit, — "the Supreme Court becomes the ultimate arbiter of all matters affecting the Constitution" (Dicey, Introd. p. 158), vgl. ferner art. 3 sec. 2 Constitution of the U.S.A. — als in ihrer überragenden Machtfülle, in ihrer gewaltigen „power". Namentlich hat sie sich für zuständig erklärt, Gesetze, sei es des Kongresses, sei es der Legislaturen der Einzelstaaten, auf ihre Verfassungsmäßigkeit zu überprüfen und sie nach ihrem Ermessen für verfassungswidrig zu erklären, womit dem betreffenden Gesetz jede Wirksamkeit und Durchführung versagt wird. Man nennt das „judicial review upon the constitutionality of the law".

Diese höchst bedeutungsvolle Befugnis, die die Supreme Court seit über 100 Jahren ausgeübt hat, hat eine merkwürdige Entstehungsgeschichte. Denn die Verfassung, in der die Errichtung der Supreme Court vorgesehen ist, hat diese Befugnis mit keinem Wort erwähnt. Auch aus dem Wortlaut des Art. VI, in dem die Unionsverfassung und die auf ihrer Grundlage erlassenen Gesetze der Vereinigten Staaten als oberstes Gesetz des Landes proklamiert und die Richter der Einzelstaaten für daran gebunden erklärt sind, läßt sich die Befugnis der Court zur Revision der Gesetze nicht ableiten. Und betrachtet man die Entstehungsgeschichte der Verfassung, so läßt sie eher erkennen, daß die Schöpfer der Verfassung eine Beteiligung der Richter an einer Prüfungsinstanz für Bundesgesetze bewußt ablehnten. Denn der im Jahre 1787 in der Verfassungskonvention gemachte Vorschlag, — in dem sog. Randolph-Plan —, eine Anzahl von Richtern der Regierungsgewalt (Exekutive) beizugeben (associate) für die Ausübung der Prüfungsgewalt (revisionary power) über die vom Kongreß erlassenen Gesetze, ist nicht weniger als viermal, obwohl dieser Vorschlag von den einflußreichen Männern wie Madison und James Wilson unterstützt war, abgelehnt worden. Eine Zustimmung von mehr als drei Stimmen hat er niemals gefunden. Mercer resumierte im August 1787 das Ergebnis dieser Verhandlungen dahin, daß die Verfassungskonvention die Doktrin, daß die Richter die Autorität haben sollen, Gesetze für unwirksam zu erklären, mißbillige. Es ist gerade noch in den letzten Jahrzehnten vielfach die judicial review der Supreme Court angegriffen worden. Der Chief Justice Clark sagte einmal im Jahre 1906, daß die von der Supreme Court beanspruchte Prüfungsgewalt nichts als eine „rank usurpation" sei.

Vgl. hierzu E. S. Corwin, The Doctrine of Judicial Review, Princeton 1914, pp. 1 sqq; über die Argumentation Clarks und andere neue „attacks" gegen die Prüfungsgewalt (Tricket, Boudin, Roe etc.), Ch. A. Beard, The Supreme Court and the Constitution, new edit., New York 1926, pp. 1 sqq.

Wie dem auch sei, die Supreme Court hat seit 1803 die Prüfungsbefugnis uneingeschränkt ausgeübt und bis Juni 1924 in nicht weniger als 53 Fällen vom Kongreß erlassene Gesetze für verfassungswidrig erklärt. Und nicht nur das Volk hat diese Praxis der Court völlig gebilligt, sondern sowohl in der politischen wie in der juristischen Literatur ist ihr das dankbarste Lob zuteil geworden. In der Tat ist die Supreme Court, wie sie funktioniert und sich auswirkt, eine der glücklichsten Institutionen des amerikanischen Verfassungsrechts.

Vgl. über die Entscheidungen der Supreme Court über Verfassungsmäßigkeit von Bundesgesetzen bis Juni 1924 Ch. Warren, Congress, the Constitution and the Supreme Court, Boston 1925, pp. 273 sqq. — Über die Bedeutung der Court u. S. 92.

Die Supreme Court, deren Rechtsprechung für die Entwicklung des amerikanischen Verfassungsrechts von der größten Tragweite ist, verdankt ihr Ansehen und ihre Bedeutung der Autorität eines einzigen Mannes: diesem selben Manne allein verdanken die Vereinigten Staaten das vielgerühmte Prüfungsrecht ihrer Supreme Court über die Bundes- und Staatsgesetze: Chief Justice John Marshall.

J. Marshall war der erste Chief Justice der Supreme Court der Vereinigten Staaten und wirkte als solcher von 1801 bis zu seinem Tode im Jahre 1835. Sein ganzes Leben widmete er seiner höchstrichterlichen Tätigkeit. Unter ihm sind diejenigen

Entscheidungen ergangen, die für die Verfassungsrechtsentwicklung von grundlegender Bedeutung sind. Denn seitdem sind die Prinzipien, die er bei seinen Entscheidungen verfolgt hat, — allerdings mit einer längeren Unterbrechung — schließlich die der Supreme Court und überhaupt des amerikanischen Verfassungsrechts geworden. Man hat ihn mit vollem Recht als den zweiten Schöpfer der amerikanischen Verfassung bezeichnet.

Vgl. über Marshall und seine Bedeutung für die Supreme Court Bryce, Americ. Commonw. Vol. I pp. 385 sqq., das große Werk von A. J. Beveridge, The Life of J. Marshall, Boston & New York 1919, 4 Volms.; ferner Ch. A. Beard, Readings in American Government and Politics, New York 1909, Nrs. 27, 112—14, 118; E. Channing, A History of the U. S., New York 1927, Vol. V pp. 309 sqq.; E. S. Corwin, J. Marshall and the Constitution, New Haven 1927; W. B. Guitteau, Government and Politics in the U. S. New York 1921, pp. 338 sqq.; H. W. Willoughby, The Supreme Court of the U. S., Baltimore 1890.

Das größte Verdienst Marshalls war, daß er im Jahre 1803 in dem berühmten Fall Marbury v. Madison (1 Cran. 137) im Namen der Supreme Court das Recht beanspruchte, ein vom Kongreß erlassenes Gesetz für verfassungswidrig zu erklären: diese gerichtliche Kontrollgewalt über die Gesetzgebung sei in den Bestimmungen der Bundesverfassung implicite enthalten. "The particular phraseology of the Constitution confirms and strengthens the principle supposed to be essential to all written constitutions, that a law repugnant to the Constitution is void and that Courts are bound by that instrument" (Marbury v. Madison). Die Entscheidung wurde vom Volke einstimmig gutgeheißen. Und dieser erste Fall hat dann die Prüfungsgewalt der Supreme Court für immer geschaffen. Das war im wesentlichen ein persönliches Verdienst Marshalls — man vergegenwärtige sich die Autorität Marshalls bei seinen Mitrichtern an der Supreme Court! — Man hat später gesagt, daß das betroffene Gesetz im Madison-Fall eigentlich nicht in direktem Widerspruch zur Verfassung stehe, daß aber Marshall es für verfassungswidrig erklärt habe, nur um die herrschende, der Theorie der gerichtlichen Püfungsgewalt günstig gesinnte Stimmung nicht zu versäumen (Beard, Supr. Court and Const. p. 115). Jedenfalls ist das Prüfungsrecht der Supreme Court seitdem geltendes Verfassungsrecht geworden. Es ist daher ebenso bedeutungslos, aus der Entstehungsgeschichte der Verfassung das Bestehen dieses Rechts anzufechten, wie es überflüssig ist, dies bereits bestehende Recht noch mit ausgeklügelten historischen oder juristischen Theorien zu begründen.

Der Madison-Fall steht in jeder Schrift über amerikanisches Verfassungsrecht. Vgl. statt vieler Beard, Supreme Court and Const., pp. 119 sqq.; E. S. Corwin, The Doctrine of Judicial Review, New York pp. 1 sqq.; C. E. Martin-George, American Government and Citizenship, New York 1927, pp. 154 sqq.; C. E. Martin, An Introduction to the Study of the American Constitution, Los Angeles 1925, p. 109. — Vgl. die vier verschiedenen Theorien zur Begründung des Prüfungsrechts der Supreme Court bei Corwin, Doctrine of Judicial Review, pp. 2 sqq.

Die großen Entscheidungen Marshalls haben der Supreme Court eine Richtungslinie für ihre Rechtsprechung vorgezeichnet, die bis in die Gegenwart befolgt wird. Denn die Doktrin der sogenannten „loose construction", die erst unter Marshall triumphierte, ist noch heute herrschend. Freilich kennt man eine Epoche dazwischen, in der die Rechtsprechung der Supreme Court einen anderen Geist trug als den Marshalls, — in der Zeit von 1836 bis zum Ausbruch des Sezessionskriegs, wo der große Federalist Tenay nach Marshalls Tode sein Nachfolger war —, aber die Herrschaft dieser Denkrichtung war nur von verhältnismäßig kurzer Dauer, denn seit dem Ausgang des Bürgerkriegs tragen die Entscheidungen der Supreme Court durchaus wieder die Geisteszüge Marshalls.

Vgl. hierzu Willoughby, Supreme Court, pp. 102 sqq.; Bryce, Americ. Commonw. Vol. I, pp. 391—2; E. S. Corwin, The Constitution and What in Means To-day, 3d edit., Princeton 1924, p. xxiv. — Vgl. über Chief Justice Tenay bei Martin, Introduction, pp. 143 sqq.; Martin-George, Americ. Government, pp. 156 sqq. Die charakteristischen Entscheidungen Tenays sind: Bristol v. the Bank of Kentucky (11 Peters 257), Charles River v. Warren Bridge (11 Peters 420), vor allem der berühmte Fall Dred Scott v. Sandford (19 Howard 393), der den Sezessionskrieg entfachte. Vgl. hierzu besonders Corwin, Doctrine of Judicial Review, pp. 129 sqq.

Man hat oft die Prinzipien, die Marshall bei seinen Entscheidungen verfolgt hat, zu analysieren und zu schematisieren versucht. Bryce hebt besonders zwei Hauptforderungen Marshalls hervor: 1. Every power alleged to be vested in the National Government must be affirmatively shown to have been granted, 2. When once the grant of a power by the people to the National Government has been established, that power will be construed broadly (Americ. Commonw. Vol. I, pp. 378, 380). Nach Martin-George sind drei Prinzipien bei Marshall zu konstatieren:

1. the constitutional limitations on the States, 2. the general scope of federal powers, 3. the right of judicial review. Dabei sind noch die Postulate der sogenannten „loose construction" und der „implied powers" — diese gehen freilich ursprünglich auf Hamilton zurück — auch als Ergebnisse der Marshallschen Verfassungsinterpretation zu verzeichnen. Aber näher betrachtet, sind alle diese „Doktrinen" lediglich einzelne Momente einer einheitlichen großen Idee, eines einzigen politischen Postulats, nämlich der Idee der Zentralisation, der „sovereignty of the National Government". Denn die von Bryce bezeichneten zwei Forderungen sind in Wahrheit nur eine; die theoretische Beschränkung (strictness) der Gewalten dient nur zur Begründung ihrer praktischen Erweiterung (liberality). Und dies entspringt dem „general scope of federal powers", dessen Durchführung wiederum praktisch auf die „constitutional limitations on the States" hinausläuft. Und die beanspruchte „judicial review" ist nur das praktische Verwirklichungsmittel dieses vorgestellten Strebungsgehalts, die sich dann notwendig der „loose construction" bedienen muß, um die „implied powers" entfalten zu können, durch die erst die letzten Konsequenzen des „general scope of the federal powers" gezogen werden können.

Natürlich können die einzelnen Entscheidungen, obwohl sie alle diesem „general scope" entspringen, in einzelne Kategorien eingeteilt werden, die den oben bezeichneten einzelnen „Doktrinen" entsprechen. Darauf ist hier nicht einzugehen. Vgl. eine solche Zusammenstellung bei Martin-George, Americ. Government, pp. 151 sqq.

Ist demnach die Konstruktion der implied powers in praktischer Hinsicht das eigentliche Zielobjekt der Marshallschen Doktrin, — hinter der wiederum der „general scope" den eigentlichen Zweck darstellt —, so ist das Mittel, dessen Marshall sich bedient hat, um seine Doktrin zur Verwirklichung zu bringen, die Methode der „loose construction of the Constitution", für unsere Betrachtung hier von großer Bedeutung. Bryce beschreibt die Natur der „loose construction" und der „narrow interpretation" folgendermaßen: bei der loose construction "the case that has arisen is one apparently not contemplated by the enactors of the Constitution or one which though possibly contemplated, has for brievity's sake been omitted, but the Constitution has nevertheless to be applied to its solution". Dem gegenüber steht die narrow interpretation, die „interpretation in the strict sense of the therm", hier handelt es sich um eine "question of the meaning of the therm or phrase which is so far ambiguous that it might be taken either to cover or not to cover a case apparently contemplated by the people when they enacted the constitution" (Americ. Commonw. Vol. I, pp. 378—9).

Vgl. hierzu Hildesheimer, Revision, S. 17 ff. Er bezeichnet die loose construction als eine Art „Analogieschluß". Das entspricht nicht der amerikanischen Auffassung. — Jellinek, Verfassungsänderung, S. 20 f.

Diese zwei Interpretationsmethoden, strict interpretation und loose construction, waren für die politische Wirklichkeit von so großer Bedeutung, daß sie schon bald nach der Errichtung der Verfassung die Hauptprinzipien zweier politischer Parteien wurden. Die Federalisten einerseits und die Unionisten anderseits stritten heiß um die von ihnen vertretene Interpretationsmethode. Doch seit dem Bürgerkrieg ist die loose construction allein herrschend geworden. Freilich "there is still a party inclined to strict construction, but the strictness which it upholds would have been deemed lax by the broad construction of the days before the civil war" (Bryce, Americ. Commonw. Vol. I, p. 391).

Vgl. zu dem Verhältnis der beiden Interpretationsmethoden und den an ihnen orientierten Parteien Bryce, Americ. Comm. I pp. 389—91.

Das Ziel und das Ergebnis der loose construction der Verfassung ist, wie oben angedeutet, die Doktrin der „implied powers". Diese Doktrin hat dem Kongreß eine Machtfülle verliehen, die man aus dem Wortlaut der Verfassung allein hätte niemals herauslesen können. Das Argument, das Marshall hierfür vorbringt, ist die oben erwähnte Forderung, daß jede Gewalt, die der Bundesregierung übertragen worden ist, in ihrer vollen Wirksamkeit entfaltet werden müsse (that power will be construed broadly). Der Verfassungsrechtssatz, mit dem dann am meisten gearbeitet wird, ist der Art. 1 sec. 8, in dem es heißt: "The Congress shall have power ... to make all laws which shall be necessary and proper for carrying into execution the foregoing powers and all powers vested by the constitution in the government of the United States or any department or officer thereof". Aus diesem einen Artikel hat man unendlich viel Machtbefugnis zugunsten der Bundesregierung herauszuholen gewußt. Ein Beispiel zeigt z. B. die

Bundes-Gesetzgebung auf dem Gebiet des Strafrechts: nach ausdrücklichen Verfassungsbestimmungen ist der Kongreß nur ermächtigt, über Verrat, Vergehen gegen die Sicherheit der Regierung, Seeräuberei und Verletzungen des Rechts der Nationen zu entscheiden und sie zu bestrafen. Aber man hat dann gesagt, daß eine weitere Befugnis des Kongresses, auch andere Taten als Vergehen gegen die Vereinigten Staaten zu erklären und diese zu bestrafen, notwendig in den allgemeinen, dem Kongreß ausdrücklich übertragenen Machtbefugnissen involviert sein müsse. Aus der Gewalt des Kongresses, den Handel zu regulieren, hat man seine Zuständigkeit zur Gesetzgebung über das Handelsstrafrecht abgeleitet, aus seiner Gewalt, Postämter einzurichten, seine Zuständigkeit zur Gesetzgebung über das Poststrafrecht entnommen. Auf diese Weise hat der Kongreß eine Reihe von Strafgesetzen erlassen, die nach der Formulierung der loose construction lediglich eine „Sanktion zu den Zivilgesetzen" sind, die der Kongreß auf Grund seiner ausdrücklichen Ermächtigung erlassen habe.

Vgl. hiezu B r y c e, Americ. Commonw. I, pp. 382 sqq., H i l d e s h e i m e r, Revision, S. 18.

Besonders auf drei Gebieten hat sich die Doktrin der implied powers ausgewirkt und alle diese „implied powers" sind für die politische Entwicklung des Landes von der größten Tragweite. 1. Gestützt auf die Gewalt des Kongresses zum taxing and borrowing money hat man eine Nationalbank und ein Nationalzollamt errichtet, die in Wirklichkeit eine weitgehende Einschränkung der Autorität der Einzelstaaten bedeuten. 2. Gestützt auf die Gewalt zum regulating commerce hat der Kongreß eine Reihe von Gesetzen über die Arbeitstarife, zum Schutz der Industrie, über Güter- und Personenverkehr für das ganze Land, über die Navigation und die Einwanderung erlassen. 3. Am weitesten gehen die aus der Gewalt zum carrying on war entwickelten implied powers. In der Tat ist dies die elastischste Klausel in der ganzen Verfassung: zur Zeit des Sezessionskriegs sind unter dem Namen dieser Bestimmung die schwerstwiegenden Eingriffe in die Rechte der Einzelnen und der Gliedstaaten gemacht worden, so daß man beinahe von einer Suspension der Verfassung zugunsten des Federal Government sprechen könnte. — Es ist eigentlich wegen dieser weitgehenden Praxis mit den „implied powers" die mißtrauische Frage aufgeworfen worden: "It seems that of late the judges go very far in their conception of implied powers, and it is difficult to see how far the doctrine may carry them. Where is the limit?" (Higgins, The Rigid Constitution in Political Science Quarterly, Vol. XX 1905, p. 211).

Vgl. über die Doktrin der implied powers Bryce, Americ. Commonw., Vl. I pp. 382—83; J. Schouler, History of the U. S. A., Washington 1880, Vol. I, pp. 160—62; Guitteau-Webster, The Constitution of the U. S., Boston & New York 1926, p. 202; J. A. Woodburn, The American Republic and its Government, New York & London 1903, ch. VI. — Triepel, Die Kompetenzen des Bundesstaats (Festgabe für Laband), Tübingen 1908, S. 254, 256, 278; Hildesheimer, Revision, S. 18.

„Loose construction" und „implied powers" sind also die charakteristischen Züge der Rechtsprechung der Supreme Court, die Eigentümlichkeiten der amerikanischen Verfassungsinterpretation. Für die politische Wirklichkeit ist diese Praxis der Supreme Court von unendlicher Bedeutung. Es ist auf diese allein zurückzuführen, daß die Verfassung, obwohl sie im großen ganzen noch dieselbe von 1787 ist, noch jetzt mit dem lebenden Staatswesen in einer unmittelbaren lebendigen Beziehung steht. James Beck bezeichnet die Supreme Court als „Das Schwungrad der Verfassung" (Verfassung, S. 261). Obwohl sich in den letzten Jahren manche auflehnenden Stimmen gegen die „reaktionäre und unsoziale Gesinnung" der Supreme Court vernehmen ließen,[1]) so bleibt im großen ganzen doch ihre Autorität und ihre Bedeutung unerschüttert in der Nation.

Vgl. über die Bedeutung der Supreme Court: J. S. Landon, The Constitutional History and Government of the U. S., Boston & New York 1889, pp. 226 sqq, 257 sqq; W. W. Willoughby, The Supreme Court of the United States, pp. 115 sqq; J. W. Burgess, Political Science and Comparative Constitutional Law, Boston & London 1902, Vol. II pp. 327 sqq; W. F. Dodd, The Growth of Judicial Power (Political Science Quarterly, XXIV), 1909, pp. 193—4; E. C. Corwin, The Constitution and What it Means To-day; J. Beck, Verfassung der Vereinigten Staaten, Kap. 18 (S. 261 ff.); Ch. Warren, The Supreme Court in United States History, new edition, Boston 1928; Beard, American Government and Politics, pp. 98 sqq; Blachly and Miriam E. Oatman, Some Consequences of Judicial Review, in Zeitschr. f. ausl. öff. Recht u. Völkerrecht 1, 1929, S. 501 ff.

Für die Betrachtung des Verhältnisses von Verfassungswand-

---

[1]) W. Simons in seiner Einleitung zu der deutschen Ausgabe des Beckschen Werkes: Verfassung der Vereinigten Staaten, S. VI.

lung und Verfassungsinterpretation ist aber besonders interessant und wichtig die bewußte Handhabung dieser Interpretationsmethode in der amerikanischen Praxis einerseits, die Kritik an dieser Praxis in der amerikanischen Wissenschaft anderseits. Denn dank dieser Interpretationsweise ist die amerikanische Verfassungsrechtstheorie dem Problem der Verfassungswandlung in der glücklichsten Weise entgangen.

Die Amerikaner gehen nämlich davon aus, daß die Buchstaben der Verfassung unveränderlich bleiben, während das soziale und politische Leben der Nation unaufhaltsam fortschreitet, und daß daher, damit die Verfassung ihren Sinn und ihre Bedeutung nicht verliere, eine Abhilfe in der Interpretation geschaffen werden muß. Denn die Möglichkeit der formellen Abänderung der Verfassung ist hier unendlich erschwert[1]) und eine leichte Abänderbarkeit der Verfassung wird wegen ihrer zu großen Bedenklichkeit bewußt abgelehnt. Und so hat Marshall schon früh die Meinung vertreten, daß die Richter, die die Rechtsnormen richtig auslegen wollen, sich nicht so sehr um die Absicht der Väter der Verfassung oder der Gesetze zu bekümmern brauchen als um die Sinnveränderung der geschriebenen Worte, die durch den Einfluß des gegenwärtigen Volkswillens bewirkt sind. Es kommt darauf an, was die Inhaber der politischen Kräfte jetzt unter den geschriebenen Worten verstehen (Dartmouth College Case, 4 Wheaton 644; cf. Ch. G. Tiedeman, The Unwritten Constitution of the United States, New York and London, 1890, p. 151). Chief Justice Miller sagt: die Bedeutung der Verfassung ist ebensosehr in dem nationalen Leben aufzufinden als in dem Wörterbuch (Lectures on the Constitution, cf. Green Bag, XIX, Boston 1907, p. 598). Judge Cooley: da das Volk sich ändert, so muß auch seine Verfassung sich ändern (History of Michigan, cf. Green Bag, XIX, p. 595).

In der Wissenschaft ist diese Idee noch viel deutlicher ausgesprochen worden. Ch. Tiedeman sagt in seiner viel beachteten „Unwritten Constitution" (1890), daß es die Menschen von jetzt seien, die das Gesetz brauchen, und nicht die toten, die es gemacht

---

[1]) Amidon nennt zwei Faktoren, die die Verfassungsänderung schwierig machen: the vast enlargement of the country and the business interests with their fear of radicalism (The Nation and the Constitution, in the Green Bag, 1907, p. 598).

haben (p. 150). Die (loose) „construction" sei nichts als eine logische Interpretation, durch die die wirkliche Meinung der lebenden Gesetzgeber (lawgiver) ermittelt wird (p. 153). Wir sind gezwungen, die Gesetze weit zu interpretieren (in construing the law), um den gegenwärtigen Intentionen und Meinungen des Volks zu folgen und ihnen Wirkung zukommen zu lassen (p. 154). Ch. A. A m i d o n sagt in seiner Abhandlung über „The Nation and the Constitution" (Green Bag, XIX, 1907), daß die Verfassung für die Nation existiere und nicht die Nation für die Verfassung (p. 596). Eine änderungslose (changeless) Verfassung werde nicht nur zum Beschützer der verliehenen Rechte (vested rights), sondern auch des überkommenen Unrechts (vested wrongs) (p. 596). Und die Änderung — die also notwendig ist — solle in der Form der Verfassungsinterpretation vor sich gehen, da die formelle Verfassungsänderung weder gut noch notwendig sei (p. 598). Der Handel und die Industrie stellen heute ganz andere Anforderungen an das nationale Rechtsleben und dies Problem kann weder durch die Lektüre der Geschichtsbücher, noch durch das Studium von Präzedenzfällen gelöst werden (p. 600). Und für die Forderung, mit der Doktrin der Präjudizien bewußt zu brechen, hat besonders E. B r u n c k e n in seiner Abhandlung „The Elasticity" of the Constitution" (Green Bag, Vol. XX, 1908) sich eingesetzt, was oben schon angedeutet worden ist (o. S. 84.)

Wir haben versucht, auf die Eigentümlichkeit der Verfassungsinterpretation, wie sie in Amerika in der Praxis gehandhabt und in der Wissenschaft beurteilt wird, hier in aller Kürze hinzuweisen. Denn auf der Grundlage dieser Verfassungsinterpretation steht die amerikanische Verfassungsrechtstheorie bei weitem unproblematischer als die deutsche. Freilich ließ sich manche Stimme vernehmen, die die Handhabung der Interpretation der Verfassung durch das Volk selbst verlangt, weil die Interpretationsbefugnis der Supreme Court vielleicht zu einer allzu großen Machtstellung der Court führen könne, aber das Vertrauen einerseits, das das Volk den Richtern des Gerichtshofs entgegenzubringen gewöhnt ist, und die Bedeutung der öffentlichen Meinung gegenüber den Richtern der Court andererseits lassen die Lage, wie sie heute dort ist, als durchaus befriedigend erscheinen.[1])

---

[1]) Vgl. B r y c e, Americ. Commonw. I p. 387.

Was uns aber bei der bisherigen Betrachtung am meisten auffällt, ist, daß es noch keinem amerikanischen Juristen eingefallen ist, die Frage aufzuwerfen, ob die Wandlungen (transformations), die hier durch die Interpretation vor sich gegangen sind, rechtmäßig oder rechtswidrig seien. Niemand hat hier noch nur annähernd behaupten wollen, daß die Interpretation der Verfassung mit ihren Doktrinen der „loose construction" und der „implied powers" eine Verletzung der Verfassung sei, wie ja von deutscher Seite behauptet wird, wo die Rechtmäßigkeit dieser Art der Interpretation überhaupt bestritten wird.[1]) Es gibt in Amerika eine Reihe von Schriften, die sich mit der „wahren" oder der „lebendigen" Verfassung beschäftigen, oder die feststellen wollen, was „die Verfassung heute wirklich meine" usw.; aber noch nirgendwo ist über die Rechtmäßigkeit der Interpretation oder über den Rechtscharakter der durch die Interpretation vollzogenen Verfassungswandlungen (transformations) diskutiert worden.

Vgl. über neue verfassungsrechtliche Gesichtspunkte R. P o u n d, Law in Books and Law in Action (American Law Review, Vol. XLIV) 1910, pp. 12 sqq; H. S c h o f i e l d, Essays on Constitutional Law and Equity, Boston 1921, besonders pp. 817 sqq. — Als Arbeiten über die „wahre" Verfassung etc. nenne ich T i e d e m a n, The Unwritten Constitution of the U. S., 1890; J. C. C l a y t o n, The True Constitution (Albany Law Journal Vol. LXIX) 1907, pp. 271 sqq; M c B a i n, The Living Constitution, New York 1927; S. E. C o r w i n, The Constitution and Wat it Means To-day, 3rd edit., Princeton 1924; N. D. B a k e r, Progress and Constitution, New York 1925; Ch. A. B e a r d, American Government and Politics, 5th edit., New York 1928, besonders pp. 100 sqq.

Nach dem bisher Gesagten muß noch einmal daran festgehalten werden, daß diese Verfassungsinterpretation, wie wir sie bis jetzt betrachtet haben, eine Eigentümlichkeit des amerikanischen Verfassungsrechts ist. Natürlich soll nicht damit gesagt sein, daß sie einzig und allein auf dem amerikanischen Boden möglich sei. Denn wir haben gerade oben an den angeführten Beispielen gezeigt, daß auch in anderen Ländern eine Verfassungswandlung auf dem Wege der Verfassungsinterpretation vor sich gehen kann und vor sich gegangen ist (o. S. 36 ff.). Aber es wäre dennoch nicht ganz richtig,

---

[1]) So H i l d e s h e i m e r, Revision, S. 19. — In der nachrevolutionären Staatsrechtslehre macht sich allerdings das Verständnis für den Sinn und Wert solcher Interpretation immer mehr bemerkbar: vgl. W. S i m o n s, Einleitung zu dem B e c k schen Buch, S. VIII; L e i b h o l z, Wesen der Repräsentation, 1929, S. 105.

wenn man diese Erscheinung allzu weit verallgemeinern wollte. Es ist richtig zu sagen, die Verfassungsinterpretation ist eine Möglichkeit der Verfassungswandlung, oder: in Amerika gehen die Verfassungswandlungen in den häufigsten Fällen auf dem Wege der Verfassungsinterpretation vor sich. Aber es ist eine starke Verzeichnung, Gewohnheitsrecht und Interpretation als die einzigen Möglichkeiten der Verfassungswandlung schlechthin darzustellen, wie etwa H i l d e s h e i m e r es tut (Revision, S. 11). Verfassungswandlungen durch Verfassungsinterpretation sind in den Vereinigten Staaten durchaus häufige Erscheinungen, aber in den anderen Staaten kommen sie nur in den seltensten Fällen vor. Dort gehen die Wandlungen der Verfassung in anderen Formen vor sich. Denn die verfassungswandelnde Verfassungsinterpretation, von der bisher die Rede ist, ist bedingt durch die dafür zuständige Instanz, durch ihre Stellung im nationalen Staatsleben, durch ihre wirkliche Funktion und ihre allmählich entwickelte und ausgestaltete Doktrin.

Und was das Gewohnheitsrecht anbetrifft — das bei H i l d e s h e i m e r als der andere Weg der Verfassungswandlung bezeichnet wird —, so ist es bei den meisten Schriftstellern ein Lösungsversuch des Problems der Verfassungswandlung überhaupt und nicht nur eine alternative Möglichkeit der Verfassungswandlung neben der Verfassungsinterpretation. Auf das Problem des Gewohnheitsrechts kommen wir im übernächsten Kapitel zu sprechen. Der Denkweise H i l d e s h e i m e r s liegt ein Mißverständnis der anglo-amerikanischen Rechtsterminologie zugrunde, darüber unten S. 131 f.

Zweiter Teil.
Verfassungswandlung als Rechts- und als Verfassungsproblem.
Die Problematik der Verfassungswandlung.

So wenig in der Literatur die Möglichkeit und Existenz der Verfassungswandlung geleugnet wird, so wenig herrscht eine einheitliche Ansicht über ihren Rechtscharakter. Und eigentümlich ist es, daß Laband und Jellinek, die das Problem zum erstenmal bewußt gestellt haben, eine nähere Untersuchung über den Rechtscharakter der Verfassungswandlung nicht für notwendig hielten.

Für Laband, dem das Problem der Verfassungswandlung durchaus am Herzen gelegen zu haben scheint — er schrieb 1895 über die Wandlungen der deutschen Reichsverfassung, 1907 über die geschichtliche Entwicklung der Reichsverfassung seit der Reichsgründung (im JöR I. S. 1 ff.) —, war das Problem eigentlich uninteressant, ja vielleicht sogar unbequem. Denn für einen dogmatischen Positivismus, der den gesamten staatsrechtlichen Stoff in strenger Methode und mit fest abgegrenzten Begriffen restlos bewältigen zu können und zu müssen glaubt,[1] bedeutet ein Problem, das unmittelbar aus der Spannungslage zwischen Rechtsnormen und Rechtswirklichkeit fließt und das mit den allgemeinen juristisch-konstruktiven Begriffen nicht gelöst werden kann, eigentlich eine Infragestellung des inneren Werts der ganzen positivistischen Konstruktionsmethode. Und von dem Ausgangspunkt aus betrachtet, den die Vorkriegspublizistik ihrer ganzen juristischen Betrachtung zugrundelegte — eine bequeme Formel, die theoretische Unzulänglichkeit, die in ihrer Methode selbst lag, zu leugnen —, daß die methodische Scheidung von Staatsrecht

---
[1] Vgl. Hatschek, Konventionalregeln (JöR III), S. 53; L. Spiegel, Verwaltungsrechtswissenschaft, Leipzig 1909, S. 194 ff.

und Politik stets beobachtet werden müsse, sind natürlich politisch noch so bedeutende Tatsachen nicht immer notwendig zugleich auch juristische Probleme. Es wird wohl auf diesen Gedanken zurückzuführen sein, wenn Laband eine Frage nach dem juristischen Charakter der von ihm dargelegten Wandlungen der Verfassung bewußt unterließ.

Vor allem mußte eine einseitige formalistische Betrachtungsweise, die der methodische Positivismus mit sich brachte, notwendig die wahre Bedeutung des Problems verschleiern. Denn für Laband lag schon immer eine Verfassungswandlung vor, sobald sich ein Verfassungsbuchstabe mit dem tatsächlichen Verfassungszustand nicht mehr deckte. So mußte das Problem angesichts mancher der gegebenen Beispiele selbst unproblematisch erscheinen: der Art. 1 aRV sei dadurch gewandelt, daß Elsaß-Lothringen und die Schutzgebiete zum Deutschen Reich hinzukamen; Art. 6 sei gewandelt durch den Hinzutritt der elsaß-lothringischen Abgeordneten in den Bundesrat; Art. 18 I durch die Einrichtung des Bayerischen Senats am Reichsmilitärgericht usw. (Geschichtliche Entwicklung). Und die Folge ist, daß andere bedeutungsvollere Fälle — weil nicht rein formalistische —, wie etwa die Stellvertretung des Reichskanzlers oder die kaiserliche Initiative, deshalb auch nicht mehr Aufmerksamkeit finden konnten.

Oder sollte vielleicht nach Labands Absicht die Feststellung der Verfassungswandlung überhaupt dazu dienen, die „allgemeine Rechtsüberzeugung" zu zerstören, nach der „der Verfassung eine besondere Festigkeit und Stetigkeit zukommt" und der „eine Verfassungsverletzung als ein besonders schwerer Rechtsbruch erscheint" (Wandlungen, S. 1 f.)? Dann sollen eben die Verfassungswandlungen gerade das Gegenteil nachweisen: sie sollen zeigen, daß die Verfassung keineswegs eine „mystische Kraft" in sich besitzt und daß die Verfassungsgesetze sich in keiner Weise von den einfachen Gesetzen unterscheiden als durch die „gesteigerte formelle Gesetzeskraft" und daß diese eben auch nur formell besteht. Dann dienen die Verfassungswandlungen lediglich zur Stützung der formalistischen Verfassungsauffassung [1]) und bieten als solche nicht das eigentlich gestellte Problem.

---

[1]) Vgl. meinen Aufsatz: Formalistischer und anti-formalistischer Verfassungsbegriff.

Jellinek, der das Problem der Verfassungswandlung theoretisch sehr viel eingehender behandelte als Laband, ist über eine einfache negative Feststellung ebenfalls nicht hinausgekommen. Er hat in seiner Abhandlung über Verfassungsänderung und Verfassungswandlung (1906) eine Reihe von Formen, in denen die Wandlungsfälle vor sich gehen, festgestellt und in fast allen Staaten die Möglichkeit und Existenz der Verfassungswandlung dargelegt, aber das letzte Ergebnis seiner Arbeit bleibt lediglich der gelungene Nachweis, „daß Rechtssätze unvermögend sind, staatliche Machtverteilung zu beherrschen", daß „die realen politischen Kräfte sich bewegen nach ihren eigenen Gesetzen, die von allen juristischen Formen unabhängig wirken" (Verfassungsänderung, S. 72), daß „auch geschriebene, starre Verfassungen nicht hindern können, daß sich neben ihnen oder gegen sie ein ungeschriebenes Verfassungsrecht entwickelt" (Allg. Staatslehre, S. 536). Aber wie dieses „ungeschriebene Verfassungsrecht" beschaffen ist und wieso es sich hier um „Recht" handelt, das lag außerhalb seines Gesichtskreises. Wenn Laband das eigentliche Problem der Verfassungswandlung bewußt nicht sah, so ist Jellinek unmittelbar vor ihm stehen geblieben.

Hatschek polemisiert gegen Jellinek, daß dieser die Verfassungswandlungen als „dispositives, nachgiebiges Recht bezeichnet habe" (Konventionalregeln, S. 3). Das ist eine Verzeichnung. Jellinek hat mit diesem Rechtsbegriff nur eine der vielen Abarten der Verfassungswandlung bezeichnet, nämlich die Wandlung der „konventionellen Verfassungsregeln" (Verfassungsänderung, S. 28). Er sagte ausdrücklich: „der Verfassungswandel in England ist in erster Linie Wandel eines dispositiven Staatsrechts" (aaO., S. 30). Damit ist klar, daß er keinesfalls mit dem Begriff des dispositiven Rechts die Verfassungswandlung schlechthin erklären will. Ja überhaupt hat Jellinek hier keine juristische Theorie geben wollen, sondern seine Arbeit blieb bewußt eine „empirische Beschreibung wichtiger Fälle und Typen" (Smend, Verfassung und Verfassungsrecht, S. 76, Note 6).

Aber seitdem hat das Problem in der juristischen Literatur immer mehr Aufmerksamkeit gefunden und die Problematik des Begriffs der Verfassungswandlung steigt mit der Zunahme der Lösungsversuche. So wird die Verfassungswandlung entweder als Gewohnheitsrechtsbildung erklärt, oder als die Folge bloßer Konventionalregel, oder es wird in ihr nichts anderes als eine Rechtsverletzung, ein Rechtsbruch gesehen. Auf der anderen Seite wird entweder die Verfassung selbst in den „im Lande bestehenden tatsächlichen Machtverhältnissen" gesucht, oder man sieht in den „wirklich maßgebenden soziologischen Kräften" den eigentlichen Schöpfer und Wandler des lebendigen Verfassungsrechts.[1]) Je mehr über das Problem diskutiert wird, desto mehr entfernt man sich vom gemeinsamen Ausgangspunkt, und die Verkennung der wahren Problemlage schleppt sich immer mehr fort. Der letzte Grund dieses theoretischen Versagens ist der, daß man das Problem immer als ein Problem der allgemeinen Rechtsquellentheorie behandelt hat, während es in Wirklichkeit ein spezifisches Problem der Verfassungsrechtstheorie ist. Ich werde im folgenden die historischen Lösungsversuche kurz darzustellen und ihre Unzulänglichkeit aufzuzeigen versuchen, um dann eine Würdigung des Problems unter dem Gesichtspunkt seiner spezifisch verfassungstheoretischen Lagerung folgen zu lassen.

---

[1]) So die politischen Verfassungstheorien, darüber u. S. **181 ff.**

Verfassungswandlung und Gewohnheitsrecht.

Die Erscheinung der Verfassungswandlung wird in der Literatur häufig mit dem Begriff des Gewohnheitsrechts erklärt. Die Erklärung erschien so einleuchtend, daß man eine besondere Begründung nicht für notwendig hielt, ja sogar, daß man bei der Behauptung der Existenz des Gewohnheitsrechts auf dem Gebiet des Verfassungsrechts sich vielfach auf Fälle berief, die wir oben als Verfassungswandlung kennengelernt haben. Auf der anderen Seite geht aber eine vielfach vertretene Ansicht dahin, daß auf dem Gebiet des Verfassungsrechts eine Bildung von Gewohnheitsrecht überhaupt nicht möglich sei.

Verfassungswandlung sehen folgende Autoren als Gewohnheitsrecht an: Fr. Tezner, Ausgleichsrecht und Ausgleichspolitik, Wien 1907, S. 145; Konventionalregeln u. Systemzwang (Grünhuts Z. XLII), 1916, S. 565, 603; auch Staatsrechtliche Miszellen (Österr. jur. Blätter, Bd. XXXVI), Wien 1907, S. 302; K. Perels, Stellvertretende Bevollmächtigte, S. 256; Bornhak, Wandlungen der Reichsverfassung (AöR XXVI) 1910, S. 375, 381; Helfritz, Allgem. Staatsrecht, Berlin 1924, S. 86; wohl auch Fr. Giese, Änderungen und Wandlungen der Weimarer Verfassung (in Staats- und Selbstverwaltung VI) 1925, S. 520.

Die Theorie vom Gewohnheitsrecht, die für die heutige Rechtswirklichkeit nur noch von geringerer Bedeutung ist, hat in der Wissenschaft eine unübersehbare Literatur. Sie ist in der Tat „das schwierigste und bestrittenste Problem der gesamten Jurisprudenz".[1] Bevor wir sie im Zusammenhang mit dem Problem der Verfassungswandlung betrachten, wollen wir einen Einblick in ihre besondere Problematik zunächst durch einen kurzen historischen Überblick gewinnen.

Es wird gelegentlich behauptet, daß die Theorie vom Gewohnheitsrecht eine deutsche Besonderheit sei und daß weder die französische, noch die anglo-amerikanische Rechtstheorie sie ge-

---

[1] Bruno Schmidt, Das Gewohnheitsrecht als Form des Gemeinwillens, Leipzig 1897, S. 1.

kannt haben und kennen. Das ist nicht richtig. Das Problem des Gewohnheitsrechts ist in diesen Rechtstheorien durchaus bekannt. Wir erinnern nur an die tiefgehenden Erörterungen bei Gény, Esmein, Austin, Salmond, Willoughby usw. Freilich spielt dort das Problem bei weitem nicht dieselbe Rolle, die es in der deutschen Rechtswissenschaft gespielt hat. Das hängt mit den allgemeinen Rechtsauffassungen und -entwicklungen zusammen; darauf näher einzugehen, ist hier nicht der gebotene Platz.

Die deutsche Besonderheit des Gewohnheitsrechts behauptet Isay, Rechtsnorm u. Entscheidung, S. 231. — Vgl. über die ausländischen Autoren Gény, Méthode d'interprétation, 2me édit., Paris 1919, p. 316—446; Esmein, La coutume doit-elle être reconnue comme source du droit? (Bulletin de la Société d'Etudes Legislatives IV) 1905, p. 533 et s. J. Austin, Lectures on Jurisprudence, 5th edit., London 1885 (repr. 1911), II, pp. 551 sqq.; Salmond, Jurisprudence, pp. 156 sqq.; Willoughby, An Examination on the Nature of the State, New York 1896, new edit. 1922, p. 142; The Fundamental Concepts of Public Law, New York 1924, pp. 136 sqq. — Vgl. ferner Alf Ross, Theorie der Rechtsquellen, Leipzig u. Wien, S. 425 ff.

Andererseits ist das Problem des Gewohnheitsrechts, wie es in der deutschen Rechtswissenschaft bisher erörtert wird, durchaus deutschen Ursprungs. Denn obwohl hierbei häufig und üblich, ja mit großer Vorliebe, auf die römischen Juristen zurückgegangen wird, ist der eigentliche Gedanke des Gewohnheitsrechts, auf dem die ganze Theorie beruht, ein Ausfluß des romantischen Rechtsgedankens der historischen Rechtsschule: nämlich die Zurückführung alles Rechts auf den im Staatsvolk schlummernden „Volksgeist". Denn gerade hier im Gewohnheitsrecht — weil unter der Ausschaltung jeder staatlichen Transformation — findet sich der unmittelbarste und unreflektierteste Ausdruck des Volksgeistes. So lag die liebevolle, sorgsame Behandlung der Gewohnheitsrechtstheorie eigentlich in der natürlichen Richtung der großen allumfassenden Geistesbewegung der Romantik.

Vgl. die romantische Gewohnheitsrechtstheorie bei Savigny, System des heutigen römischen Rechts, Berlin 1840, I, §§ 7, 12, 18, 25, 27; Puchta, Das Gewohnheitsrecht, Erlangen 1828/37; v. Gerber, System des deutschen Privatrechts, 6. Aufl., Jena 1886, § 28; W. Schuppe, Gewohnheitsrecht, Breslau 1890, S. 104, 127—28; Richard Löning, Wurzel und Wesen des Rechts, Jena 1907, S. 28—9; H. Reichel, Gesetz u. Richterspruch, Zürich 1915, S. 102.

Diese Gewohnheitsrechtstheorie der historischen Rechtsschule wird aber im Laufe der Entwicklung nach zwei Richtungen hin modifiziert: einmal wird der nationale Zug allmählich immer mehr beiseite gelassen — wohl im Hinblick auf das Kirchen- und Völkerrecht — und man verlangt für die Bildung des Gewohnheitsrechts nicht mehr das nationale Ganze; ein andermal tritt der spiritualistische Charakter — mit dem gleichzeitigen Abblassen des Volksgeistgedankens — immer mehr zurück und man fordert für die Entstehung des Gewohnheitsrechts nur noch die faktische Ausübung. Aber im großen ganzen hält man doch an den von Savigny und Puchta ausgebauten Grundgedanken fest.

Den reinen nationalen Charakter der romantischen Gewohnheitsrechtstheorie verwerfen: C. G. Bruns, Das heutige römische Recht (in Holtzendorffs Enzyklopädie), 4. Aufl., Leipzig 1882, S. 296; Ernst Maier, Rechtsbildung in Staat und Kirche, Berlin 1861, S. 26, 104; Regelsberger, Das Subjekt der Rechtsbildung (Krit. Vierteljahrsschrift, IV) 1862, S. 241 f., 346 ff. — Gegen den spiritualistischen Charakter: G. Beseler, Volksrecht u. Juristenrecht, Leipzig 1843, S. 77 f.; F. J. Stahl, Rechtsphilosophie, 5. Aufl., Tübingen und Leipzig, S. 238; Dernburg, Das bürgerliche Recht des Deutschen Reichs und Preußens, 3. Aufl., Halle 1906, Bd. I, § 28; Windscheid (Kipp), Lehrbuch des Pandektenrechts, 9. Aufl., Frankfurt a. M. 1906, S. 76 ff.; R. Sohm, Institutionen, 7. Aufl., München u. Leipzig 1923, § 7 III (S. 22 ff.).

Aus diesen modifizierten Theorien ist dann eine Lehre entstanden, die noch jetzt die „herrschende" ist: der Volksgeist, auf dem die ganze Lehre der historischen Schule beruht, wird völlig aufgegeben; als Voraussetzungen und Begründung des Gewohnheitsrechts verlangt man nur die faktische Übung einerseits, die opinio iuris et necessitatis andererseits. Diese Erfordernisse sind für die Entstehung eines Gewohnheitsrechts notwendig und ausreichend. Das auf diese Weise entstandene Gewohnheitsrecht ist aber dann vollwertiges bindendes Recht, es steht in seiner Wirkung dem Gesetzesrecht vollkommen gleich, ist ihm sogar überlegen: denn das Gesetzesrecht kann es weder ausschließen noch beseitigen, umgekehrt kann das Gewohnheitsrecht ein bestehendes Gesetzesrecht jederzeit aufheben oder abändern (die Lehre von der „derogatorischen Kraft" des Gewohnheitsrechts).

Vgl. die „herrschende" Lehre bei S. Brie, Die Lehre vom Gewohnheitsrecht, Breslau 1899; Gierke, Deutsches Privatrecht, I, Leipzig 1895, S. 164 ff.; Crome, System des deutschen bürgerl. Rechts, Tübingen u. Leipzig 1900, § 15; Endemann, Lehrbuch d. bürgerl. Rechts, I, 1903, § 9; J. Kohler, Lehrbuch d. bürgerl. Rechts, I, Berlin 1906, S. 106 f.; C. Cosack, Lehrb. d. bürgerl. Rechts, I, 8. Aufl., Jena 1927, §§ 8, 12; Hatschek, Deutsch. u. Preuß. Staatsrecht, Berlin 1922, I, S. 13 ff.

Demgegenüber stehen zwei Gewohnheitsrechtstheorien, — beide anti-naturrechtlich —, die zu der Lehre der historischen Schule bewußt in Gegensatz treten. Die eine begründet das Gewohnheitsrecht hauptsächlich s o z i o l o g i s c h; für sie ist das Gewohnheitsrecht die faktisch befolgte und angewendete Regel; man bemüht sich nicht nach der Erkenntnis seines Ursprungs aus irgend einer normensetzenden Autorität. Dieser Theorie steht die psychologische Erklärung J e l l i n e k s nahe, nach der die Geltung des Gewohnheitsrechts lediglich auf der normativen Kraft des Faktischen beruht. Die andere, die Gewohnheitsrechtstheorie des in der Vorkriegszeit herrschenden R e c h t s p o s i t i v i s m u s, sieht dagegen den Geltungsgrund des Gewohnheitsrechts in einer ausdrücklichen oder stillschweigenden Konzession der Staatsautorität: nicht nur hat das Gewohnheitsrecht keinerlei Geltungsraum, wenn der Staat es nicht zuläßt, sondern das Gewohnheitsrecht ist überhaupt erst Recht durch den Willen des Staates, daß eine Gewohnheitsregel Recht sein solle (Gestattungstheorie). Hierauf werden wir noch zurückkommen.

Vgl. die soziologische Gewohnheitsrechtstheorie bei E. E h r l i c h, Die Tatsachen des Gewohnheitsrechts, Leipzig u. Wien 1907, 28, 38; Grundlegung einer Soziologie des Rechts, München u. Leipzig 1913, S. 38 f., 68 ff.; S i n z h e i m e r, Die soziologische Methode in der Privatrechtswissenschaft, München 1909, S. 20 ff.; L. S p i e g e l, Gesetz u. Recht, München u. Leipzig 1923, S. 18, 26 f., 38, 57. — Über die J e l l i n e k sche Lehre von der normativen Kraft des Faktischen, u. S. 115 ff. — Über die Vertreter der Gestattungstheorie E. M e i e r, L ü d e r s, L a b a n d, S e y d e l etc. u. S. 106 ff.

Endlich ist das Gewohnheitsrecht nach einer vornehmlich an das englische Recht sich anlehnenden Theorie ein von Richtern geschaffenes Recht, eine Art „judge-made law". Und der Entstehungsgrund dieses Rechts wird in dieser Theorie meistens in einer Delegation vom Gesetze gesehen,

Vgl. hierzu Géza K i s s, Gesetzesauslegung und „ungeschriebenes" Recht, IheringsJ., LVIII, 1911, S. 486; E. D a n z, Richterrecht, Berlin 1912; P. O e r t m a n n, Rechtsordnung u. Volkssitte, Leipzig 1914, S. 17 ff., auch M. E. M a y e r, Rechtsphilosophie, S. 60. Früher schon O. B ü l o w, Gesetz u. Richteramt, Leipzig 1885.

Das sind die Hauptrichtungen, die sich in der Theorie des Gewohnheitsrechts in den letzten Jahrzehnten herausgebildet haben. Dabei sind noch unendlich viel Nuancierungen festzustellen — vorwiegend in der Erklärung des Geltungsgrundes des Gewohnheitsrechts —, die die verschiedenen Autoren einer und derselben Richtung wieder voneinander unterscheiden. Ja schon in der formalen Bezeichnung des problematischen Gegenstandes besteht eine bunte Mannigfaltigkeit: wenn für manche Theoretiker das Gewohnheitsrecht nur das vom Richter gesprochene Urteil ist (so in der Theorie der judge-made law), so ist es für Reichel „jede durch Rechtsübung, Rechtslehre, Rechtsprechung bestätigte Rechtsüberzeugung der Gemeinschaft" (Gesetz und Richterspruch, S. 102). Nach Krückmann ist das Gewohnheitsrecht weder Rechtsordnung, noch Rechtsordnung zweiten Grades, sondern es ist nur „Rechtsbesitzordnung" (Einführung in das Recht, Tübingen 1912, S. 97). Thöl unterscheidet das auf einer primären Rechtsüberzeugung beruhende „Gewohnheitsrecht" von dem lediglich durch Übung entstandenen „Gewöhnungsrecht" (Einleitung in das deutsche Privatrecht, Göttingen, 1851, S. 137), und M. E. Mayer unterscheidet echtes Gewohnheitsrecht, wenn ein Rechtssatz ohne Vermittlung der Gesetzgebung durch die Macht der Gewohnheit in Kraft kommt, und unechtes Gewohnheitsrecht, wenn es sich nur um soziale Gewohnheiten handelt, auf die bei der Anwendung von Gesetzesrecht zurückgegangen wird, etwa Verkehrssitte oder Handelsüsance (Allgemeiner Teil d. Strafrechts, 2. Aufl., Heidelberg 1923, S. 25). Nicht zu vergessen endlich der grundlegende Gegensatz zwischen der Überzeugungs- und der Willenstheorie.

Vgl. als zusammenfassende Arbeit Brie, Die Lehre vom Gewohnheitsrecht; Alf Ross, Theorie der Rechtsquellen, S. 427 ff.; auch Windscheid (Kipp), Pandektenrecht, I, §§ 19 ff.; G. Seidler, Grundzüge des allgemeinen Staatsrechts, Berlin u. Wien 1929, S. 198 ff. — Vgl. für den Gegensatz der Überzeugungs- und der Willenstheorie hinsichtlich des Gewohnheitsrechts: Zitelmann, Gewohnheitsrecht und Irrtum (Arch. f. ziv. Pr., LXVI), 1883, S. 364 ff.; Enneccerus-Nipperdey, Lehrbuch des bürg. Rechts, 13. Bearb., Marburg 1931, §§ 35 ff.

Die ganze Kontroverse, die über die Gewohnheitsrechtstheorie besteht, erklärt sich aus dem „systembezogenen Charakter" des Gewohnheitsrechtsbegriffs und auch aus diesem Grund wird das Problem vom Gewohnheitsrecht bei jeder allgemeinen juristischen Erörterung mitbehandelt. In der Tat ist jede Gewohnheitsrechtstheorie der Ausfluß einer bestimmten allgemeinen Rechtstheorie Auch hieraus erklärt sich das böse Mißverhältnis zwischen dem Umfang der Gewohnheitsrechtsliteratur und seiner tatsächlichen praktischen Bedeutung. — Angesichts unseres eigentlichen Problems, der Frage nach dem Verhältnis von Verfassungsrecht und Gewohnheitsrecht, und der Problemlage der Gewohnheitsrechtstheorie, die wir hier sehen, ist es für uns ebensowenig notwendig wie ersprießlich, hier auf das eigentliche Problem des Gewohnheitsrechts näher einzugehen. Natürlich geschieht dies nicht aus der Meinung, daß es „eine unzeitgemäße Betrachtung" sei, „dieser viel diskutierten Frage nachzugehen".[1])

Den „systembezogenen Charakter" des Gewohnheitsrechtsbegriffs entlehne ich Alf R o s s, Rechtsquellen, S. 427.

Wenn wir das Verhältnis von Verfassungsrecht und Gewohnheitsrecht näher betrachten, so können wir die darüber bestehenden Theorien in vier Gruppen einteilen.

1. Die sogenannte G e s t a t t u n g s t h e o r i e geht davon aus, daß der Staat — die organisierte Gemeinschaft — die einzige Quelle alles Rechts sei, sowohl des gesetzten wie auch des ungesetzten. Denn es gebe kein Recht außerhalb des Staates oder über dem Staat, sondern jedes Recht entstehe einzig und allein d u r c h den Staat. Die sozialen Gewohnheiten entstehen zwar ohne Mitwirkung der staatlichen Autorität, aber sie können nur dann Recht werden, wenn der Staat sie als Recht ansieht: nur durch die Gestattung des Staates entsteht ein Raum für gewohnheitsrechtliche Bildung, nur durch die Anerkennung des Staates, sei es eine ausdrückliche, sei es eine stillschweigende, können erst Gewohnheiten zu Gewohnheits r e c h t werden.

Vgl. für diese positivistische Gewohnheitsrechtstheorie: Ernst M e i e r, Rechtsbildung in Staat u. Kirche, Berlin 1861, S. 24 ff.; W. L ü d e r s, Das Gewohnheitsrecht auf dem Gebiet der Verwaltung, Kiel 1863, S. 94 ff.; C. G. B r u n s, Das heutige röm. Recht, 1882, S. 399; A. L a s s o n, System der Rechtsphilosophie, Berlin-Leipzig 1882, S. 418 f.; K. B i n d i n g, Handbuch des Strafrechts, I, Leipzig 1885, S. 202 ff.; G. R ü m e l i n, Das Gewohnheitsrecht (IheringsJ., XXVII), 1889, S. 188 ff.; Bruno S c h m i d t, Das Gewohnheitsrecht als Form des Gemeinwillens, Leipzig 1899, S. 29, 59; W. J e l l i n e k, Gesetz, Gesetzesanwendung, Tübingen 1913, S. 175 ff.

Da das Dasein des Gewohnheitsrechts hiermit lediglich vom Willen des Staates abhängt, so ist begrifflich nicht möglich, daß es ein dem geschriebenen Recht widersprechendes Gewohnheitsrecht geben kann. Denn der Staat ist der einzige Inhaber der Herrschaft

---

[1]) M. E. M a y e r, Rechtsphilosophie, S. 60.

über die Bildung alles Rechts, und „das Gesetz ist eine Bestätigung der staatlichen Herrschaft, der gegenüber die nicht organisierte Rechtsgemeinschaft nicht befugt ist, im Wege der Gewohnheit einen entgegengesetzten Willen zur rechtlichen Anerkennung zu bringen. Gibt es kein Recht auf Ungehorsam, so kann es auch kein Recht auf gewohnheitsmäßigen Ungehorsam geben" (L a b a n d, Staatsrecht, II, S. 75). Soweit aber die staatliche Rechtssetzung eine Materie ungeregelt läßt, worin eine stillschweigende Gestattung des Gewohnheitsrechts durch den Staat gesehen werden kann, da behält das Gewohnheitsrecht durchaus seinen inneren Wert und dort kann Gewohnheitsrecht zur Entstehung kommen. Es gibt also nach dieser Theorie auf dem Gebiete des Verfassungsrechts — wie auch auf den anderen Rechtsgebieten — zwar ein Gewohnheitsrecht praeter oder intra legem, aber niemals contra legem: die sogenannte derogatorische Kraft des Gewohnheitsrechts wird hier also gänzlich geleugnet. Diese insbesondere von S e y d e l und L a b a n d vertretene Theorie war in der Vorkriegspublizistik durchaus die herschende.

Vgl. S e y d e l, Grundzüge einer allgemeinen Staatslehre, Würzburg 1873, S. 14; Bayerisches Staatsrecht, 2. Aufl., Freiburg i. B. 1888, S. 549; Kommentar zur Verfassungsurkunde für das Deutsche Reich, 2. Aufl., Freiburg i. B. u. Leipzig 1897, S. 118; L a b a n d, Staatsrecht, II, S. 75; Parlamentarische Streitfragen, DJZ, 1903, S. 9 ff. — Danach H. S c h u l z e, Das Preuß. Staatsrecht, 2. Aufl., Leipzig 1888, § 6; v. P ö z l, Lehrbuch des bayer. Verfassungsrechts, München 1877, S. 37 f.; B e r n a t z i k, Der Verfassungsstreit zwischen Schweden und Norwegen, Grünhuts Zeits., 1899, S. 290; H. S t o c k e r, Verfassungsänderung nach deutsch. Staatsrecht, Würzburger Dissertation, 1905, S. 41 ff.; H i l d e s h e i m e r, Revision, S. 14.

2. Eine entgegengesetzte Theorie beansprucht die derogatorische Kraft des Gewohnheitsrechts, die in der zivilistischen Literatur durchweg anerkannt ist, auch uneingeschränkt für das Verfassungsrecht. Die Begründungen sind im einzelnen verschieden, vielfach lehnen sie sich an die aus der Theorie der historischen Schule entwickelte Lehre an (o. S. 102), — also faktische Übung und opinio necessitatis. Aber im großen ganzen wird hier — im Gegensatz zu der Behandlung des Gewohnheitsrechtsproblems in der zivilistischen Literatur — über den Grund der Existenz und Geltung des behaupteten Gewohnheitsrechts überhaupt nur sehr wenig diskutiert. Man begnügt sich mit dem Argument, daß es

tatsächlich Gewohnheitsrecht gebe, daß die in der Geschichte vom Gesetzgeber versuchten Verbote des Gewohnheitsrechts — ALR, §§ 1—3 Einleitung; Französisches Gesetz vom 21. März 1804; Österreichisches AGB., § 10 — sich immer als vollkommen unwirksam erwiesen haben. Vor allem wird mit großer Vorliebe vorgebracht, daß das englische Verfassungsrecht und das Verfassungsrecht der deutschen Territorien im 18. Jahrhundert doch fast nur auf Gewohnheitsrecht beruhen.

Vgl. hierzu P u c h t a, Gewohnheitsrecht, II, S. 225 ff.; J e l l i n e k, Gesetz u. Verordnung, Freiburg 1887, S. 334; Allgemeine Staatslehre, S. 339 ff.; G. S e i d l e r, Zur Lehre vom Gewohnheitsrecht, Wien 1896 (besonders über den Widerspruch bei P u c h t a, S. 549), Grundzüge des allgem. Staatsrechts, 1929, S. 148 ff.; G ö z, Staatsrecht des Königreichs Württemberg, Tübingen 1908, S. 153, 261, 341; H a t s c h e k, Deutsch. u. Preuß. Staatsrecht, I, S. 13 ff.; B r i e, Gewohnheitsrecht (im Wörterbuch d. deutsch. Staats- u. Verwaltungsrechts), Tübingen 1913, Bd. I, S. 289 ff.

3. Eine dritte Theorie erkennt die derogatorische Kraft des Gewohnheitsrechts auf dem Gebiet des Verfassungsrechts nur beschränkt an: nach v. G e r b e r kann die Verfassungsurkunde zwar durch Gewohnheitsrecht ergänzt, abgeändert werden, aber nur „sofern es sich nicht um jene höchsten Prinzipien handelt, welche dem Einfluß der fortschreitenden Rechtsbildung im Staat überhaupt entrückt sein sollen" (Grundzüge des deutschen Staatsrechts, 3. Aufl. Leipzig, 1880, S. 14). Welche aber diese Prinzipien sind, darüber läßt er uns völlig im Dunkeln. Nach G. M e y e r ist eine gewohnheitsrechtliche Abänderung einer Verfassungsbestimmung durchaus möglich, aber gewisse Änderungen können ihrem Wesen nach nicht vor sich gehen, weil zu ihrer Durchführung ein bewußter, äußerer Akt notwendig sei. Dies treffe namentlich bei den Änderungen der Verfassungsform zu. Denn mit ihnen sei stets ein Wechsel in der Person des Trägers der Staatsgewalt verbunden (Lehrbuch d. deutschen Staatsrechts, S. 58 f.). S t i e r - S o m l o meint, „im Gegensatz zum Reichs- und Landesverfassungsrecht kann sich Gewohnheitsrecht nur insoweit bilden, als der verfassungsmäßige Vorbehalt gerade diese Rechtsübung nicht ausschließen wollte" (Deutsches Reichs- und Landesstaatsrecht, S. 347).

4. Die vierte Ansicht endlich geht dahin, daß eine Bildung von Gewohnheitsrecht auf dem Gebiet des Verfassungsrechts über-

haupt nicht möglich sei. So sagte G r o t e f e n d: "von dem Dasein einer ‚staatsrechtlichen Gewohnheit' ist nichts bekannt und hat die Theorie selbst Mühe, nur einmal die Möglichkeit derselben zu beweisen" (Das deutsche Staatsrecht der Gegenwart, Berlin, 1869, S. 18). Wie er aber zu dieser Feststellung gekommen ist, hat er nicht mehr näher ausgeführt. S e u l e n, der völlig unter dem Bann der positivistischen Denkweise steht, ist selbst über die Gestattungstheorie noch hinausgekommen und sagt, daß selbst kraft Gestattung des Staatswillens kein Gewohnheitsrecht entstehen könne, da alles Recht Imperativ sein müsse (Verfassungsänderungen nach preuß. und nach Reichsrecht, Rostocker Diss. 1902, S. 59). Wieso aber alles Recht Imperativ sein solle und was überhaupt unter Imperativ zu verstehen sei, darüber sagt er nichts.

Alle diese Theorien, da sie bewußt als Theorie aufgestellt sind, bleiben in sich doktrinär und können der Rechtswirklichkeit nicht ganz gerecht werden. Die zuletzt erwähnte Meinung (G r o t e f e n d - S e u l e n), nach der das Gewohnheitsrecht auf dem Gebiet des Verfassungsrechts völlig ausgeschlossen sei, entbehrt jeder theoretischen Fundierung und bleibt für unsere Erörterung belanglos. Die Gestattungstheorie, die die Vorkriegspublizistik fast ausschließlich beherrschte, wird in der neueren Staatsrechtslehre — mit der Abdankung des Rechtspositivismus überhaupt — so gut wie ganz aufgegeben. Die gemäßigte Theorie, die der derogatorischen Kraft des Gewohnheitsrechts gewisse Schranken gesetzt wissen will, kann aber selbst schwer angeben, welches jene „Prinzipien" sind, die der gewohnheitlichen Rechtsbildung entrückt sein sollen, und welche „Änderungen" ihrem Wesen nach nicht in der Form eines Gewohnheitsrechts vor sich gehen können. Sollte man mit einiger Zuversicht meinen, daß wohl die Verfassungsform eines Staates nicht durch eine einfache gewohnheitliche Rechtsbildung abgeändert werden könne (G. M e y e r), so war das Kaiserreich der Bismarckschen Verfassung, das ursprünglich als eine von den deutschen Fürsten regierte Aristokratie gedacht war, tatsächlich bald zu einem monarchischen Bundesstaat mit einköpfiger Spitze geworden. Bleibt man mit S t i e r - S o m l o bei dem Ausschluß des „verfassungsmäßigen Vorbehalts", so ist dieser wiederum ein durchaus nicht ganz eindeutiger Begriff und die Schwierigkeiten seiner praktischen Feststellung bei jedem notwendigen Falle werden nicht ausbleiben können. Die immerhin „herrschende" Lehre, die dem Gewohnheitsrecht eine unumschränkte derogatorische Wirkung einräumt, findet nur unzulängliche Belege in der Rechtswirklichkeit. Sie unterschätzt die Bedeutung der staatlichen Normsetzung einerseits, die Geltungskraft der positiven Rechtsnormen anderseits. Der Hinweis auf die Rechtsentwicklung in England oder auf das Staatsrecht in den deutschen Territorien des 18. Jahrhunderts bedeutet insofern nichts für die Theorie, als hier gesetzte Verfassungsnormen noch überhaupt nicht existiert haben. Stand der Rechtspositivismus der aktuellen Rechtsentwicklung und -realität völlig unempfindlich gegenüber, so beruht die allgemeine Gewohnheitsrechtstheorie, sei sie historisch, oder soziologisch, oder psychologisch begründet, auf einer Verkennung der tatsächlichen Bedeutung der staatlichen Rechtsordnung.

Eine Einsicht in das wahre Verhältnis von Gewohnheitsrecht und Verfassungsrecht kann nur gewonnen werden aus der Betrachtung der historischen Rechtsentwicklung und der aktuellen Rechtswirklichkeit: jede Theoretisierung, die mit rein abstrakten Begriffen arbeitet, hat die Gefahr, bei aller dogmatischen Begründung die wirkliche Lage des Problems zu übersehen. Die positivistische Gewohnheitsrechtstheorie baut sich ausschließlich auf dem Begriff des positiven Rechts auf, verkennt daher die Bedeutung der aktuellen Rechtsentwicklung und bleibt eine Theorie der Naivität. Die „herrschende" Lehre geht dagegen nur vom Begriff des Gewohnheitsrechts aus, zieht daraus jede dogmatische Konsequenz und wird der Geltungskraft der gesetzten Rechtsnormen nicht gerecht, ihre Unzulänglichkeit zeigt sich in der Dürftigkeit ihrer Bestätigung durch die Rechtswirklichkeit.

Das eine ist jedenfalls richtig, daß die positiven Rechtssätze niemals imstande sein werden, die Bildung des Gewohnheitsrechts ganz auszuschließen. Die historischen Verbotsversuche, die sich stets als unwirksam erwiesen haben, beweisen uns das zur Genüge.[1]) Anderseits darf auch niemals verkannt werden, daß dem Gewohnheitsrecht, das einmal doch so mächtig war, in der Gegenwart nur noch eine sehr geringe Bedeutung zukommt. Die staat-

---

[1]) Vgl. hierüber M. Rümelin, Die bindende Kraft des Gewohnheitsrechts, Tübingen 1929, S. 28 ff.; hier die verschiedenen Konstruktionen des Überschreitungsgrundes der gesetzlichen Verbote.

liche Gesetzgebung, die heute immer mehr ins einzelne geht, läßt der gewohnheitsrechtlichen Bildung nur noch einen verschwindend kleinen Raum. Vor allem ist nicht zu vergessen, daß die allgemeinen Verhältnisse, unter denen das Gewohnheitsrecht sich bilden konnte, heute ganz andere geworden sind. Wurde die Lehre vom Gewohnheitsrecht erst unter der sorgsamen Pflege der historischen Schule groß, so war das romantische Kind des Volksgeistes eigentlich ein Verschwörer gegen die alleinige Autorität des Monarchen-Gesetzgebers: sollte der wahre Wille des Volks (Gewohnheitsrecht) mit dem des Herrschers (gesetztem Recht) in Konflikt geraten, so sollte der Herrscherwille hinter dem Volkswillen zurückweichen, da alles Recht auf den Volksgeist zurückgehen müsse. Diese polemische Zuspitzung ist aber jetzt gegenstandslos geworden. Denn die Gewalt der Gesetzgebung liegt doch heute — jedenfalls der Form nach — in den Händen der Volksvertretung, also des repräsentierten Volks selbst. — Sollte aber im gegebenen Falle ein von der Volksvertretung beschlossenes Gesetz mit dem wirklichen Willen des Volks dennoch nicht übereinstimmen, so sind in den demokratischen Institutionen eines Volksbegehrens oder -entscheides oder schließlich in der öffentlichen Meinung bei weitem wirksamere Mittel gegeben, um das schlechte Gesetz wieder zu beseitigen, als eine konstante Übung des dem formellen Gesetz einfach Widersprechenden. Darum hat das Gewohnheitsrecht heute seine innere Notwendigkeit nicht mehr.

Vgl. hierzu Nawiasky, Bayerisches Verfassungsrecht, München 1923, S. 20 f., 340 ff.; Zur Lehre vom Gewohnheitsrecht (Festgabe für den Bayerischen Verwaltungsgerichtshof), München-Berlin-Leipzig 1929, S. 160 ff.; Mainzolt, Das Gewohnheitsrecht als Quelle des Staats- und Verwaltungsrechts (Bayer. Verwaltungsblätter), 1928, S. 229, 235 ff.

Aber es wäre dennoch nicht unbedenklich, deshalb dem Gewohnheitsrecht jede Bedeutung absprechen zu wollen. Die heute in der Literatur allgemein manifestierte Tendenz nach der Schmälerung der Tragweite des Gewohnheitsrechts resultiert zwar aus der positiven Rechtsordnung und der aktuellen Rechtswirklichkeit, aber für die Zukunft des Gewohnheitsrechts wird daraus nur sehr schwer irgend etwas Bestimmtes gefolgert werden können. Die Fortbildung alles Rechts steht völlig im Flusse der aktuellen Kulturentwicklung, hier wirken tausend unbekannte Kräfte zusammen: wirtschaftliche, soziale Bedingungen, politische, kulturelle

Anschauungen bilden und wandeln es. Und so wird es immer ein Wagnis bleiben, aus augenblicklichen Beobachtungen einzelner Ausschnitte aus dem lebenden Verhältnis von Recht und Wirklichkeit das Schicksal des Gewohnheitsrechts als solchen überhaupt bestimmen zu wollen. Das gilt sowohl für die Meinung, daß alles Gewohnheitsrecht richterliches Recht sei, als auch für die These, daß das derogatorische Gewohnheitsrecht sich nur dort bilden könne, wo der verfassungsmäßige Vorbehalt es nicht ausschließt, wie auch für die Lehren, daß gewisse Prinzipien durch das Gewohnheitsrecht nicht modifiziert werden können und daß die Verfassungsform eines Staates aus der gewohnheitlichen Rechtsbildung herausgenommen sei.

Nach unserer kurzen Betrachtung des Gewohnheitsrechts und des Verhältnisses von Gewohnheitsrecht und Verfassungsrecht wird nunmehr klar, daß das Problem der Verfassungswandlung mit dem Begriff des Gewohnheitsrechts noch nicht gelöst werden kann. Denn das Gewohnheitsrecht auf dem Gebiet der Verfassung setzt, trotz aller dogmatischen Buntheit, nach der durchaus herrschenden Lehre die faktische Übung einerseits und die sogenannte Rechtsüberzeugung, opinio juris et necessitatis, anderseits notwendig voraus. Freilich gehen in der Begriffsbestimmung dieser Rechtsüberzeugung die Ansichten auseinander: nach der herrschenden Lehre muß die Überzeugung von den Staatsgenossen allgemein gehegt sein — das entspricht ja auch dem eigentlichen Gedanken der Gewohnheitsrechtstheorie —, nach Stier-Somlo trifft das aber nicht zu, „vielmehr genügt hier die Übung der Volksvertretung, der Regierung usw." (Reichs- und Landesstaatsrecht, S. 345). Und wie lang die Dauer der „faktischen Übung" sein muß, um eine Gewohnheitsregel als Recht zu begründen, ist eine bisher ungelöste Frage: nach der allgemeinen Ansicht ist sie je nach den konkreten Umständen zu beurteilen. Wie aber dem auch sei, beides ist bei den Fällen der Verfassungswandlung schwer nachzuweisen. Wollte man mit dem Begriff der Rechtsüberzeugung noch so weitherzig umgehen und deren Vorliegen jedes Mal bejahen, mit der Behauptung, daß das Ergebnis der Wandlungsfälle politisch notwendig sei und daher die Akte selbst auch immer für rechtmäßig gehalten worden seien, so bleibt dennoch die „dauernde Übung"[1] fast stets

---

[1] So auch die Rechtsprechung des deutschen Staatsgerichtshofs, vgl. die Entscheidung vom 17. Nov. 1928 (Lammers-Simons, Rechtspre-

ein unerfüllbares Erfordernis: man brauchte nicht einmal mit dem kanonischen Recht, can. 28 Cod., vierzig Jahre der Übung zu verlangen. Sollte man aber das Gewicht auf die Überzeugung allein verlegen — die ihrerseits wieder **immer als vorliegend** angesehen werden kann — und das Erfordernis der dauernden Übung ganz fallen lassen, so käme es schließlich auf eine Art **Gewohnheitsrecht ohne Gewohnheit** hinaus!

Sehen wir uns einmal die Beispiele an. Wenn man gewöhnlich die Stellvertreter des Reichskanzlers und der Bevollmächtigten im Bundesrat oder die kaiserliche Initiative als Gewohnheitsrecht hinstellt, so ist doch niemand wirklich der Überzeugung, daß all dies in der Tat nur aus „Gewohnheit" geschehe. Man war dessen immer gleich bewußt, daß diese Institute mit dem Wortlaut der Verfassung nicht ganz im Einklang stehen. Daß sie aber dennoch geschaffen wurden, erklärt sich daraus, daß man sie für notwendig hielt. Dies ist besonders einleuchtend bei der Permanenz des Bundesrates: es waren einfach die tatsächlichen laufenden Geschäfte, die ein vorschriftsmäßiges Funktionieren des Bundesrates, d. h. die pünktliche Berufung und Schließung, nicht erlaubten. Ebenso sind die Parlamentkomitees in den Vereinigten Staaten ein Produkt der **politischen Notwendigkeit. Jellinek** hat hierfür besonderes Verständnis gehabt, indem er sagte — zunächst auf einen Satz von **Modestinus** zurückgehend: omne ius aut consensus fecit, aut necessitas constituit, aut firmavit consuetudo —, daß die politische Notwendigkeit, von der in den Lehren von den Rechtsquellen so wenig die Rede ist, im Leben der Verfassungen eine ungeheure Rolle spiele (Verfassungsänderung, S. 21). Das wird vollends klar bei den Fällen der materiellen Verfassungsänderungen oder der Verfassungsinterpretation, wo der Gedanke der politischen Notwendigkeit der einzige leitende Gesichtspunkt ist, unter dem die Verfassungswandlung vor sich geht. Von einer dauernden Übung, von einer „Gewohnheit", ist niemals die Rede gewesen.

Vor allem aber sind die Voraussetzungen, unter denen man hier nach dem Gewohnheitsrecht fragt, ganz andere. Sonst taucht

---

chung des Staatsgerichtshofs für das Deutsche Reich, Bd. I, Berlin 1929, S. 173).

gewöhnlich das Problem des Gewohnheitsrechts doch derartig auf, daß die Rechtmäßigkeit eines faktischen Verhaltens, das auf einer längeren Übung und einer Rechtsüberzeugung beruht, im konkreten Fall streitig und eine autoritative Beurteilung dieses Verhaltens nach seiner Rechtmäßigkeit durch eine dazu berufene Instanz gefordert wird. Daher spricht man beim Gewohnheitsrecht gelegentlich von einer „Rechtsbesitzordnung" (K r ü c k m a n n) oder man bezeichnet das Gewohnheitsrecht als „richterliches Recht" (O. B ü l o w u. a.). In den Fällen der Verfassungswandlung ist aber weder die Rechtmäßigkeit der vorgenommenen Akte angefochten worden, noch ist irgend eine Instanz für ihre rechtliche Beurteilung vorgesehen. Die Sanktionierung oder Ablehnung des gewohnheitsrechtlichen Charakters einer Verfassungswandlung hat für die aktuelle Rechtswirklichkeit nicht im geringsten die Bedeutung, die der Feststellung eines Gewohnheitsrechts auf dem Gebiet des Privatrechts zukommt.

Gegen die Erklärung der Verfassungswandlung mit Gewohnheitsrecht auch H a t s c h e k, Konventionalregeln usw., S. 3 ff., 37; B i l f i n g e r, Der Reichssparkommissar, Berlin-Leipzig 1928, S. 18 f.; Verfassungsumgehung (AöR NF XI) 1926, S. 175 ff.

Daß man bei dem Problem der Verfassungswandlung, obwohl hier in Wahrheit weder die Voraussetzungen des Gewohnheitsrechts gegeben sind, noch seine notwendigen Begleitumstände vorliegen, dennoch oft und mit Vorliebe auf das Gewohnheitsrecht zurückkommt, erklärt sich aus der formaljuristischen Denkweise, die auf der in der Vorkriegszeit bewußt in die Publizistik übernommenen zivilistischen Konstruktionsmethode beruht. Denn eine vollkommene Bewältigung des staatsrechtlichen Stoffs mit festen Begriffen und exakter Dogmatik, wie die des privatrechtlichen Stoffs der zivilistischen Jurisprudenz gelungen war, war das angestrebte Ziel der ganzen Staatsrechtslehre der damaligen Zeit. So wurde nicht nur die Methodik, sondern auch alle dogmatisch gewonnenen, also fest abgegrenzten Rechtsbegriffe der Privatrechtswissenschaft mit vollem Bewußtsein auf dem Gebiet des öffentlichen Rechts rezipiert und angewendet.[1]) Daher mußte ein Begriff wie der des

---

[1]) Siehe z. B. F. S t ö r k, Methodik des öff. Rechts (in Grünhuts Z., XII), 1885, S. 81 ff. — Polemik gegen die Rezeption der zivilistischen Methode in der Publizistik G i e r k e; Labands Staatsrecht und die deutsche Staatsrechtswissenschaft, in Schmollers Jahrb., Bd. VII, 1883, S. 1128;

Gewohnheitsrechts, der für die Privatrechtswissenschaft doch von unentbehrlichem Wert ist, — ist es doch die Haupterscheinung alles „ungesetzten" und alles dem Gesetzesrecht widersprechenden Rechts! — auch hier mit besonderer Pietät übernommen werden und in weitem Umfang Anwendung finden. Und so ist es denn auch ganz natürlich, daß man beim Problem der Verfassungswandlung, wo es sich doch vorwiegend um ungesetztes oder dem Gesetzesrecht konträres „Recht" handelt, in dem Begriff des Gewohnheitsrechts eine bequeme Formel sah und ohne jedes Bedenken davon Gebrauch machte. Denn der Begriff der politischen Notwendigkeit war für die positivistische Dogmatik unbekannt und unbrauchbar — man schied doch bewußt und streng zwischen Staatsrecht und Politik —, dagegen der des Gewohnheitsrechts eine Art „Futteral", in welches „allerlei Recht von heterogenen Bildungsformen" eingelegt werden kann (Bergbohm, Jurispr. u. Rechtsph., S. 84).

Wir haben unternommen, auf die Unzulänglichkeit des Versuchs hinzuweisen, das Problem der Verfassungswandlung mit der Gewohnheitsrechtstheorie zu lösen. Es ist nunmehr auf eine weitere Theorie einzugehen, die auf derselben Denkebene liegt wie die des Gewohnheitsrechts: auf die Lehre von der normativen Kraft des Faktischen. Denn diese Lehre ist nicht nur als eine Lösung für gewisse Fakta gedacht, die positiv-rechtlich nicht fundiert sind, sondern sie ist ein Lösungsversuch auch für das Problem des Gewohnheitsrechts, eine Lehre von den Rechtsquellen überhaupt. Jellinek, der Begründer dieser Lehre, sieht nämlich den Geltungsgrund alles Rechts in der Überzeugung des Menschen und die Ursache dieser Überzeugung in einem „bestimmten psychologisch bedingten Verhalten der Menschen zu den faktischen Vorgängen". Er sagt: „Der Mensch sieht das ihn stets Umgebende, das von ihm fortwährend Wahrgenommene, das ununterbrochen von ihm Geübte nicht nur als Tatsache, sondern auch als Beurteilungsnorm an, an der er Abweichendes prüft, mit der er Fremdes richtet." „Bei dem Parallelismus von Ontogenese und Phylogenese ist der Schluß gerechtfertigt, daß historisch die ersten

---

Spiegel, Verwaltungsrechtswissenschaft, S. 166 ff.; E. Kaufmann, Verwaltung u. Verwaltungsrecht, im Wörterbuch des Staats- u. Verwaltungsrechts, 2. Aufl., Tübingen 1911—14, Bd. III, S. 717 f. Vgl. auch Carl Schmitt, Staatsrechtl. Bedeutung der Notverordnung, 1931, S. 3.

Vorstellungen vom Normativen sich unmittelbar aus dem Faktischen entwickelt haben." „Den Grund der normativen Kraft des Faktischen in seiner bewußten oder unbewußten Vernünftigkeit zu suchen, wäre ganz verkehrt. Das Tatsächliche kann später rationalisiert werden, seine normative Bedeutung liegt aber in der weiter nicht ableitbaren Eigenschaft unserer Natur, kraft welcher das bereits Geübte physiologisch und psychologisch leichter reproduzierbar ist als das Neue." Daher: „Alles Recht in einem Volke ist ursprünglich nichts als faktische Übung." Und diese Erkenntnis ist „für die Einsicht in die Entwicklung von Recht und Sittlichkeit von der höchsten Bedeutung". Denn erst durch diese Erkenntnis „erhalte das Problem des Gewohnheitsrechts seine Lösung", und nicht „nur für die Entstehung", sondern „auch für das Dasein der Rechtsordnung gibt die Einsicht in die normative Kraft des Faktischen erst das rechte Verständnis" (Allgemeine Staatslehre, S. 337 ff.).

Diese „teils schief gedachte, teils mindestens mißverständlich ausgedrückte" Lehre[1]) hat aber in der Literatur viel Anhänger gefunden. Denn sie ist in der Tat nicht nur eine leicht zu handhabende Lösung für Fragen, die gewisse positiv-rechtlich nicht zu lösende Fakta der rechtlichen Beurteilung aufdrängen, sondern sie ist auch eine denkbar bequeme Formel dafür, um überhaupt nicht als Recht zu erklärende und als Recht zu begründende Akte dennoch als Recht zu erklären und zu begründen. Daher ist sie beliebt bei jeder Verteidigung der Revolutionsakte.[2]) Endlich wird sie, da ihr durchaus gewisse psychologische Wahrheiten zugrundeliegen, auch von manchen Seiten ohne Bedenken als richtige Rechtsquellentheorie hingenommen.

Anhänger der Lehre: Hatschek, Konventionalregeln, S. 34; Kelsen, Hauptprobleme, S. 9 ff.; F. Somló Juristische Grundlehre, Leipzig 1917, S. 109; K. Strupp, Rechtsstellung d. Reichstags (DJZ XXIV), 1919, S. 87; Anschütz, Studien zur Weimarer Reichsverfassung (ZöR, V), 1926, S. 149; Kommentar, Einleitung, S. 6; L. Waldecker, Allgemeine Staatslehre, Berlin 1927, S. 159 ff.; Bilfinger, Reichssparkommissar, S. 18; wohl auch Radbruch, Grundzüge der Rechtsphilosophie, Leipzig 1914, S. 163, 173.

In Wirklichkeit ist aber diese Lehre völlig unhaltbar. Ihr Grundfehler liegt in der Verwechslung des Ideellen mit dem Exi-

---

[1]) Reichel, Gesetz u. Richterspruch, S. 100.
[2]) Daher die Renaissance dieser Lehre nach dem Umsturz von 1918.

stentiellen. Das Sollenselement in der Rechtsnorm resultiert niemals aus dem Seinselement eines Faktums, sondern es entspringt unmittelbar aus der immanenten, dem Faktum präexistenten Wertung der menschlichen Natur. Das äußerlich wahrnehmbare Faktum ist wohl ein Gegenstand der inneren Wertung, nicht aber wird erst durch das Faktum die Wertung erzeugt. Bei der stetigen Relation zwischen Faktizität und Wertung — der psychologischen Reaktion des Menschen auf ein tatsächliches Geschehen —, wo der Mensch nach dem Sinn und dem Grund des Geschehenen fragt, ist zwar das Faktum ein „Erkenntnisgrund", aber niemals der „Entstehungsgrund der Norm" (Binder, Philosophie des Rechts, Berlin 1925, S. 702). Denn „das Faktum ist Gegenstand, nicht Quelle der Norm" (Reichel, Gesetz und Richterspruch, S. 100).

Wäre die normative Kraft des Faktischen wirklich die „letzte psychologische Quelle des Rechts" (Jellinek, Allg. Staatslehre, S. 337) und läge damit der Ursprung jedes Sollensmäßigen wirklich immer in der faktischen Seinswelt (Kelsen, Hauptprobleme, S. 9), so wäre der Gegensatz von Sein und Sollen überhaupt nicht denkbar und der Begriff von Recht und Unrecht einfach unmöglich. Denn ist das Sollende wirklich immer nur der Ausfluß aus dem Seienden, so muß jedes Seiende ein Sollendes und damit ein Gesolltes sein. Und ist jedes Recht ein Sollendes, das seinerseits aber nur aus dem Seienden resultiert, so ist jedes Seiende eben Recht und das Unrecht schließlich etwas Nicht-Seiendes. Zieht man als Korrektiv das zeitliche Moment in Betracht, um diesem unmöglichen Ergebnis zu entgehen, und läßt nur das zeitlich ältere Faktum, das faktisch „Geübte" als Sollendes, als Recht gelten — das ist der Hauptgedanke der Jellinekschen These —, so bleibt die Möglichkeit der Entstehung eines neuen Rechts, eines „besseren" Rechts — Jellinek spricht selbst von „besserem" Recht, aaO. S. 340 — ein ewig unlösbares Rätsel und das Kriterium alles Rechts und Unrechts besteht dann lediglich in der zeitlichen Priorität des Geschehenen, eines Verhaltens — dann aber auch nicht mehr in dessen zeitlicher Dauer! Denn die normative Kraft des Faktischen bedeutet eben die normative Kraft jedes Faktischen: d. h. nicht notwendig auch des faktisch Geübten. Das menschliche Rechtsgefühl, diese von tausend Kulturelementen bedingte und getragene Wertung gleicht damit in ihrer höchsten Funktion einer leblosen mechanischen Stoppuhr.

Vgl. auch die Polemik gegen die Lehre von der normativen Kraft des Faktischen bei Reichel, Gesetz und Richterspruch, S. 100 f.; Binder, Philosophie des Rechts, S. 702 ff., gut gegen die psycho-physiologische Zuspitzung Jellineks: Marschall, Vom Kampf des Rechts gegen die Gesetze, Stuttgart 1927, S. 121 f.

Dieser als Rechtsquellentheorie völlig unhaltbaren Lehre liegt aber eine psychologisch durchaus richtige Beobachtung zugrunde: nämlich die Beobachtung des großen Einflusses der tatsächlichen Übung auf die Konzeption und Vorstellung auf der Seite der Sozietät. Die psychologischen Vorgänge des Menschen gegenüber einem dauernd geübten Faktum, auf die Jellinek seine ganze Lehre aufbaut, sind in der Tat jederzeit wahrnehmbar und ihre Bedeutung darf niemals verkannt werden. Die Verkehrssitte, die Handelsusancen, Sitten und Gebräuche sind durchaus naheliegende Belege für ihre Existenz. Ob nun diese sozialen Gewohnheitsnormen bindende Rechtsnormen werden können und wo eine Grenze zwischen diesen sozialen Normen und den wirklichen Rechtsnormen zu ziehen ist, das ist eine in keiner Weise leicht zu lösende, uns hier aber fernliegende Frage; daß aber in der Bedeutung der Übung allein nicht die Quelle alles Rechts erblickt werden darf, liegt auf der Hand: denn das wäre eine Leugnung der Existenz jedes rechtlichen Denkens und jedes menschlichen Rechtsgefühls. Man braucht nicht erst auf den Unterschied von Recht und Moral, Sitte und Gewohnheit hinzuweisen.

Ferner ist die Bedeutung der Übung für eine bestimmte Art von Rechtsnormen, nämlich die sogenannten technischen Rechtsnormen, bei denen sich das menschliche Rechtsgefühl indifferent verhält (vgl. o. S. 43 ff.), durchaus anzuerkennen. Denn hier ist die faktische Übung tatsächlich imstande, gültige Regeln zu schaffen. Wenn daher Zitelmann besonders „die Macht der dauernden Tatsachen" hervorhebt (Gewohnheitsrecht und Irrtum, S. 454 ff., 464), so ist ihm völlig beizupflichten; bedenklicher wird es schon bei Unterholtzer, der die Rechtsüberzeugung aus dem dauernd wiederholten Handeln entstehen läßt (Rezension zu Puchta, Gewohnheitsrecht, Kritische Zeitschrift für Rechtswissenschaft, Stuttgart, Bd. V, 1829, S. 376); bei Jellinek endlich, der auf diesen psychologischen Erwägungen eine Theorie von der

Quelle des Rechs überhaupt aufbaut, ist ein an sich richtiger Gedanke in der bedenklichsten Form zum Ausdruck gebracht worden: denn richtig daran ist, daß die faktische Übung eine große motivierende Wirkung auf die Sozietät besitzt, falsch aber, daß alles Recht aus dem von jeder Wertbezogenheit, von jedem materiellen Inhalt abstrahierten Faktum entstehen soll.

Die Bedeutung der faktischen Übung für die „Richtungsnormen" erkennt auch M a r s c h a l l an (Vom Kampf des Rechts, S. 121). — Unser Ergebnis steht auch mit der These Carl S c h m i t t s in Einklang, daß im Verfassungs- und Völkerrecht eine gesteigerte Bedeutung der Präzedenzfälle zu konstatieren sei (Staatsrechtliche Bedeutung der Notverordnung, S. 5).

Bei Verfassungswandlungen, soweit es sich um technische Rechtsnormen handelt, kann man freilich geneigt sein, die normative Kraft des Faktischen „in besonders umfassender Wirksamkeit auf dem Gebiet der Verfassung"[1]) anzunehmen. Und in der Tat haben J e l l i n e k (Verfassungsänderung, S. 28, Note 1) und H a t s c h e k (Konventionalregeln, S. 34) und auch B i l f i n g e r (Reichssparkommissar, S. 18) mit dieser Lehre das Problem der Verfassungswandlung zu erklären versucht. Das ist aber nicht ganz richtig. Denn es wurde hier nicht etwas vorgenommen, weil es einmal so vorgenommen worden war, sondern es geschah, weil es von vornherein geschehen mußte, oder wenigstens nach der Meinung der Vornehmenden geschehen mußte. Es handelt sich bei der Verfassungswandlung um eine politische Notwendigkeit, die das Geschehene diktierte, nicht aber um eine bloße „Gewohnheit", die als solche Nachahmung fand, nicht also um einfache, zweckfreie und wertungebundene Fakta.

---

[1]) S m e n d, Verfassung und Verfassungsrecht, S. 76.

Verfassungswandlung und Konventionalregeln.

Den Versuch, das Problem der Verfassungswandlung mit dem Begriff des Gewohnheitsrechts zu erklären, hat Hatschek als erster als unzulänglich erkannt, ohne daß er aber seine Polemik mit einer näheren Erörterung über das Gewohnheitsrecht fundierte. Weiterhin versuchte er, das Problem der Verfassungswandlung mit dem Begriff der Konventionalregeln zu erklären: eine Lösung, die er in fast allen seinen Schriften vertrat. Diese Lösung ist jedoch in gleicher Weise unbefriedigend wie die aus dem Gewohnheitsrecht. Ihre Unzulänglichkeit liegt in dem Begriff der Konventionalregel. Diese werden wir also hier zunächst ins Auge zu fassen haben.

Hatschek erklärt das Problem der Verfassungswandlung mit Konventionalregeln in: Deutsches und preuß. Staatsrecht, Berlin 1922, I, S. 13 ff.; Das Parlamentsrecht des Deutschen Reichs, Berlin-Leipzig 1915, S. 15, 22, 84; Konventionalregeln (JöR, III) 1909; — ihm folgt Wespe, Begriff und Bedeutung der Verfassung, Königsberger Dissertation 1926, S. 131.

Der Begriff der Konventionalregeln, wie auch Hatschek selbst angab, stammt aus dem Begriff der conventions of the constitution des englischen Verfassungsrechts. Um eine rechte Einsicht in diese Rechtsbegriffe zu gewinnen, müssen wir also zunächst mit der Betrachtung des englischen Verfassungsrechts im allgemeinen beginnen.

Der grundlegende Unterschied zwischen dem europäisch-kontinentalen und dem englischen Verfassungsrecht liegt nicht darin, wie häufig fälschlich angenommen wird, daß jenes „geschrieben" und dieses „ungeschrieben" sei, denn England kennt durchaus auch seine „constitutional statute law"; weiterhin auch nicht darin, daß jenes ein Produkt der Revolutionen und dieses immer auf dem friedlichen Wege entstanden sei, denn England hat auch seine „Revolutionen" erlebt, die Änderung im Verfassungsrecht hervorriefen, nur gingen diese in einer milderen Form vor sich als auf dem Kontinent; endlich auch nicht darin, was vielfach verkannt wird, daß jenes erst seit der französischen Revolution bestehe, während dieses eine bei weitem ältere Geschichte hinter sich habe, denn das Verfassungsrecht, wie es heute in England im allgemeinen gilt, hat seine Gestalt, so lehrt z. B. B u r g e s s, erst seit 1832.

Vgl. hierzu J. W. B u r g e s s, Political Science and Comparative Constitutional Law, Boston and London 1902, Vol. I, pp. 91 sqq.

Der Unterschied zwischen diesen beiden Rechten liegt vielmehr in der geistigen Haltung, in der allgemeinen Denkweise. Das englische und das kontinentale verfassungsrechtliche Denken sind in Wahrheit zwei völlig verschiedene Ideenwelten, die lediglich einen gemeinsamen Ausgangspunkt haben: nämlich die rechtliche Beurteilung der Relation zwischen den Staatsorganen untereinander und zwischen der Staatsgewalt und den Staatsbürgern; und die ferner zufällig dieselbe formelle Bezeichnung tragen: „Verfassungsrecht" und „constitutional law"; und die sich vielleicht auch inhaltlich manchmal kreuzen: in der Gleichartigkeit mancher der von ihnen behandelten Materien. Dagegen sind der geistige Boden, auf dem die Konzeption des Rechts basiert ist, und die einzelnen Faktoren der Rechtsbildung und -entwicklung und die Funktion des Rechts in England einerseits und auf dem Kontinent andererseits völlig verschieden. Jede Betrachtung, welche englische Rechtsverhältnisse und -probleme mit spezifisch kontinentalen Rechtsbegriffen und -vorstellungen behandelt, schlägt damit von vornherein einen falschen Weg ein und muß zu irrigen Schlußfolgerungen kommen. So erklärt z. B. T o c q u e v i l l e — natürlich konsequent nach seinem kontinentalen Verfassungsbegriff, der die Existenz einer geschriebenen Verfassung voraussetzt —, daß in England eine Verfassung nicht existiere, „elle n'existe point" (Oeuvres, I, p. 166), während in Wirklichkeit die verfassungsrechtliche Disziplin in der englischen Jurisprudenz schon zur Zeit T o c q u e v i l l e s zumindest einen ebenso wichtigen Platz einnimmt wie in den kontinentalen Rechtsystemen.

Der grundlegende Unterschied zwischen dem englischen Verfassungsrecht und dem des europäischen Kontinents liegt vielmehr erstens in der Auffassung des Verfassungsrechts, die nur ein Ausfluß der Auffassung des Rechts überhaupt ist; zweitens in dem Prozeß der Rechtsbildung und -entwicklung; drittens in der allgemeinen Struktur des politischen Staatslebens.

Man kann vielleicht den tiefsten und charakteristischsten Unterschied zwischen der englischen und der kontinentalen Rechtsauffassung dahin formulieren, daß das englische Recht eine nachfolgende staatliche Sanktionierung vorangegangener sozialer Bildungen bedeutet, während das kontinentale Recht das Wesen der sozialen Bildungen nach einem bewußten Prinzip und System von vornherein gestalten will. So besteht z. B. das kontinentale Rechtssystem im wesentlichen aus positiven Rechtsordnungen, Kodifikationen, während das englische Recht, the law of England, an erster Stelle aus der ungeschriebenen common law besteht, die nur eine staatliche Anerkennung — durch gerichtliche Kognition — sozial entstandener Gewohnheiten ist. Und so resultiert z. B. auch das englische Verfassungsrecht — außer den wenigen constitutional statute laws — lediglich aus der jeweilig bestehenden ungeschriebenen common law, während das kontinentale Verfassungsrecht aus einer fixierten Verfassungsurkunde abgeleitet wird, die das ganze nationale Kultur- und Sozialleben erfassen, d. h. für die fortlaufende Entwicklung eine bestimmte Richtlinie vorzeichnen will. Dem entspricht es, daß in der europäischen Staatenwelt fast ein jeder Staat seine geschriebene Verfassung hat, während in England seit den ephemeren konstitutionellen Bewegungen um die Zeit Cromwells das Verlangen nach einer geschriebenen Verfassung nicht wieder laut wurde.

Diesen aufgezeigten Unterschied bezeichnet H. Preuß als den der englischen und kontinentalen Rechtsentwicklung (Zur Methodik juristischer Begriffskonstruktion [Schmollers Jahrb. XXIV], 1900, S. 365). Dem formalen Entwicklungsgang liegt natürlich eine bestimmte geistige Haltung zugrunde.

Der zweite ebenfalls höchst bezeichnende Unterschied zwischen englischem und kontinentalem Recht liegt in der Rechtsbildung und -entwicklung: in der rechtschaffenden Funktion der Gerichte. Sind die Gerichte auf dem Kontinent an erster Stelle dazu berufen, das bereits festgelegte Recht zur Anwendung zu bringen, wobei ihnen die Möglichkeit einer Rechtsschaffung nur in recht engen Schranken eingeräumt ist, so sind die englischen Courts nicht nur jederzeit in der Lage, nach ihrem freien Ermessen neues Recht zu schaffen [1],

---

[1] Schaffen heißt natürlich nicht aus dem Nichts etwas entstehen lassen: denn judge-made heißt in Wahrheit nur "unfold a principle which is already contained in germ in more general rules which have already received judicial acknowledgement" (A. B. Keith, The Constitution, Administration and Law of the Empire, London 1924, p. 8).

sondern sie sind geradezu oft dazu gezwungen. Denn die geschriebenen Rechtssätze, die statute laws, sind gegenüber dem mannigfaltigen Rechtsleben in höchstem Maße fragmentarisch und der größte Teil der common law, auf der das englische Rechtssystem hauptsächlich beruht, besteht aus richterlichen Entscheidungen aus der case law oder judge-made law. Ist für eine vorgelegte Rechtsfrage weder eine statute law vorhanden, noch ein Präzedenzfall aufzufinden, so ist hier die für diese Frage vom Gericht gefällte Entscheidung die vollwertige geltende Rechtsnorm für dieses Rechtsverhältnis schlechthin. In England ist Recht (law) das, was der Richter anwendet und ausspricht: die schriftsatzmäßige Fixierung in Gesetzesnormen spielt hier nur eine sekundäre Rolle.

So besteht auch das englische Verfassungsrecht außer den wenigen constitutional statute laws lediglich aus der common law: was als Prinzip der common law gilt, gilt auch als Prinzip des geltenden Verfassungsrechts, so sind viele geltende Verfassungsprinzipien auch lediglich aus den Gerichtsentscheidungen zu entnehmen und die Rechtsprechung der Gerichtshöfe spielt für die Entwicklung auch des Verfassungsrechts die entscheidende Rolle. Wenn auf dem Kontinent die Gerichte lediglich das in der geschriebenen Verfassung festgelegte „Verfassungsrecht" anwenden, so kommt dagegen in England diese „constitutional law" erst durch die Entscheidungen der Gerichte zur Entstehung, oder wenigstens erst dadurch zu ihrem festen Bestand.

Vgl. über die common law S a l m o n d, Jurisprudence, 7th edit. London 1924, sec. 52; E. H e y m a n n, Englisches Recht (Handwörterb. d. Rechtw. hsgb. S t i e r - S o m l o II), 1927, S. 249 ff., 256. — Über Verfassungsrecht und common law, E. F i s c h e l, Die Verfassung Englands, 2. Aufl. Berlin 1864, S. 1 ff.; A n s o n, The Law and Custom of the Constitution, 3d edit. Oxford 1907, Vol. I, p. 6; S a l m o n d, Jurispr., pp. 155 sqq.; K o e l l r e u t e r, Ausländ. Staatsrecht, Berlin 1923, S. 1 f.; über die Bedeutung der Gerichte, D i c e y, Introduction to the Study of the Law of the Constitution, 8th. edition, London 1927, p. 58.

Endlich ist von großer Bedeutung für unsere Betrachtung die Stellung des Parlaments im englischen politischen Staatsleben. D i c e y sagt vom englischen Parlament: "the sovereignty of Parliament is (from a legal point of view) the dominant characteristic of our political institutions" (Introduction, p. 37). Die überragende Rolle, die es spielt, ist nicht nur auf die politische Entwicklung des Landes von entscheidendem Einfluß, sondern sie gibt auch seinem Rechtssystem sein eigentümliches Gepräge.

"The principle of Parliamentary sovereignty", so erklärt Dicey, "means neither more than less than this, namely, that Parliament has the right to make or unmake any law whatever; and further, that no person or body is recognised by the law of England as having a right to override or set aside the legislation of Parliament" (Introduction, p. 38).

Diese Doktrin — "fully recognised by the law of England" — bestätigen drei Tatsachen in England, die zugleich die charakteristischen Züge des englischen Verfassungsrechts sind: "first, the power of the legislature to alter any law, fundamental or otherwise, as freely and in the same manner as other laws; secondly, the absence of any legal distinction between constitutional and other laws; thirdly, the non-existence of any judicial or other authority having the right to nullify an Act of Parliament, or to treat it as void or unconstitutional" (Dicey, Intr., p. 87).

Vgl. über die Bedeutung des Parlaments in England Dicey, Introduction, Chps. I—III (pp. 37—134); Anson, Law and Custom, Vol. I; Courtney, The Working Constitution of the United Kingdom, London 1902, p. 363; Koellreuter, Ausl. Staatsrecht, S. 2.

Es ist nur von der eigentümlichen, von den Zügen des kontinentalen Verfassungsrechts völlig abweichenden Beschaffenheit des englischen Verfassungsrechts aus zu verstehen, warum man hier eine Unterscheidung von der law of the constitution und den conventions of the constitution gemacht hat und was diese Unterscheidung in Wirklichkeit bedeutet. Dann wird es sich von selbst ergeben, ob diese englische Unterscheidung für die allgemeine Verfassungsrechtstheorie verwertet werden kann.

Die Unterscheidung von law of the constitution und conventions of the constitution, die heute ein Gemeingut der englischen Jurisprudenz geworden ist, wurde zuerst von E. A. Freeman (The Growth of the English Constitution, London 1872) entwickelt (pp. 109 sqq.). Ihre theoretische Begründung und Ausgestaltung fand sie aber erst später bei Dicey und dann durch diesen ihre weitere Verbreitung in die Literatur.

"Constitutional law", so lehrt Dicey, " as the term is used in England, appears to include all rules which directly or indirectly affect the distribution or the exercise of the sovereign power in the state" (p. 22). Aber diese "rules which make up constitutional law include two sets of principles or maxims of a totally distinct character" (p. 23).

"The one set of rules are in the strict sense 'law', since they are rules which (whether written or unwritten, whether enacted by the statute or derived from the mass of custom, tradition, or judge-made maxims known as the common law) are enforced by the Courts; these rules constitute 'constitutional law' in the proper sense of that term, and may for the sake of distinction be called collectively 'the law of the constitution'. — The other set of rules consist of conventions, understandings, habits, or practices which, though they may regulate the conduct of the several members of the sovereign power, of the Ministry, or of other officials, are not in reality laws at all since they are not enforced by the courts. This portion of constitutional law may, for the sake of distinction, be termed the 'conventions of the constitution', or constitutional morality" (Introduction, p. 23).

Als Beispiele für die law of the constitution nennt Dicey die Maxime "The King can do no wrong..; this maxim.. means... that by no proceeding known to the law can the King be made personally responsible for any act done by him; ... this principle... is... a law of the constitution, but it is not a written law", ferner den Satz: "there is no power in the Crown to dispense with the obligation to obey a law'; this negation or abolition of the dispensing power now depends upon the Bill of Rights; it is a law of the constitution and a written law" (p. 24). — Als Beispiele für die conventions of the constitution nennt Dicey folgendes: "The King must assent to, or cannot 'veto' any bill passed by the two Houses of Parliament"; — "the House of Lords does not originate any money bill"; — "when the House of Lords acts as a Court of Appeals, no peer who is not a law lord takes part in the decisions of the House"; — "Ministers resign office when they have ceased to command the confidence of the House of Commons" etc. (p. 26). Und als gemeinsames Charakteristikum sagt Dicey: "the conventions of the constitution, looked at as a whole, are customs, or understandings as to the mode in which the several members of the sovereign legislative body should each exercise their discretionary authority, whether it be termed the prerogative of the Crown or the privileges of Parliament" (p. 424).

Diese Unterscheidung hat also, wie sich auch von selbst ergibt, mit der von „written law" und „unwritten law" nichts zu tun. Denn viele Sätze der law of the constitution, wie die angeführten Beispiele gezeigt haben, sind ungeschrieben, und die ganzen Parlamentsgeschäftsordnungen, obwohl durchaus schriftsatzmäßig fixiert, sind nichts anderes als bloße „conventions" (vgl. Dicey, p. 27).

Vgl. über die Lehre von der Unterscheidung zwischen law of the constitution und conventions of the constitution: Freeman, Growth of the Engl. Constitution, 1862, pp. 109 sqq.; Dicey, Introduction, vor allem chps. XIV, XV; Anson, Law and Custom, Vol. I, pp. 77 sqq.; 302 sqq.; 404 sqq.; Keith, The Constitution, Administration and Law of the Empire, London 1924, pp. 5—8; Chalmers-Asquith, Outlines of Constitutional Law, 4th edit. London 1930, pp. 32 sqq.; — Jellinek, Allg. Staatslehre, S. 703; Verfassungsänderung, S. 28; Hatschek, Englisches Staatsrecht, Tübingen 1905/6, I, S. 543, II, S. 40 ff.; Englische Verfassungsgeschichte, München und Berlin 1913, S. 585 f.; Parlamentsrecht, S. 84 ff.; Deutsches u. Preuß. Staatsrecht, I, S. 13 ff.; Redslob, Abhängige Länder, Leipzig 1914, S. 25 ff.; K. Heck, Der Aufbau des britischen Reichs, Berlin und Leipzig 1927, S. 12 ff.; Koellreuter, Verwaltungsrecht und Verwaltungsrechtsprechung im modernen England, Tübingen 1912, S. 120 ff.; Ausländ. Staatsrecht, S. 2 f.; Rezension zu Laski (AöR, NF XII), 1927, S. 472 ff.; Rezension zu K. Heck (AöR, NF XVI), 1928, S. 127 ff.; Leibholz, Wesen der Repräsentation, 1929, S. 158 ff., der Koellreuter als einen Gegner des Begriffs der constitutional conventions bezeichnet (aaO., S. 158). Das trifft nicht zu, Koellreuter hat nur die von Dicey vertretene Ansicht bestritten, daß das englische Verwaltungsrecht lediglich auf conventions beruhe.

Diesen conventions of the constitution, denen durchaus keine geringe Bedeutung beizulegen ist — "of constitutional conventions some are as important as any laws" (Dicey, p. 27) —, ist aber eine gewisse Elastizität eigen: sie können jederzeit und ohne jede formelle Abänderung beliebig modifiziert werden und diese Modifikationen kommen auch häufig vor. Dicey sagt von den conventions, "they vary from generation to generation, almost from year to year" (p. 30). A. L. Lowell sagt: "it is impossible to make a precis of the conventions of the constitution, for they are constantly changing by a natural process of growth and decay; and while some of them are universally accepted others are in a state of uncertainty" (The Government of England, new edit. New York 1921, Introduction, p. 9). In Wahrheit ist diese Elastizität, die leichte formlose Abänderbarkeit, nicht nur ein Kriterium oder eine Eigenschaft[1]) der constitutional conventions, sondern erst sie

---

[1]) Vgl. K. Heck, Aufbau, S. 12, der in der Möglichkeit jederzeitiger formloser Abänderung und dem Fehlen der richterlichen Sanktion den Ausdruck der Minderwertigkeit der conventions sieht.

macht ihr Wesen und ihren Wert aus, Koellreuter sagt, es seien die constitutional conventions, die das englische Verfassungsleben stets im Fluß und im Zusammenhang mit der politischen Entwicklung gehalten haben (Ausländ. Staatsrecht, S. 2) und Leibholz bemerkt, daß nur dank den conventions of the constitution ein Zerfall des britischen Reichs bis heute vermieden worden sei (Repräsentation, S. 158).

Diese Wandelbarkeit der conventions of the constitution wirkt sich in einer doppelten Weise aus: erstens, sie werden durch neue modifiziert oder aufgehoben; zweitens, sie verdichten sich zu wirklichen Rechtsnormen. Dicey hat die „changes in the conventions" der letzten dreißig Jahre dahin zusammengefaßt: "important alterations have most certainly taken place; these may be brought under two different heads, first, new rules or customs which still continue to be mere constitutional understandings or conventions, secondly, understandings or conventions which have since 1884 either been converted into laws or are closely connected with changes of law. These may appropriately be termed 'enacted conventions'" (Introduction, pp. xlviii—xlix). Und "the best examples of such enacted conventions are to be found in some of the more or less indirect effects of the Parliament Act, 1911" (p. li).

Natürlich ist eine convention, die durch einen statute in eine echte rule of law verwandelt wird, "in strict sense not a convention at all but a part of the law of the constitution". Aber Dicey hält am Terminus convention fest, wohl wegen der tatsächlichen englischen Verhältnisse: denn "such an enacted convention may indirectly so affect the working of constitutional understandings or arrangements that its indirect effects are conveniently considered when dealing with the conventions of the constitution" (Introduction, p. li note 4).

Die Frage, aus welchem Grund die constitutional conventions, "which make up not a body of laws, but of constitutional or political ethics" (Dicey, p. 413), die also keine Rechtssätze im eigentlichen Sinne sind, in der politischen Wirklichkeit tatsächlich immer befolgt werden, die Frage nach der "force or sanction by which is enforced obedience to the conventions of the constitution", gehört zu den schwierigsten und umstrittensten Problemen der englischen Verfassungsrechtstheorie. Es ist u. a. gesagt worden, daß die Kraft der conventions of the constitution im letzten Grund auf der Furcht vor „impeachment" beruhe, oder daß sie auf die Kraft der öffentlichen Meinung zurückzuführen sei. Nach Chalmers-

Asquith "the only sanction behind the conventions consists in a sense of honour, respect for tradition and the fear of popular resentment" (Outlines, 1925, p. 10). Nach Dicey geht aber die faktische Beobachtung der constitutional conventions auf die Kraft der Rechtsnormen, the force of the law, zurück: "the sanction", sagt Dicey, "which constrains the boldest political adventurer to obey the fundamental principles of the constitution and the conventions in which these principles are expressed, is the fact that the breach of these principles and of these conventions will almost immediately bring the offender into conflict with the Court and the law of the land" (p. 442). Auf dies Problem hier näher einzugehen, gibt der Gegenstand unserer Betrachtung keinen Anlaß.

Vgl. über dies Problem und seine Lösungsversuche Dicey, Introduction, chp. XV und pp. lvii—lviii; Chalmers-Asquith, Outlines, 3rd edit. 1925, pp. 10 sqq., und 4th edit. 1930, pp. 32 sqq.; Keith, Constitution Administration and Law, p. 8; ferner K. Heck, Aufbau, S. 13; auch Jellinek, Verfassungsänderung, S. 28 Note und Hatschek, Englische Verfassungsgeschichte, S. 582, 585.

Jedenfalls können wir aus dem bisher Gesagten folgende doppelte Erkenntnis gewinnen: positiv, daß der Begriff der constitutional conventions das natürliche und notwendige Ergebnis der englischen Verfassungsrechtstheorie ist; negativ, daß dieser Begriff außerhalb des englischen Verfassungsrechts seine Bedeutung und Praktikabilität verlieren muß. Das soll im folgenden gezeigt werden.

Der Begriff der constitutional conventions entspringt der allgemeinen englischen Rechtsauffassung, der Konzeption von der „law". So sagt z. B. auch Hatschek, daß der Konventionalismus in der Natur der common law begründet sei (Engl. Staatsrecht, II, S. 41). Wir haben oben gesagt, daß man vielleicht die englische Rechtsauffassung dahin charakterisieren kann, daß das englische Recht — im Gegensatz zum kontinentalen Recht — eine Art nachfolgende Sanktionierung vorangegangener sozialer Bildungen bedeute. Und dieser Gedanke wird auch durch den Begriff der common law durchaus bestätigt. Da die law in Wirklichkeit eine Sanktion bestehender geltender sozialer Normen bedeutet, so können natürlich auch nur bestehende geltende Normen die Qualität der law erlangen: d. h. nur eine tatsächlich allgemein befolgte, also wirklich geltende Regel kann Norm der law werden, nicht aber soll versucht werden, in zufälligen Paragraphen geltende Rechtsnormen aufstellen oder in ihnen wirkliche Normen der law erblicken zu wollen. Es ist in der englischen Rechtsauffassung ein gewisses Mißtrauen gegen den geschriebenen Rechtssatz enthalten: daher besitzt England bis heute keine geschriebene Verfassung, keine kodifizierten Gesetzbücher.

Es ist eine Folge dieser Rechtsauffassung, daß dem Begriff der „law" eine bei weitem größere Konstanz, eine stärkere Unwidersprechlichkeit innewohnt als dem Begriff „Gesetz". Aber ihm ist auch eine gewisse Schwere, eine gewisse Unbeweglichkeit eigen. Und das ist auch notwendig: wonach soll sich das Volk richten, wenn das Rechtssystem, das zum Teil auf ungeschriebenen Sätzen beruht, noch dauernd sich ändern und wandeln soll?

Wenn wir oben gesehen haben, daß die conventions of the constitution darin eigentümlich sind, daß sie sich leicht ändern können und sich auch häufig ändern, daß ihnen also eine gewisse Elastizität eigen ist, so begreifen wir auch die hier bestehende Notwendigkeit, diese Normen nicht als Rechtsnormen, nicht als Normen der law zu qualifizieren. Denn die Normen der law müssen k o n s t a n t sein, die conventions of the constitution sind aber vornehmlich e l a s t i s c h e r Natur. Die Scheidung von conventions of the constitution und law of the constitution bedeutet also in Wirklichkeit eine Potenzierung, oder zumindest aber eine Gewährleistung des Begriffs der law, der constitutional law.

Die Unterscheidung von law of the constitution und conventions of the constitution ist ferner eine praktische Notwendigkeit. Wenn wir oben gesehen haben, daß in England alles law ist, was die Gerichte anwenden und aussprechen, und daß die Existenz einer law von der Fixierung durch ein statute völlig unabhängig ist, so begreifen wir auch die naheliegende Konsequenz, daß umgekehrt das Kriterium aller Rechtsnormen, der Normen der law, hier in ihrer Anwendung durch die Gerichte gesehen wird. Was gerichtlich anerkannt ist, ist Rechtsnorm; was gerichtlich nicht anerkannt wird, ist nicht Rechtsnorm. Das ist der eigentliche sachliche Gehalt der Unterscheidung von law of the constitution und conventions of the constitution. Sie steht also mit der rechtschaffenden und -bildenden Funktion der Gerichte in einem unmittelbaren Zusammenhang, ohne deren Erkenntnis das englische Rechtssystem überhaupt nicht verstanden werden kann. Aber freilich bleibt diese

Art Begriffsbestimmung für uns immer etwas befremdend: die Qualität einer Rechtsnorm wird weder in ihrer formalen Beschaffenheit gesehen, denn es gibt ungeschriebene Rechtsnormen und viele geschriebene conventions, noch in ihrem materiellen Inhalt, denn das Kriterium der Unterscheidung von law of the constitution und conventions of the constitution liegt keineswegs in dem Gegenstand ihrer Behandlung, sondern die Qualität einer Rechtsnorm liegt ausschließlich in ihrer gerichtlichen Anwendung, in einer außerhalb von ihr liegenden Anerkennung.

Endlich steht der Begriff der constitutional conventions mit der überragenden Stellung des Parlaments im englischen Staatsleben in einem engen Zusammenhang. Wir haben oben gesehen, daß die sogenannte parliamentary sovereignty der charakteristischste Zug des englischen Rechts- und Staatslebens ist, und in der Tat ist das englische Parlament der eigentliche Inhaber der politischen Gewalt im ganzen Lande. Und diese Bedeutung des Parlaments bedingt, daß die allgemeine englische Auffassung unter „constitutional law" all diejenigen Normen versteht, — darunter vielfach bloße Gewohnheiten und Vereinbarungen (customs and understandings), — die „direkt oder indirekt die Verteilung oder Ausübung der souveränen Gewalt im Staat betreffen", die sich also in Wirklichkeit hauptsächlich mit der Prärogative der Krone und den Privilegien des Parlaments (also das ganze „King in Parliament" betreffend) befassen. Viele dieser Normen aber, da sie von einer vornehmlich elastischen Natur sind, — und unter dem Einfluß der starren englischen Auffassung von der law —, werden von den Gerichten nicht anerkannt und sind daher keine Normen der law im eigentlichen Sinne, sondern nur „conventions of the constitution". In anderen Staaten z. B. — ganz abgesehen davon, daß schon die Existenz einer geschriebenen Verfassung die ganze Sachlage verschiebt, vgl. z. B. die Verhältnisse in den Vereinigten Staaten, darüber u. S. 132 ff. — wird der Begriff der constitutional conventions niemals die Bedeutung erlangen und von solcher Notwendigkeit sein wie in England, weil die „Gewohnheiten und Vereinbarungen", auch wenn sie die Prärogative und die Privilegien betreffen, von vornherein nicht als „Verfassungsrecht" — wie diese Gewohnheiten und Vereinbarungen in England allgemein als „constitutional law" gelten können — angesehen werden können, da das

Parlament („King in Parliament") hier nicht die das ganze Staatsleben dominierende Bedeutung hat wie in England. Eine Unterscheidung von wirklichen „laws" und bloßen „conventions" wäre hier von vornherein überflüssig.

Nach der Betrachtung der englischen Unterscheidung von law of the constitution und conventions of the constitution und ihres engen Zusammenhangs mit den allgemeinen englischen Verhältnissen ist nunmehr auf eine Erscheinung in den Vereinigten Staaten einzugehen, die in hohem Maße den englischen conventions of the constitution ähnelt: auf die Lehre von den sogenannten „usages of the constitution".

Der Begriff von den usages of the constitution — er stammt wohl von James B r y c e — ist in der heutigen amerikanischen Verfassungsrechtstheorie durchaus geläufig geworden. In Deutschland wird er landläufig mit „Gewohnheitsrecht" übersetzt. Das ist irrtümlich. Denn usage ist zwar Gewohnheit, aber keineswegs Recht. Das „ungeschriebene Verfassungsrecht", das auch nach der amerikanischen Theorie existiert, heißt hier „the common law of the constitution" (H. W. H o r w i l l, The Usage of the American Constitution, Oxford, 1925, p. 21; M a r t i n - G e o r g e, American Government and Citizenship, New York, 1927, p. 176). Unter „usages" sollen aber eben solche Normen verstanden werden, die zwar faktisch befolgt werden, die aber nicht zum Bereich der „law" gehören. Es ist eben der Begriff der convention of the constitution der englischen Verfassungsrechtstheorie, der hier nur einen anderen Namen gefunden hat: denn unter „constitutional convention" wird in Amerika nach dem allgemeinen Sprachgebrauch eine Versammlung verstanden, die entweder über die Errichtung einer Verfassungsurkunde berät, so z. B. die berühmte Constitutional Convention von 1787, die die Unionsverfassung schuf, oder die über eine zugelassene Verfassungsänderung (amendment) zu beschließen hat, so z. B. die einzuberufenden „conventions to revise the Constitution and amend the same". Dieser Zusammenhang ist oft übersehen worden. Da die Vereinigten Staaten ebenfalls eine geschriebene Verfassung besitzen wie die Länder des Kontinents, so ist der kontinentale Jurist begreiflicherweise geneigt, hier das Wort „usage" mit „Gewohnheitsrecht" zu übersetzen, in der Annahme, daß jene „usages of the Constitution" eben das „ungeschriebene

Verfassungsrecht" seien. Dieser sachliche Irrtum ist also die Folge eines terminologischen Mißverständnisses. Hätten die Amerikaner ihre „usages" dem englischen Sprachgebrauch entsprechend „conventions" genannt, so würde wohl niemand mehr an das „Gewohnheitsrecht" gedacht haben. Denn mit „usage" soll eben ausgedrückt werden, daß es sich n i c h t um Recht (law) handle.

„Usage" mit „Gewohnheitsrecht" übersetzt H i l d e s h e i m e r, Revision, S. 11 ff., dessen Schlußfolgerung daher immer mehr in die Irre geht; auch J. S i n g e r, der das B r y c e sche Werk American Commonwealth verdeutscht hat (Amerika als Staat und Gesellschaft, Leipzig 1924, I, S. 225 ff). — Vgl. über den engen Zusammenhang zwischen den amerikanischen usages und den englischen conventions statt vieler H o r w i l l, Usage of the American Const. p. 21; M a r t i n - G e o r g e, American Government, pp. 176 sqq., 185.

Freilich ist der Ausgangspunkt der Begriffsbildung bei den usages of the constitution ein anderer als der bei den constitutional conventions. Wir haben oben gesehen, daß der Unterschied zwischen law of the constitution und conventions of the constitution im wesentlichen darin besteht, daß die Normen der law v o r d e n G e r i c h t e n Anerkennung finden und die der conventions von den Gerichten unbeachtet bleiben, und daß der Sinn dieser Unterscheidung der ist, eine Möglichkeit zu schaffen, gewisse Normen der wirklichen „law" von anderen Normen, die zwar gewöhnlich auch als „constitutional law" angesehen werden, die aber keine „laws" im eigentlichen Sinne sind, zu trennen. Ganz anders verhält es sich aber mit den usages of the constitution im amerikanischen Verfassungsrecht.

Im amerikanischen Recht bildet den Ausgangspunkt der Begriffsbildung der usages of the constitution die g e s c h r i e b e n e V e r f a s s u n g. Usage ist das, was nicht in der geschriebenen Verfassung steht: es ist bekannt, daß auch die amerikanische Verfassung, wie ja jede geschriebene Verfassung überhaupt, viele wichtige Materien ungeregelt ließ, zum Teil, weil sie bei der Errichtung der Verfassung übersehen wurden, zum Teil, weil man sich darüber bei der Abfassung der Verfassung nicht einigen konnte. Eine Regelung dieser Materien aber, deren Notwendigkeit sich von selbst versteht, vollzieht sich auf einem doppelten Weg: einmal, auf dem Weg der Gesetzgebung des Kongresses, d. h. der Kongreß hat auch Gesetze über diejenigen Materien erlassen, deren Regelung ihm nicht ausdrücklich von der Verfassung zugedacht ist, dazu verhilft ihm vor allem die Interpretationspraxis der Supreme Court Marshalls; ein andermal auf dem Weg der einfachen Gewohnheiten, auf dem Weg der „usages".

Vgl. hierzu Bryce, Americ. Commonwealth, Vol. I, p. 393.

Usages of the constitution, die oft höchst wichtige verfassungsrechtliche Materien betreffen, sind einfache, tatsächlich befolgte Gewohnheitsregeln: sie beruhen weder auf einer Bestimmung der Verfassung, noch auf irgend einem Gesetze (statute): "which have sprung up round the Constitution and profoundly affected its working, but which are not parts of the Constitution nor necessarily attributable to any specific provision which it contains" (Bryce, p. 396). Das ist ihr Charakteristikum. Sind die englischen conventions und die amerikanischen usages darin gleich, daß sie in gleicher Weise nicht Recht, nicht „law" darstellen, so unterscheiden sie sich dadurch, daß die ersten deshalb nicht „law" sind, weil sie vor den Gerichtshöfen keine Kognition finden, die letzten deshalb, weil sie einer verfassungsgesetzlichen Grundlage völlig entbehren.

Hier ist aber folgendes zu beachten: besteht das Wesen der usages in dem Fehlen der verfassungsgesetzlichen Grundlage, so sind zwei Möglichkeiten der usages denkbar: es gibt erstens usages, deren Gegenstand eine Regelung durch die Verfassung überhaupt nicht erfahren hat, das sind die eigentlichen Fälle der usages; ferner gibt es usages, deren Gegenstand zwar eine Regelung durch die Verfassung erfahren hat, zu der diese usages aber in einem Widerspruch stehen. Obwohl die usages in beiden Fällen gleichermaßen verfassungsgesetzlich nicht fundierte Gewohnheitsregeln sind, sind in Wirklichkeit viele davon einfach konträre Gewohnheiten zum ausdrücklichen Verfassungsrecht. Dieses verfassungs w i d r i g e Moment der usages ist aber nur ein Auswuchs der ihnen ursprünglich zugedachten verfassungs e r g ä n z e n d e n Funktion: aber auf dieser verfassungswidersprechenden Wirkung beruht wiederum die Bedeutung der usages für die Verfassungswandlung.

Einige Beispiele mögen den Begriff der usage of the constitution illustrieren:

Die Präsidentenwahlmänner haben durch usage das ihnen von der Verfassung verliehene Recht, bei der Wahl des obersten Beamten ganz nach ihrem Gutdünken vorzugehen, vollkommen eingebüßt. Denn die Wahlmänner, die selbst den Präsidenten wählen sollten, sind in Wirklichkeit völlig an die Vorschläge der Volksmassen, die sie selbst gewählt haben, gebunden. Das hat sich derart eingebürgert, daß eine Nichtbeachtung der Wähler und ihrer Wünsche praktisch als ein Treubruch und eine Verneinung der Demokratie angesehen würde.

Kein Präsident wurde auf mehr als zwei Amtsperioden gewählt, obgleich die Verfassung in keiner Hinsicht seine Wiederwählbarkeit eingeschränkt hat.

Der Präsident übt heute in der Praxis sein Vetorecht bei weitem ungezwungener aus als zu Beginn der Union und bei einer viel größeren Reihe von Gelegenheiten als zuvor.

Der Senat übt gegenwärtig niemals seine unbezweifelte Befugnis aus, die vom Präsidenten erstatteten Besetzungsvorschläge abzulehnen, wenn diese sein Kabinett betreffen.

Dem Präsidenten steht ohne Befragung des Senats die Entlassung von Beamten frei, auch wenn zu deren Ernennung die Zustimmung des Senats erforderlich war.

Sowohl das Haus der Repräsentanten wie auch der Senat verrichten gegenwärtig ihre legislative Arbeit lediglich durch ihre ständigen Komitees, was in der Verfassung keineswegs vorgesehen war.

Solche usages, die also weder auf der Verfassung, noch auf Gesetzen beruhen, sind in der Praxis recht zahlreich. Wenn Bryce noch gesagt hat, "in the United States there are fewer such understandings than in England" (Commonw. Vol. I, p. 294), so sagt schon Ch. A. Beard 1924, daß "in fact custom forms as large an element of our Constitution as it does in the case of the English Constitution" (American Government, p. 81). Die Monographie des Engländers Horwill, The Usage of the American Constitution (1925), hat uns in der Erkenntnis um die bestehenden usages noch sehr bereichert.

Vgl. über die einzelnen usages Bryce, Commonwealth, I, pp. 392 sqq.; T. A. Woodburn, The American Republic and its Government. New York & London, 1903, pp. 92 sqq.; Ch. A. Beard, American Government, pp. 81 sqq.; chps. VII & XXV; Martin-George, American Government, pp. 116 sqq., 432—438; Dicey, Introduction, pp. 28—9; vor allem Horwill, The Usage of the American Constitution.

Was die Elastizität der usages of the constitution anbelangt, so sind sie darin wieder den englischen conventions of the constitution sehr ähnlich: sie können ebenfalls leicht und formlos abgeändert werden und ändern sich auch häufig. Viele der usages werden häufig nicht beachtet, manche sogar völlig aufgegeben, andere wiederum fast immer befolgt, unter Umständen sogar vom Gericht unterstützt; natürlich erkennt das Gericht sie niemals als Rechtsnormen an, sondern es versucht einerseits ihren Mangel an verfassungsgesetzlicher Grundlage zu verschleiern, anderseits ihre politische Notwendigkeit stark zu betonen. Eine unübersteigliche Schranke bleibt aber natürlich immer die geschriebene Verfassung: wird ein usage noch so konstant befolgt, so bleibt er doch immer nur ein usage, solange er einer verfassungsgesetzlichen Grundlage entbehrt; im Gegensatz zu den englischen conventions, die jederzeit zu Rechtsnormen erhoben werden können, entweder dadurch, daß sie in ein Gesetz aufgenommen werden, oder dadurch, daß die Gerichtshöfe sie anerkennen. Während also die Grenze zwischen law of the constitution und conventions of the constitution in England eine flüssige ist, kann die zwischen der constitutional law und den constitutional usages in Amerika an Hand der geschriebenen Verfassung unschwer aufgezeigt werden. Es wird wohl auch dies gemeint sein, wenn Dicey sagt: "under the american System, however, the line between ‚conventional rules' and ‚laws' is drawn with a precision hardly possible in England" (Introduction, p. 28, note 1).

Vgl. über changes in usages Bryce, Commonwealth, Vol. I, pp. 396 sqq.; Horwill, Usage of the Americ. Const., pp. 196—212.

Nach der Betrachtung der englischen Lehre von den conventions of the constitution — auf die Hatschek seine Lehre von den Konventionalregeln aufgebaut hat — und der verwandten amerikanischen Lehre von den usages of the constitution wenden wir uns nunmehr der Hatschekschen Lehre von den Konventionalregeln selbst zu, einer Lehre, mit der er nicht nur das Problem der Verfassungswandlung lösen zu können glaubte, sondern die nach ihm für das öffentliche Recht überhaupt „von großer Bedeutung" ist.[1])

Unter Konventionalregeln versteht Hatschek „jene Normen, die im Prozeß der Rechtsbildung ein Vorstadium des Rechts darstellen, weil sie noch nicht durch die offiziellen Rechtsquellen ge-

---

[1]) Diese ist aber mit der Lehre von den Konventionalregeln Stammlers nicht zu verwechseln (Wirtschaft und Recht, Leipzig 1896, S. 125 ff.). Sie sind zwei völlig verschiedene Theorien, haben nur zufällig dieselbe Bezeichnung.

gangen, die aber deshalb nicht weniger wirksam sind; Normen, welche gewissermaßen unter der Decke der Rechtsordnung, insbesondere unter der des öffentlichen Rechts, sich ausbilden, sie teils ergänzend, teils auf ihren Untergang lauernd, um sich, wo der Widerstand schwach geworden, rücksichtslos an ihre Stelle zu setzen" (Konventionalregeln usw. JöR, III, 1909, S. 4). Sie sind nicht Recht, vielmehr gelten sie lediglich kraft empirischer Faktizität, denn sie bilden sich erst zum Recht aus (S. 15).

Diese Konventionalregeln kommen besonders im öffentlichen Recht häufig und ungehemmt vor, das kommt daher, weil es eine Gesamtkodifikation des öffentlichen Rechts nicht gibt, ferner weil der Verwaltungsbeamte hier mehr schalten und walten kann, und endlich weil die Konsonanz zwischen den obersten Staatsorganen oft mangelt (S. 6 ff.).

Hatschek unterscheidet sieben Formen der Konventionalregeln:

1. Die durch Rechtssetzungsanmaßung oberster, durch den Richter nicht kontrollierter Staatsorgane geschaffenen Normen, die, obgleich keine Rechtssätze, dennoch in der Praxis beobachtet werden (S. 9 ff.).

2. Die Allonomie, d. h. die der positiven Rechtsordnung widersprechende Verwendung und analogische Übertragung von Normen des einen Rechtsgebiets auf ein anderes Rechtsgebiet (S. 11 ff.).

3. Die Rechtsspaltung, d. h. die Heranbildung einer neuen, mit der geltenden herrschenden in Widerspruch stehenden Rechtsordnung auf dem Weg richterlicher Spruchpraxis (S. 16 ff.).

4. Organisationsparallelismus, d. i. jene Erscheinung, wo Rechtsnormen, die für eine Organisation von Staatseinrichtungen gelten, für eine parallele rechtliche Organisation, d. h. eine in ihrer Struktur der ersten analoge, ebenfalls zur Anwendung kommen, aber nicht kraft Rechtsgebots, sondern als Konventionalregeln (S. 22 ff.).

5. Die Formentartung, das sind die Fälle, bei denen die verfassungsmäßige Form des Zusammenwirkens mehrerer Staatsorgane ersetzt wird durch eine nicht verfassungsmäßige und daher widerrechtliche, was mitunter für die Beteiligten bequemer sein kann, einzig und allein aber deshalb möglich wird, weil keines der beteiligten Staatsorgane dagegen Einspruch erhebt (S. 31 ff.).

6. Wenn durch Interpretationswandel gewisse Gesetzestexte ihren Sinn geändert haben, so liegen hier auch Konventionalregeln vor, die aber das Mäntelchen des Gesetzes antun (S. 32).

7. Die Hypotaxe (Vorlagerung) oder Parataxe (Nebenlagerung) von Rechtssätzen und Konventionalregeln: das sind Fälle, bei denen man die Konventionalregeln als Rechtssätze ausgibt, indem man behauptet, diese seien zur Realisierung einer feststehenden Rechtsregel unbedingt erforderlich (S. 33 ff.).

Als allgemeine Charakteristik der Konventionalregeln nennt Hatschek dreierlei: 1. daß sie Normen seien, die sich meist gegen den Wortlaut des Gesetzes entwickeln, die aber doch tatsächlich bindende Kraft besitzen; 2. daß sie ihre Verbindlichkeit aus der normativen Kraft des Faktischen ableiten; 3. daß sie sich von anderen Konventionalregeln (solchen der Sitte, Religion, Sprache usw.) dadurch unterscheiden, daß sie zu ihrem Schutz gewissermaßen als Deckblatt eine Rechtsnorm brauchen, diese Rechtsnorm aber meist rechtsirrtümlich zur Anwendung kommen lassen (S. 34 ff.).

Das Unterscheidungsmerkmal zwischen den wirklichen Rechtsnormen und diesen Konventionalregeln sieht Hatschek darin, daß „die Rechtsnorm dazu dient, Weisungen für die Gegenwart und Zukunft zu geben, Anweisungen also für ein erst darauf folgendes Handeln, die Konventionalregel aber nur den Zweck hat, praktisch zweckmäßiges Handeln, das sich aus der Befolgung von Präzedenzfällen empfiehlt, nachträglich a posteriori zu rechtfertigen" (S. 35).

Diese Konventionalregeln sind im öffentlichen Recht besonders von dem „reifen Gewohnheitsrecht" zu unterscheiden, da sie nur ein Vorstadium des Rechts darstellen. „Ihr Hauptanwendungsgebiet ist die Tätigkeitssphäre der obersten Staatsorgane und ihr Verhältnis zueinander. Hier gibt es keine Ruhe, keine Stabilität. Hier wird täglich auf der einen Seite neues Gebiet urbar gemacht, dessen sich ein Staatsorgan bemächtigt, und zwar ein anderes, als woran die Väter der Verfassung gedacht haben. Ein ewiges Kämpfen und Ringen bezeichnet dies Gebiet" (Deutsches und Preuß. Staatsrecht, I, S. 13 ff.).

Wir sehen also, wie die von Hatschek aufgestellte Lehre von den Konventionalregeln im wesentlichen auf die englische

Lehre von den conventions of the constitution zurückgeht. Die hier gekennzeichneten Charakterzüge stimmen im großen ganzen mit denen der conventions überein: der Charakter der Unterwertigkeit der Konventionalregeln gegenüber den wirklichen Rechtsnormen; ihre Fähigkeit (Tendenz), sich in Rechtsnormen zu verwandeln; ihr Hauptanwendungsgebiet in der Tätigkeitssphäre der obersten Staatsorgane. Dabei hat er die eigentümlichen Begleitumstände, unter denen sich die Lehre der conventions of the constitution entwickelt und gebildet hat, nicht genügend beachtet: die eigentümliche Rechtsauffassung der Engländer, die Konzeption von der „law"; die Bedeutung der Gerichtssprüche für die Unterscheidung von law of the constitution und conventions of the constitution; die überragende Stellung des Parlaments im ganzen englischen Rechts- und Staatsleben. Daher muß eine Lehre, die für die englische Doktrin und Praxis von grundlegender Bedeutung und unentbehrlichem Wert ist, in einer kontinentalen Rechtsordnung sich als unbrauchbar erweisen, trotz der unendlichen Mühe, die verwendet wurde, um diese auf einem engbegrenzten Rechtsboden aufgewachsene Lehre für die allgemeine Rechtstheorie fruchtbar zu machen.

Die Unzulänglichkeit der Lehre von den Konventionalregeln liegt in der unbestimmbaren Grenze zwischen den Konventionalregeln einerseits und den wirklichen Rechtsnormen andererseits. Bekanntlich liegt der Unterschied beider nicht in der Eigenschaft des Geschriebenseins, denn auch das Gewohnheitsrecht ist ungeschrieben; ferner auch nicht in dem Grade der Wirkung, denn auch die Konventionalregeln haben „bindende Kraft". Wo wird aber der Unterschied zu sehen sein? Läßt man es auf die Überzeugung ankommen, etwa auf die Wertung eines Verhaltens als tatsächlicher oder als rechtlicher Ausübung, so wird das juristische Kriterium eines Rechtssatzes in ein psychologisches Moment verlegt, aus dessen schwieriger Definierbarkeit und Nachweislichkeit die Unzulänglichkeit der Methode sich ergibt. Stellt man auf die „dauernde Übung" ab, etwa bei einer erstmaligen Handlung nehme man eine Konventionalregel an, bei Wiederholung ein Gewohnheitsrecht, so läge die Qualität einer Rechtsnorm nicht in der juristisch qualifizierbaren Geltung, sondern in der rein faktisch festzustellenden Übung, in den zahlenmäßig zu registrierenden Anwendungsfällen.

Stier-Somlo bemerkt zu der Hatschekschen Lehre: „Die Unterscheidung von Gewohnheitsrecht und Konventionalnorm ist gewiß von Interesse; wesentlich ist aber hier nicht der politische Kampf, der soziologische Tatbestand, sondern diejenige Macht- und Zuständigkeitsverschiebung, die als eine rechtliche, nicht bloß tatsächliche gedacht und wirksam ist. Dann aber liegt eben Gewohnheitsrecht vor" (Reichs- und Landesstaatsrecht, S. 345).

Zumal läßt es Hatschek selbst auch nicht auf diese Momente ankommen, sondern er sieht den Unterschied in der Natur der Rechtsnorm als Anweisung für die Zukunft einerseits, in der Bedeutung der Konventionalregel als Rechtfertigung für die Vergangenheit andererseits. Diese Vorstellung ist aber gänzlich irrig. Mit vollem Recht hat Kelsen dagegen eingewandt, daß auch die Rechtsregel a posteriori zur Rechtfertigung praktisch zweckmäßigen Handelns verwendet werde und daß die einmal existente Konventionalregel ebenfalls Anweisung für ein erst darauf folgendes Handeln geben und daher motivierend in die Zukunft wirken könne (Hauptprobleme, S. 105). Im Gegenteil, die Konventionalregel könne überhaupt nicht „rechtfertigen", sondern „rechtfertigen" könne nur die Rechtsregel, die naturgemäß einzig und allein dazu imstande sei, während die Anwendung einer Konventionalregel nach Hatscheks eigener Darstellung doch stets eine rechtswidrige Praxis involviere. Solle „rechtfertigen" ein zweckmäßiges Handeln als zweckmäßig aufzeigen heißen, so sei dies wohl recht überflüssig und eine solche „Rechtfertigung" habe keinerlei formal-juristische Bedeutung (S. 105/6).

Auch Tezner hat gegen diese Lehre polemisiert, mit dem Argument, daß es hier an Voraussetzungen fehle, unter denen die Konventionalregeln Rechtssätze werden sollen (Konventionalregeln und Systemzwang, S. 604). Vielmehr seien viele der von Hatschek genannten Konventionalregeln in Wirklichkeit bereits „Recht" geworden. Denn Geltung sei für das Dasein objektiven Rechts erforderlich und ausreichend. Die feste Praxis sei dem toten Letternrecht des Gesetzes gegenüber lebendiges, erprobtes Recht, Recht in jener Gestalt, in der es erfahrungsgemäß gilt (S. 601). Denn auch die Machtausübung der autoritären Staatsorgane schaffe Recht, und die Macht, die Recht gebiert, durchbreche zu allen Zeiten die sie hemmenden Formen (S. 609).

Freilich ist hier richtig nur das, was negativ gesagt ist, was positiv gesagt ist, ist mehr als bedenklich. Diese Lehre, die in Wahrheit ein noch „übereiligerer Tatsachenkult" ist als die Lehre von der normativen Kraft des Faktischen, verkennt im Grund das Wesen alles Rechts und verwechselt die Rechtsnormen mit einfachen technischen Normen, verwechselt die Rechtsordnung mit dem fungiblen Schema einer Funktionenteilung der Staatsgewalten. Diese Verkennung spricht sich vollends darin aus — und das nimmt uns nicht wunder —, daß T e z n e r am Ende seiner Abhandlung sagt: „die Jurisprudenz bietet in allen Formen ihrer Betätigung nur opiniones communes aut non communes und gehört darum in dasselbe Gebiet wie Glauben, Philosophie, Ethik" (S. 638).

Eine mit der Hatschekschen verwandte Lehre ist die von der Unterscheidung zwischen Rechtsregeln und Konventionalregeln bei R e d s l o b (Abhängige Länder, S. 22 ff.). Nach diesem liegt das Unterscheidungsmerkmal beider weder in der Eigenschaft des Geschrieben-Seins (S. 23), noch in der Möglichkeit, vor den Richter gebracht zu werden (S. 25), sondern es liegt nur in der „organisierten Garantie ihrer psychologischen Wirksamkeit", die lediglich den Rechtsnormen zukommt (S. 21). Diese Garantie ist aber nicht mit der Geltung oder Übung gleichzustellen, denn die fest befolgte Regel, daß der französische Präsident die Deputiertenkammer nicht auflösen darf, sei nur Konventionalregel (S. 23); ferner ist die Qualität der Rechtsnorm auch von ihrer formalen rechtssatzmäßigen Statuierung durchaus unabhängig, denn „viele Verfassungen statuieren die Verantwortlichkeit der Minister vor dem Parlament, sie schaffen aber damit Regeln ohne rechtlichen Charakter" (S. 24). Demnach liegt also das Kriterium aller Rechtsnormen weder in ihrer formalen Beschaffenheit, noch in ihrer tatsachlichen Geltung, sondern lediglich in der „Garantie ihrer psychologischen Wirksamkeit", d. h. in dem Grund ihre Geltung. Für die Jurisprudenz des positiven Rechts ist diese Lehre irrelevant.

Diese Lehre geht in Wahrheit auf J e l l i n e k zurück, der für die Geltung des Rechts nicht nur die psychologische Wirksamkeit, sondern ferner die Garantie dieser Wirksamkeit verlangt (Allg. Staatslehre, S. 334). — Eigentlich lag es R e d s l o b überhaupt fern, diese Unterscheidung theoretisch näher zu begründen, sondern er begnügt sich mit der einfachen Feststellung des bestehenden Unterschiedes unter den verschiedenen Normen, der Tatsache, daß nicht „allen Rechtsnormen" derselbe Rechtscharakter zukommt. Vgl. aaO., S. 26.

Nach der Betrachtung der verschiedenen Theorien von den „Konventionalregeln" wird es uns nunmehr klar, daß das Problem der Verfassungswandlung mit dem Begriff der Konventionalregel nicht gelöst werden kann. Die englische Lehre von den conventions of the constitution ist deshalb für unsere Betrachtung nicht verwertbar, weil ihre Voraussetzungen und Begleitumstände im wesentlichen lokalisiert sind: abgesehen von der eigentümlichen englischen Rechtsauffassung, von der besonderen Bedeutung des englischen Richters und des englischen Parlaments, bedingen das Fehlen der geschriebenen Verfassung und das des legalen Unterschiedes zwischen Verfassungsgesetzen und einfachen Gesetzen eine völlig andere Betrachtungsweise für englische verfassungsrechtliche Probleme als für die anderer Rechtssysteme. So wesentlich und richtig daher die Erkenntnis auch ist, daß die Wandlungen (changes) im englischen Verfassungsrecht („constitutional law" in der allgemeinen Bedeutung) meistens auf dem Wege der conventions of the constitution vor sich gehen, so bedenklich ist es zu behaupten, daß die Erscheinung der Verfassungswandlung eine Folge der „Konventionalregeln" schlechthin sei. Hieran krankt die ganze Lehre H a t s c h e k s und kann daher zu keinem Ergebnis führen. Aber auch die Lehre R e d s l o b s ist für unsere Problemstellung nichtssagend. Denn ganz abgesehen davon, daß er von vornherein nicht das Problem der Verfassungswandlung im Auge hatte, lag ihm überhaupt weniger daran, eine dogmatische Lehre zu begründen, als eben eine empirische Tatsache festzustellen. Für eine theoretische Untersuchung ist damit nichts geholfen.

Unserem Problem wesentlich näher kommt die amerikanische Theorie von den usages of the constitution. Diese enthalten drei Momente, die auch den Verfassungswandlungen eigentümlich sind: die tatsächliche Geltung, das Unverändertbleiben des Verfassungstextes, der Widerspruch zu ihm. Hier zeigt sich das unvergleichlich tiefe Verständnis B r y c e s für das amerikanische Verfassungsrecht, der die drei Wege seiner Fortbildung bezeichnet hat als: amendments, usage, interpretation (Commonw. I, p. 480). Was also nicht auf dem Wege des amendments und dem der Interpretation vor sich gegangen ist, gehört zu den usages. Diese Formulierung ist so glücklich gefaßt und der Sachlage entsprechend, daß die amerikanische Verfassungsrechtstheorie noch bis heute daran fest hält. Es liegt uns also nahe — da die Verfassungswandlung durch die Verfassungsinterpretation eine wesentlich amerikanische Erscheinung ist, und amendments unser Problem nicht berühren —, für das Problem der Verfassungswandlung eine Lösung im Begriff des usage of the constitution zu suchen. Das ist aber eine unerfüllbare Hoffnung. Denn die Amerikaner stellen lediglich die freilich auch für sie nicht als ganz normal und unproblematisch erscheinenden Fälle fest, Fälle, die eine Inkongruenz zwischen dem geschriebenen Verfassungsrecht und dem tatsächlichen Verfassungsrechtszustand bedeuten, sie nennen sie usages of the constitution, um also damit anzudeuten, daß sie zwar faktisch befolgt werden, aber eine legale Grundlage vollkommen entbehren, daß sie also keine Regeln der „law" seien; aber damit ist auch ihre wissenschaftliche Arbeit zu Ende: sie untersuchen die Existenz der usages, fragen aber weder nach ihrem Ursprung noch nach ihrer Natur. Die Problemlage der Verfassungswandlung ist also zwar bei den Amerikanern auch gegeben, aber das Problem selbst zu stellen, haben sie sich nicht bemüht.

Verfassungswandlung als Verfassungsverletzung.

Der Unterschied der beiden Richtungen im Lösungsversuche des Problems der Verfassungswandlung besteht, wie wir oben sahen, darin, daß die Verfassungswandlung einmal als **vollwertiges** Recht, Gewohnheitsrecht, einmal als den wirklichen Rechtsnormen **unterwertige** Konventionalregel angesehen wird. Es ist nunmehr eine dritte Theorie in diesem Zusammenhang zu erwähnen, nach der die Verfassungswandlung nichts anderes als eine tatsächliche Verfassungsverletzung, einen faktischen Bruch des positiven Verfassungsrechts darstellt.

Diese Theorie ist der natürliche Ausfluß einer positivistischen Rechtsauffassung, der Auffassung von der alleinigen Autorität des geschriebenen Rechtssatzes für das ganze Rechts- und Staatsleben. Ist dem geschriebenen Rechtssatz, der positiven Willenserklärung der Staatsautorität, bergrifflich der Wille immanent, daß er innerhalb seiner bestimmten Geltungsdauer und seines bestimmten Geltungsgebiets unbedingt befolgt werde, — die Dispositionsmöglichkeit über einen „dispositiven" Rechtssatz ist ja von diesem Rechtssatz selbst gewollt —, so ist natürlich eine anders als durch einen weiteren Rechtssatz gleichen Charakters herbeigeführte Änderung des durch den ersten Rechtssatz geschaffenen Rechtszustandes notwendig eine Verletzung dieses Rechtssatzes selbst. In diesem Sinne sagt Hildesheimer, daß „die durch die sogenannte Verfassungswandlung bewirkten Abänderungen im System der geschriebenen Verfassungen keine rechtmäßigen" seien (Revision, S. 11). Vielmehr „vollziehen sie sich in der Welt des politischen Geschehens lediglich, im Widerspruch zu dem bisherigen Rechtszustand. Die durch sie hervorgebrachten neuen Regeln können jedoch nur dann Rechtsregeln werden, wenn sie imstande sind, den alten ihre verpflichtende Kraft, ihnen ihren Rechtscharakter zu nehmen, ein bloßes faktisches Verdrängen kann nicht genügen" (S. 11 f.).

So sind für ihn die der Verfassung widersprechenden Gewohnheitsregeln nur Konventionalregeln, die in einer Richtung orientiert sind, die gegen das Recht weist (S. 16), und die oft eine Abänderung der Verfassungssätze bewirkende Interpretation, wie sie in Amerika häufig vorkommt, nur „ein Verletzen der Verfassung" (S. 19). Was die Verfassungsinterpretation anbelangt, ist darüber oben schon geredet worden, vgl. bes. S. 95. Was das Gewohnheitsrecht betrifft, so beruht seine ganze Ausführung darüber (Revision, S. 12—16) auf einer unklaren Vermengung von der positivistischen Gewohnheitsrechtstheorie, der amerikanischen Theorie von den usages of the constitution und den Lehren von der Konventionalregel von Hatschek und Redslob. Eine neue Theorie ist aus diesem Gemenge nicht entstanden.

Eine ähnliche Behandlungsweise des Problems findet sich in der normlogischen Rechtslehre, die in der Welt alles Rechts nur eine Welt von Sollenssätzen sieht und jedes dem Sollenden nicht Entsprechende als etwas der Seinswelt Angehörendes ansieht und aus der juristisch-theoretischen Betrachtung eliminiert. So sagt Kelsen von den Rechtssätzen: „Die Nichtanwendung eines formell bestehenden Rechtssatzes oder die Anwendung eines formell nicht existenten durch die Staatsorgane ist ein tatsächliches Versagen der Rechtsordnung, das eben darum juristisch nicht konstruiert werden kann, weil alle juristische Konstruktion auf dem tatsächlichen Funktionieren der Rechtsordnung beruht, dieses Funktionieren zur Voraussetzung hat und niemals das tatsächliche Versagen des Rechtsapparates erklären soll. Ebenso versagt die juristische Konstruktion in allen den Fällen von Verfassungsbrüchen, wenn etwa der Monarch verfassungswidrige Regierungsakte setzt, die tatsächliche Wirkungen haben" (Hauptprobleme, S. 50). Und in seiner Allgemeinen Staatslehre sagt er: „Die als ‚Verfassungswandlung' bezeichnete Tatsache, daß sich die Handhabung der Verfassungsnormen allmählich und unmerklich dadurch ändert, daß den unverändert bleibenden Worten des Verfassungstextes ein anderer als der ursprüngliche Sinn beigelegt wird, oder daß sich eine zum Wortlaut und jedem möglichen Sinne der Verfassung im Widerspruch stehende Praxis bildet, ist kein den Verfassungsnormen spezifisches, sondern ein auf allen Rechtsgebieten zu beobachtendes Phänomen" (S. 254). Demnach ist das Problem der Verfassungswandlung ein Problem des tatsächlichen Versagens der normativen Rechtssätze (der positiven Rechtsordnung) überhaupt, es ist rein faktischer Natur, juristisch weder erfaßbar noch interessant.

Es verlohnt sich, in diesem Zusammenhang einen Blick auf die französische Verfassungsrechtstheorie zu werfen. Denn aus ihrer allgemeinen Denkweise ist eine ähnliche Ansicht über unser Problem erwachsen, wie die oben geschilderten.

Es wirkt zunächst nicht unbefremdend, daß in der französischen verfassungsrechtlichen Literatur, die doch über so viele große Namen verfügt wie kaum ein anderes Land, das Problem der Verfassungswandlung so gut wie unbekannt ist. Große Werke verfassungsrechtlichen Inhalts wie die von Esmein (Eléménts de droit constitutionnel français et comparé, 8me édit. Paris 1928/9), Duguit (Traité de droit const., 2me édit. Paris 1923/5), Barthélemy (Traité élémentaire de droit const., Paris 1926), Moreau (Précis élémentaire de droit constitutionnel, 9me édit. Paris 1921), Carré de Malberg (Contribution à la théorie générale de l'état, Paris 1920), Pierre (Traité de droit politique, 6me édit. Paris 1924), die neben den Fragen des positiven Verfassungsrechts und der Verfassungstheorie — im Gegensatz zu der anglo-amerikanischen Behandlungsweise des Verfassungsrechts — vielfach sehr weitgehend allgemeine staats- und rechtstheoretische Probleme behandeln, haben das Problem der Verfassungswandlung mit keiner Silbe erwähnt.

Es ist M. Hauriou allein, der das Problem bemerkt und angedeutet hat. Nach ihm bedeutet die ganze Problemlage der Verfassungswandlung ein „faussement de la constitution". Er führt dies folgendermaßen aus:

„On appelle faussement de la constitution les déformations que la pratique apporte au fonctionnement des institutions gouvernementales et aux rapports des pouvoirs publics. La pratique établit souvent des usages qui sont contraires au texte même de la constitution et qui posent la question de l'abolition de ces textes par le non-usage" (Précis de droit constituionnel, 2me édit. Paris 1929, p. 260). Als Beispiel nennt er, „chacun sait que le jeu de notre constitution a été considérablement faussé par les pratiques suivies surtout en ce qui concerne les pouvoirs du Président de la Republique dans ses rapports avec les chambres; son droit de dissolution de la Chambre des Députés, comme son droit de demander une nouvelle délibération d'une loi, sont comme tombés en désuétude" (Précis élémentaires de droit constitutionnel, 2me édit. Paris 1930,

p. 75). „Il convient de poser en principe, tant à cause de la rigidité de la constitution qu'à la raison du fait que notre droit n'admet pas l'abrogation des lois par le non-usage, que les faussements de la constitution sont des simples états de fait qui ne modifient pas l'état de droit" (Précis, p. 261). Denn „les dispositions d'une loi écrite ne peuvent être abrogées ni par le non-usage, ni par des usages contraires" (Précis élément., p. 75). Weiter führt er aus: „peut-être pourrait-on soutenir qu'un faussement de la constitution d'un pays donné qui se rapprocherait du droit commun constitutionnel devrait être vu avec faveur. Il y aurait donc une distinction à faire selon que la pratique suivie s'éloigne ou se rapproche du droit commun constitutionnel. Je me borne à poser la question sans la résoudre, la question du droit commun constitutionnel n'étant pas suffisamment mûre" (Précis, p. 261).

Ähnlich Benjamin A k z i n, La désuétude en droit constitutionnel, in Revue du droit public et de la Science politique 1928, der das Problem löst mit dem „principe de l'inéfficacité juridique de la désuétude des lois" (p. 18) und meint, daß es sich in solchen Fällen um nichts anderes handle als „de l'absence d'un autre organe compétent pour connaître et sanctionner l'excès de pouvoir commis" (p. 18).

Also entweder eine Ignorierung des Problems der Verfassungswandlung überhaupt oder die Reduzierung des Problems auf eine Frage von „simples états de f a i t qui ne modifient pas l'état de d r o i t".

Diese völlig unproblematische Haltung der französischen Verfassungsrechtstheorie erklärt sich aus folgenden zwei Gründen:

1. Die Problemlage der Verfassungswandlung ist hier von vornherein bestimmt durch die Eigenart der französischen Verfassung. Wir wissen, daß Frankreich keine Verfassung besitzt, sondern nur einzelne Verfassungsgesetze. Die drei lois constitutionnelles aus dem Jahre 1875, — von denen in Wahrheit nur eine als loi „constitutionnelle" erlassen wurde, nämlich die vom 16. Juli 1875 —, ein Notbau aus der Zeit der großen Verfassungskrise, ein bewußt provisorischer Kompromiß, ein modus vivendi, sind bis heute der ganze geschriebene Inhalt der französischen „Verfassung" geblieben. Diese Gesetze, aus einer „rédaction hâtive et imparfaite", in sich system- und methodenlos, „une oeuvre d'adversaires résignés et de partisans à demi découragés" (B a r t h é l e m y, Traité élément. p. 48), sind notwendigerweise, zumal als der ganze

Inhalt einer geschriebenen Verfassung gesehen, im höchsten Grade kurz und rudimentär. Sie enthalten, frei von jedem Dogma und jeder Theorie, — im Gegensatz zu den früheren Verfassungen —, nichts als das Allernotwendigste für eine Fixierung der Funktionen der obersten Regierungsorgane. Aber eben deshalb bedeuten sie, die seit 1884 nur noch aus 25 Artikeln bestehen, und die „etwas von der Geschmeidigkeit des englischen Gewohnheitsrechts gewinnen" (E. v. Hippel, Der französische Staat der Gegenwart, Breslau 1928, S. 13), „keine Fessel für die Entwicklung" (Gmelin, Ausländ. Staatsrecht, S. 5) und nur hieraus erklärt sich das Geheimnis der überraschend langen Lebensdauer dieses bewußt fragmentarischen Übergangsproduktes.

Vgl. über den Grundcharakter der französischen Verfassungsgesetze und ihrer Vor- und Entstehungsgeschichte statt vieler Esmein (Nézard), Eléments de dr. const., II, p. 18 et s.; Hauriou, Précis, p. 326—31; Barthélemy, Traité élément., pp. 40—48; Gmelin, Ausländisches Staatsrecht, 1925, S. 5 f.; v. Hippel, Der französische Staat der Gegenwart, S. 12 f.

Aus dieser außerordentlichen Kürze der Verfassung, die zugleich ihre Geschmeidigkeit und ihre Lebensdauer erklärt, erklärt sich auch die Außerachtlassung des Problems der Verfassungswandlung in der französischen Verfassungsrechtslehre. Handelt es sich bei der Verfassungswandlung um eine Infragestellung der geschriebenen Verfassungsrechtssätze durch die tatsächliche Verfassungspraxis, so kann das Problem deshalb hier keine besondere Beachtung finden, weil die geschriebenen Verfassungsrechtssätze, bei denen die Wandlung beobachtet werden soll, hier von einem allzu kleinen Umfang sind. Die theoretische Behandlung eines Problems ist bedingt durch dessen praktische Bedeutung: die außerordentliche Kürze und Bescheidenheit der französischen Verfassungsgesetze bewirkt aber eine Seltenheit der Verfassungswandlung.

2. Vor allem ist aber die ganze Haltung der französischen Verfassungsrechtslehre gegenüber dem Problem der Verfassungswandlung auf die allgemeine Rechtsauffassung zurückzuführen, die, wenigstens in der Publizistik, im großen ganzen als eine positivistische bezeichnet werden muß. Es hat in der Tat in Frankreich seit der großen Revolution ein Rechtspositivismus geherrscht, wie in kaum einem anderen Lande.

Dieser Positivismus ist aber kein dogmatischer, wie etwa der

der deutschen Vorkriegspublizistik oder der normlogischen Rechtsschule, der alles Recht dogmatisch auf die geschriebenen Rechtssätze zurückführt und beschränkt, die Quelle des geschriebenen Rechts als die alles Rechts überhaupt ansieht, aus diesen Prämissen jede methodische Konsequenz zieht und daher die Welt des Rechts lediglich in der der geschriebenen Paragraphen sieht und sich jede tiefere Einsicht in das Wesen des lebendigen Rechts versperrt, sondern der französische Positivismus besteht in der allgemeinen Rechtsauffassung, in dem tiefen Glauben an die Autorität des Gesetzes.

Es herrscht nämlich in Frankreich seit der großen Revolution ein unerschütterlicher Glaube an das Gesetz, an das Gesetz als die einzige Quelle des Rechts, an das Gesetz als den allmächtigen Willen des souveränen Volks, der der einzige rechtsschaffende Faktor ist und alles Recht umfaßt. Hat doch die Revolution von dem vorhergehenden Absolutismus den Souveränitätsbegriff übernommen und nur an die Stelle des Fürsten das Volk gesetzt [1]), und so proklamiert man jetzt mit derselben Entschiedenheit und demselben Pathos die Herrschaft des Volks durch seine Gesetze wie früher die absolutistische Doktrin die Autorität des Königs nach allen Richtungen zu verteidigen wußte. Die Buntheit der lokalen Gewohnheitsrechte (coutumes), die Unzuverlässigkeit der üblen Gerichtsentscheidungen trugen ihr Teil dazu bei, daß man in der Revolutionszeit jede Hoffnung auf eine Besserung des nationalen Staatszustandes in eine Verbesserung des Rechtssystems, in eine absolute Herrschaft der objektiven Gesetze hineinlegte. Unterstützt wurde dieses praktische Verlangen nach der Gesetzesherrschaft noch durch die doktrinäre Forderung der Gewaltenteilung Montesquieus, die durch die Revolution zwar zunächst dahin rezipiert wurde, daß man eine Trenunng hauptsächlich zwischen der verwaltenden und der richterlichen Autorität anstrebte (lois vom 16.—24. August 1790, tit. II, art. 13; Const. vom 3. Sept. 1791, tit. III, chap. V art. 3; loi vom 16. fruct. l'an III), die aber bald als eine Trennung zwischen der gesetzgebenden und der richterlichen Gewalt verlangt und verwirklicht wurde.[2]) Ein Blick auf die Verhandlungen in der Assemblée Nationale veranschaulicht, wie der

---

[1]) Vgl. Duguit, L'Etat, le droit et la loi positive, Paris 1913, p. 27 et s.

[2]) Vgl. Hauriou, Précis, p. 280.

Gedanke des Gesetzes, der Bedeutung der loi, damals im politischen Vordergrund stand. Wenn Robespierre schon gesagt hat: „dans un état qui a une constitution, une legislation, la jurisprudence des tribunaux n'est autre chose que la loi", so kommt der Sieg dieser absolutistisch-positivistischen Rechtsauffassung, der Auffassung vom Gesetz als der höchsten Autorität im Rechts- und Staatsleben, noch viel deutlicher zum Ausdruck in den praktischen Institutionen: im „Référé Législatif", durch das die Auslegung gewisser zweideutiger Gesetzesstellen der Legislatur allein vorbehalten wird,[1]) im Tribunal de cassation (der späteren Cour de Cassation), das zur Aufhebung jedes Urteils berufen ist, welches eine „contravention expresse au texte de la loi" enthält (Décret vom 27. nov.—1er déc. 1790), endlich in der Tatsache, daß hier noch bis heute ein Prüfungsrecht der Richter über die Gesetze auf ihre Verfassungsmäßigkeit nicht verwirklicht ist, obwohl ein rechtliches Hindernis (empêchement légal) zur Einführung dieses Rechts in keiner Weise besteht. Man kann in der Tat in dem Spruch „le droit c'est la loi écrite" (Liard, L'enseignement supérieur en France de 1789 á 1893, Paris 1894, p. 397) die allgemeine französische Rechtsauffassung sehen.

Vgl. hierüber Gény, Méthode d'interprétation, I, p. 77 et s.; Hauriou, Précis, p. 279 et s.; Ross, Theorie der Rechtsquellen, S. 34 ff.; Über die „suprématie de la loi" G. Renard, La valeur de la loi, Paris 1928, p. 60 et s.

Freilich ist diese positivistische Doktrin, die über hundert Jahre lang unumschränkt geherrscht hat — l'état de droit purement légal régna pendant plus d'un siècle (Hauriou, Précis, p. 280) —, nicht mehr dieselbe geblieben. Gegen Ende des vorigen Jahrhunderts hat sich eine Reaktion gegen sie in doppelter Weise bemerkbar gemacht: die historisch-soziologische Schule Saleilles' und die naturrechtliche Schule Génys haben sich immer mehr Bahn gebrochen und bedrohen ernstlich die Herrschaft der positivistischen Rechtsauffassung.[2])

Jedoch ist diese Reaktion im wesentlichen auf die Zivilisten beschränkt. Die Publizistik bleibt heute fast auf demselben Standpunkt wie vor der Jahrhundertwende. Der liebevolle Respekt vor den ge-

---

[1]) Vgl. Gény, Méthode d'interprétation et sources du droit privé positif, Paris 1919, I, p. 77—84.
[2]) Vgl. hierüber Ross, Rechtsquellen, S. 44 ff.; Hauriou, Précis, p. 280 et s.

schriebenen Gesetzen hat in keiner Weise nachgelassen. Das spricht sich z. B. schon darin aus, daß die Verfassung, gegen die in der Zeit nach dem Weltkriege so oft und heftig polemisiert wurde — ich nenne z. B. die Arbeiten von V i l l e y, Les vices de la Constitution française, Paris 1918, A. G u e r l e t, Le problème constitutionnel, Paris 1919, R o u x, La Constitution prochaine, Paris 1928 usw. —, seit einigen Jahren ihre Autorität völlig wieder gewann und daß seither in keinem der führenden verfassungsrechtlichen Werke mit irgend einem Ausdruck von Unzufriedenheit oder Mißachtung von der Verfassung gesprochen worden ist. So sagt z. B. J o s e p h - B a r t h é l e m y im Jahre 1926: „la constitution n'est pas parfaite. Cependant nous lui restons attachés et nous sommes adversaires de la révision" (Traité élément., p. 699).

Es mag dahingestellt sein, ob eine gesetzverherrlichende Rechtsauffassung sich praktisch dahin auswirken kann, daß das positive Recht wirklich immer fest befolgt wird und ein Problem wie das der Verfassungswandlung sich daher von selbst ausschaltet. Jedenfalls ist uns jetzt begreiflich, daß das Problem der Verfassungswandlung, eine Lehre von der Infragestellung des positiven Rechts, in einer Verfassungsrechtstheorie wie der französischen in hohem Maße ungern behandelt wird und daß es, falls es behandelt wird, auf eine Frage von einfachen, rechtlich uninteressanten Tatsachen, „une question des simples états de fait", reduziert wird.

Diese Behandlungsweise des Problems der Verfassungswandlung, die dem Problem jede juristische Bedeutung aberkennt und in ihm nichts als ein Phänomen der bloßen Faktizität sieht — wie wir bisher sahen —, bedeutet in Wirklichkeit einen Lösungsversuch des Problems durch eine Nicht-Lösung. Freilich ist der Ausgangspunkt der hier wiedergegebenen Lehren nicht derselbe: die französische Theorie beruht vorwiegend auf einer allgemeinen Rechtsauffassung, die positivistische (H i l d e s h e i m e r) wie die normlogische Theorie resultiert dagegen aus ihrer methodischen Abgrenzung. Aber das Resultat, zu dem die Theorien in gleicher Weise gelangen, ist für unsere Betrachtung völlig irrelevant. Ist man einmal der Ansicht, daß die Rechtsnormen und die Rechtswirklichkeit in einem stetigen unmittelbaren Zusammenhang stehen und daß die positive Jurisprudenz, die weder eine reine

Rechtsphilosophie noch eine reine Soziologie sein soll, an erster Stelle das lebendige Verhältnis beider zu erforschen und zu erfassen hat, so kann man sich diese Konstruktion, wie konsequent sie in ihrer Deduktion auch sein mag und wie bequem man damit einem schwierigen Problem aus dem Wege gehen kann, dennoch nicht zu eigen machen.

Verfassungswandlung als Verfassungsproblem.

I. Die Sonderstellung unseres Problems in der allgemeinen Rechtsquellentheorie.

Die verschiedenen Lösungsversuche des Problems der Verfassungswandlung, die wir oben nacheinander betrachtet haben: die Gewohnheitsrechtstheorie, die Lehre von den Konventionalregeln und die Deutung der Verfassungswandlung als Rechtsbruch, kranken alle — wie stark sie auch untereinander abweichen — an einem gleichen Fehler: nämlich an der Verkennung des Eigenwertes der Verfassung. Das beruht auf der Vorstellung, daß die Verfassung genau so wie alle anderen geschriebenen Rechtsnormen die gesetzliche Regelung einer Reihe bestimmter Rechtsverhältnisse sei und daß daher auf dem Gebiet des Verfassungsrechts genau so wie auf allen anderen Rechtsgebieten der Jurisprudenz jedes Problem mit den allgemeinen, hergebrachten, in ihrer Brauchbarkeit erprobten formal-juristischen Rechtsbegriffen ohne weiteres gelöst werden könne. Diese Vorstellung und die Unzulänglichkeit der auf ihr beruhenden Methode haben sich besonders klar gezeigt bei der Erklärung des Problems der Verfassungswandlung mit der Lehre vom Gewohnheitsrecht (s. S. 114 ff.). Selbst Hatschek, der diesen Fehler klar erkannt hat, ist von der Abhängigkeit von der überlieferten allgemeinen Rechtsvorstellung insofern nicht ganz befreit, als er seiner Unterscheidung von Rechtsregeln und Konventionalregeln durchaus alte hergebrachte Rechtsbegriffe zugrundelegt: er sagt z B., bei den Verfassungswandlungen handle es sich um bloße Konventionalregeln, und nicht um Recht, da sie „gegen höhere Gesetze verstoßen" (Konventionalregeln, S. 4). Das ist durchaus wieder die landläufige formalistische Denkweise der damaligen Publizistik. Die Ausschmückung mit einigen angelsächsischen Rechtsgedanken hat die alte unzulängliche Methode nicht brauchbarer gemacht. Und was die positivistische Theorie anbelangt, die das Problem mit dessen einfacher Leugnung lösen will, so ist sie eigentlich der beste Beweis für die Unmöglichkeit der methodischen Erfassung des Problems durch die traditionelle Begriffskonstruktion.

Da der Ausgangspunkt der Untersuchungen nicht richtig war, so konnten die konstruierten Lösungen, wenn sie auch im einzelnen manche Momente der Problemlage richtig erfassen und ihre Formeln auf manche Wandlungsfälle durchaus gut passen, nicht zum befriedigenden Ergebnis führen: was den Rechtscharakter der Verfassungswandlung anbetrifft, so besteht darüber eine völlig unversöhnliche Kontroverse: Recht, unterwertiges Recht, Rechtsbruch stehen einander gegenüber; was den Ursprung und das Wesen der Verfassungswandlung anbetrifft, so lassen uns die Theorien darüber völlig im Dunklen.

Aber das Problem der Verfassungswandlung erklärt sich auch nicht aus der „Unzulänglichkeit der Gesetze als Menschenwerk", oder aus der „Unzulänglichkeit der staatlichen Einrichtungen" oder der „menschlichen, zur Entwicklung treibenden und sich gegen die Fesseln des Formalismus sträubenden Natur" (T e z n e r, Konventionalregeln, S. 561) — mit der Auffindung eines „ewigen psychologischen Gesetzes" ist für ein verfassungsrechtstheoretisches Problem noch keine Lösung gegeben —, sondern das Problem hat seine letzte Wurzel in der Natur der Verfassung, es ist begründet in ihrer spezifischen Eigenschaft als r e c h t l i c h e r Regelung der s t a a t l i c h e n Lebenstotalität.

Die Eigentümlichkeit unseres Problems, und darin liegt hauptsächlich seine Schwierigkeit, besteht, mit einem Ausdruck H a t s c h e k s, in der „Werteinmaligkeit des staatsrechtlichen bedeutsamen Ereignisses". Und an der Verkennung dieses Werteinmaligen sind die bisherigen Lösungsversuche gescheitert. H a t s c h e k sagte: die herrschende Methode sei nur dort gut, wo die Gesetzgebung prompt funktioniert, sie versage aber für die Wertmessung des Werteinmaligen, welches das Staatsleben der rechtlichen Betrachtung aufgibt, welches bei Ausfüllung von echten Lücken des Staatsrechts rechtlich zu beurteilen ist, welches jeder Konventionalregel zugrundeliegt, welches Anlaß zur Bildung eines Rechtsbegriffs oder Rechtsinstituts gibt (Konventionalregeln, S. 55). Leider hat hier die richtige Erkenntnis der Unzulänglichkeit der „herrschenden Methode" eine schiefe Begriffsbestimmung des

Werteinmaligen selbst nicht verhindern können; es wurde eine an sich recht glückliche Fragestellung bald in eine falsche Richtung verschoben und somit mußte der neuen Lehre der letzte Erfolg versagt bleiben. Der Fehler dieser Lehre lag in der Vermengung des richtigen Gedankens des Werteinmaligen mit dem unglücklichen Begriff der Konventionalregel. Zumal machte sich auch hier der Gedanke der normativen Kraft des Faktischen immer geltend, ein Gedanke, der jeder Durchdenkung eines rechtstheoretischen Problems eine falsche Richtung weist und den Weg zur richtigen Erkenntnis des problematischen Gegenstandes frühzeitig abschneiden muß.

Das Werteinmalige im Verfassungsrecht, das mit den konstruktiven Begriffen der hergebrachten Formaljurisprudenz nicht erfaßt werden kann, ist eine natürliche Folgeerscheinung des eigentümlichen Verhältnisses von Staat und Verfassung. Es handelt sich dabei weder um eine Frage der Spannung von Sein und Sollen überhaupt, noch um die Unzulänglichkeit der geschriebenen Gesetze gegenüber der Lebensrealität in ihrer besonderen Anschaulichkeit auf dem Gebiete der Verfassung.

II. Das Wesen der Verfassung als Gesetzeswerk und ihre Sonderstellung gegenüber anderen Rechtsgebieten.

„Die Verfassung ist die Rechtsordnung des Staates, genauer des Lebens, in dem der Staat seine Lebenswirklichkeit hat" (Smend, Verfassung und Verfassungsrecht, S. 76). Das gilt in gleichem Maße von jedem Staat und von jeder Verfassung. Denn unabhängig von der theoretischen Auffassung von der Verfassung als einer Normierung des staatlichen Integrationsprozesses oder von der dogmatischen Identifizierung von Verfassung, Rechtsordnung und Staat,[1]) ist tatsächlich für jeden Staat in seiner geschriebenen Verfassung ein ideelles Sinnsystem gegeben, in dem sein legitimes Dasein normenmäßig statuiert ist und gemäß dem er sein aktuelles Dasein tatsächlich zu gestalten hat. Sie erfaßt ihn in seiner

---

[1]) Bezüglich der Auffassung von der Verfassung als Gesamtentscheidung und der Verfassungsrechtssätze als heterogener Relativierungen verweise ich auf meinen Aufsatz: Formalistischer und antiformalistischer Verfassungsbegriff.

vollen Totalität: denn das gesamte Rechts- und Sozialleben jedes Staates hat sinngemäß seiner geschriebenen Verfassung entsprechend sich zu verwirklichen und sich zu entwickeln. Diese ideelle Universalität (Umfassendheit) der Verfassung erklärt zugleich ihre juristische Geltungspriorität: ihre höhere Autorität in der gesamten Rechtsordnung und ihre unübersteigliche Bedeutung im politischen Staatsleben. Sie normiert die ganze Daseinsweise eines jeden Staates, sie verleiht der jeweiligen Staatsindividualität ihr spezifisches Gepräge.

Diese Eigenschaft der Verfassung als rechtlicher Regelung der staatlichen Lebenstotalität bewirkt eine Sonderstellung der Verfassung gegenüber den Rechtsnormen anderer Rechtsbereiche in dreifacher Weise.

1. *Die Unvollständigkeit der Verfassungsrechtssätze gegenüber der staatlichen Lebensnotwendigkeit und die Elastizität ihrer Normierung.* Ist es der Sinn der Verfassung, den Staat als Totalität zu erfassen, so ist die Idee einer vollständigen Regelung der bestehenden und möglichen Rechtsverhältnisse im Staat durch seine Verfassung in dreifacher Hinsicht zu verneinen: sie ist nicht die der Verfassung gestellte Aufgabe; sie ist technisch nicht möglich; nach ihr tendiert nicht die Verfassung (vgl. o. S. 49 ff.), vielmehr können die Verfassungen „ihren Gegenstand nur schematisch und nur in Einzelpunkten erfassen. Sie können und wollen (wenigstens der objektiven Intention nach) nur a n d e u t e n; sie tun das meist in althergebrachter Weise, in Gestalt von Rezeptionen" (S m e n d, aaO., S. 80). Es ist eine natürliche Notwendigkeit und keineswegs Mangelhaftigkeit oder Aporie, wenn die schematischen Verfassungsnormen in der staatlichen Rechtswirklichkeit sich als unzulänglich erweisen, die tausend Lebenserscheinungen der pulsierenden Staatsrealität erschöpfend und optimal rechtlich zu bewältigen und zu beherrschen.

Ferner muß sich die Verfassung nicht nur mit quantitativ Wenigem begnügen, sondern sie muß auch oft unklare, zweideutige, in ihrer Auslegung elastische Formulierungen in Kauf nehmen. Das ist eine unausweichliche Forderung der politischen Situation bei jeder Konstituierung einer Staatsverfassung. Sie muß vielfach Formeln finden, die allen widerstreitenden Forderungen, die bei der Verfassungsgesetzgebung gestellt werden, in gleichem Maße genügen und die daher oft in mehrdeutigen Redewendungen die eigentlichen Streitpunkte unentschieden lassen. Solche dilatorischen Formeln, echte oder unechte Kompromisse, die ihrem Gegenstand in keiner Weise eine klare Rechtsregelung verschaffen, finden sich in jeder geschriebenen Verfassung.

Diese Unvollständigkeit und Elastizität bewirken, daß die Verfassungen nicht „den Anspruch ähnlich starr-heteronomer Geltung wie das Recht untergeordneter Verbände, das abstrakt viele Einzelfälle schematisieren muß", erheben können (Smend, aaO., S. 80). Sie unterscheiden sich von den anderen Rechtsnormen hinsichtlich der Intention nach einer vollständigen rechtlichen Beherrschung ihres normierten Gegenstandes einerseits, hinsichtlich des Anspruchs auf eine starr-heteronome Geltung jeder der in ihnen enthaltenen Normen andererseits.

2. Der Selbstzweck des Staates in seiner Eigenschaft als Gegenstand der rechtlichen Regelung durch seine Verfassung. Die Selbstzweckmäßigkeit des Staates, in der die Sonderstellung des Staates gegenüber anderen Verbänden und Rechtsinstituten sich begründet, ergibt sich aus dem Begriff des Staates. Es soll hier nicht versucht werden, den Begriff des Staates erst theoretisch zu gewinnen, auch nicht, auf die verschiedenen Staatszweckstheorien einzugehen, um daran die Natur des Staates näher zu bestimmen, endlich auch nicht, die einzelnen Kriterien aufzufinden, die den Staat von den übrigen Verbänden unterscheiden sollen, der Selbstzweck des Staates liegt vielmehr bereits in der Positivierung seiner Überindividualität, in der Konstituierung der Letzteinheit aus primären Einheiten und Mehrheiten, in seiner Garantielosigkeit und Unüberwachbarkeit durch eine außerhalb seiner existente Instanz. Diese Selbstzweckmäßigkeit des Staates gewinnt aber auch gegenüber seiner Verfassung Bedeutung. Ist es der Sinn der Verfassung, den Staat als Lebenstotalität zu erfassen, so ist damit auch ihr der Zweck immanent, der auf die Erhaltung des Staates und die Integrität seiner Wirkungskreise geht. Wenn Jellinek gesagt hat, „in aller Staatstätigkeit ist ein Element, das die Erhaltung und Stärkung des Staates selbst bezweckt. Erhaltung und Förderung der eigenen Existenz und des eigenen Ansehens ist somit einer der Zwecke, die dem Staat gemäß seinen von unserem Zweckbewußtsein gebilligten Funktionen gesetzt sind. Dieser

Zweck ist der erste und nächste, seine Erfüllung innerhalb bestimmter Schranken die Bedingung gedeihlicher staatlicher Tätigkeit überhaupt" (Allgem. Staatslehre, S. 256), so ist die Erkenntnis dieses Zwecks der „Erhaltung und Stärkung", dieses Existenzwerts — der als dritter, gleichgeordneter Wert neben den Rechts- und Wohlfahrtswerten des Staates anzuerkennen ist, vgl. S m e n d , aaO., S. 83 —, für das rechte Verständnis von Verfassung und Verfassungsrecht unerläßlich.

Ist nämlich dem Staat sinngemäß die Aufgabe gestellt, sich zu erhalten und stärken, ist damit diese Selbsterhaltung einer der dem Staat zur Verwirklichung kategorisch aufgegebenen Werte, so ist sein Unterschied zu den übrigen Verbänden, die „im allgemeinen fakultative Mittel zu bestimmten einzelnen sachlichen Zwecken sind" (S m e n d, aaO., S. 85), leicht erkennbar: hier handelt es sich um Selbstzweck, dort nur um zweckbestimmte Institutionen. Damit ist aber zugleich auch die Sonderstellung des Verfassungsrechts zu den übrigen Rechtsbereichen überhaupt aufgezeigt. Denn im Verfassungsrecht ist der Selbsterhaltungswert des Staates — im Gegensatz zum Recht anderer Verbände — als regulatives Prinzip bei der rechtlichen Beurteilung unentbehrlich: wenn der Selbsterhaltungszweck dem Staat und seiner Verfassung kategorisch zur Realisierung aufgegeben ist, so kann etwas, was in Ansehung der Selbsterhaltung des Staates geschieht, formal-juristisch zwar manchmal zu den positiven Verfassungsnormen in klarem Widerspruch stehen, verfassungsrechtstheoretisch aber keineswegs rechtswidrig, d. h. verfassungswidrig sein.

3. Die Beschränkung der Verfassung hinsichtlich ihrer Wirksamkeit auf die ihr selbst immanenten Kräfte und Garantien. Wie der Staat sich im einzelnen von den anderen Verbänden unterscheidet, mag dahingestellt sein, das eine steht jedenfalls fest, daß „sein Bestand nicht, wie der der meisten anderen Verbände, durch eine außer ihm liegende Macht gewährleistet wird; er wird nicht durch einen außerhalb seines eigenen Gefüges liegenden Motor oder Richter im Gang erhalten, nicht durch eine heteronome Ursache oder Garantie getragen" (S m e n d, aaO., S. 84), sondern er verwirklicht sich gemäß seiner eigenen Wertgesetzlichkeit. Hieraus ergibt sich aber ein weiterer Unterschied der Verfassung als Gesetzeswerk gegenüber anderen Rechtsnormen: sind die anderen

Verbände in den meisten Fällen der bestehenden Rechtsordnung unterstellt und kann die Beobachtung der für sie aufgestellten rechtlichen Regelung durch eine außerhalb ihres Gefüges stehende Instanz erzwungen und ihre Nichtbeobachtung an den außerhalb dieser Regelung existenten Rechtsnormen beurteilt werden, so ist hingegen der Staat die „letztinstanzliche Ordnungsmacht" in diesem Rechtsleben selbst und eine Anhaltung des Staates zur Befolgung seiner Verfassung durch eine über ihm stehende Instanz und eine Reihe positiver, über den Verfassungsnormen existierender Rechtsnormen undenkbar. Daher kann die Verfassung, die rechtliche Regelung des Staates, keine Gewährleistung und Garantie des Staates sein, sondern sie kann „mehr nur Anregung und Schranke des in sich gravierenden, nicht heteronom zu gewährleistenden Verfassungslebens sein" (Smend, aaO., S. 85). Wenn es praktisch darauf hinauskommt, daß die obersten Staatsorgane in ihrem Funktionieren nicht durch eine irgendwie geschaffene Stelle überwacht und angehalten werden können — wer kontrolliert das Kontrollorgan? —, und daß die Verfassungsnormen keinen Richtungsmaßstab in irgend welchen über ihnen existenten Normen besitzen — „Im Gebiet des Verfassungsrechts fehlt es an einer Delegation zur Ausfüllung der Gesetzeslücken" (Tezner, Konventionalregeln, S. 562), empirische Feststellungen dieser Art finden sich noch häufig in der Literatur —, so liegt die letzte Ursache dieser Erscheinung in der Eigengesetzlichkeit der staatlichen Lebensverwirklichung und in der Eigenschaft der Verfassung als rechtlicher Regelung dieses staatlichen Lebens.

III. Das Wesen der Verfassungswandlung.

1. *Die Verfassungswandlung als das Ergebnis der Lebenswirklichkeit des Staates.* Mit der Aufzeigung der dreifachen Sonderstellung der Verfassung ist eine Grundlage gegeben, von der aus nicht nur das Problem der Verfassungswandlung selbst anders zu verstehen ist als es bisher verstanden wurde, sondern von der aus auch eine andere Lösung des Problems versucht werden kann, als sie bisher aufgestellt worden ist. Und damit wird auch eine neue Begriffsbestimmung des Werteinmaligen im Verfassungsrecht sich von selbst ergeben.

Der letzte Grund der Verfassungswandlung liegt zunächst in der Natur des Staates als Lebenswirklichkeit. Diese braucht nicht erst durch eine irgendwie geartete Staatstheorie begründet zu werden — eine Berufung auf die Organologie, oder auf eine mechanistische Auffassung oder auf die Integrationslehre wird uns auf ein weiteres, noch schwierigeres Problem drängen, anstatt uns aus unserem bisherigen hinauszuführen —, der Bestand unserer Geschichte, der Verlauf unserer Kulturentwicklung, der Zusammenhang des Staates in dem allumfassenden Kultursystem sind naheliegende Beweise dafür. Gerade seit den letzten Jahrhunderten, wo die großen technischen Errungenschaften räumliche und zeitliche Verhältnisse gewaltig verschoben haben, wo die Kultur- und Wertanschauungen der Menschen in bei weitem größerer Rapidität sich wandeln als je zuvor (Religiosität, Staatsbegriff, Eigentumsrecht), ist eine statische Staatsauffassung, eine Auffassung vom Staat als einem festen, stetigen, ewig gleichbleibenden Gebilde nicht mehr möglich. Man mag irgend welche Gesetzmäßigkeit des Staates feststellen, man denke an das Gesetz für die Wandlung der Staatsform Macchiavellis, oder irgend welche Gesetze auch für die Weiterentwicklung des Staates logisch deduzieren, man denke an dasselbe Gesetz aber in umgekehrter Reihenfolge bei Schleiermacher, oder man mag aus rein praktischen Erfahrungen eine bescheidene Prognose wenigstens für gewisse staatliche Institutionen aufstellen, man denke an die berühmte Theorie von den vier Entwicklungsstufen des Parlamentarismus des Viscomte Combe de Lastarde; wie sie auch im einzelnen sein mögen, sie sind und bleiben lediglich Produkte individueller Spekulationen: ihre Richtigkeit hängt ab von der Bestätigung durch die Realität; daß aber der Staat in seiner Natur eine Lebenswirklichkeit, d. h. eine Realität im aktuellen Sein ist, das ist eine Erkenntnis kraft der Empirie.

Vgl. in diesem Zusammenhang z. B. Hegel, Rechtsphilosophie, Zusatz 176 zu § 298.

Diese Lebenswirklichkeit bedingt aber zugleich eine Wandlungsmöglichkeit und eine Wandlungsnotwendigkeit des Staates und seiner Institutionen: "growth and decay are the necessary conditions of the life of institutions as well of individual organisms" (Bryce, Americ. Commonw. I, p. 362). Die Lehre von der évolution créatrice Bergsons hat unsere Erkenntnis dieses Phänomens noch sehr erweitert und vertieft. Auch die Lehre von der „transformation de l'ordre social établi" Haurious ist für unsere Betrachtung recht wertvoll. Nach ihm liegen der „transformation" drei Kräfte zugrunde: „la vie et sa création de nouveauté, les passions de l'homme, le sentiment de la justice; ces trois forces réunies triomphent des forces de conservation plus ou moins lentement, plus ou moins brusquement. Tantôt il y a simple évolution, tantôt il y a révolution, mais toujours il y a changement" (Précis de droit const. p. 69 et s.).

Diese Wandlungsnotwendigkeit des Staates muß natürlich für seine Verfassung, die rechtliche Regelung seiner Daseinsweise, auch mitbestimmend sein: die Errungenschaften der Wissenschaft und Technik, die Überwindung der zeitlichen und räumlichen Distanzen, die dadurch hervorgerufenen Wandlungen in Kultur- und Wertanschaung, kurzum, der moderne Fortschritt der Menschheit stellt der Verfassung die immer zu lösende Aufgabe: die Verfassung als „expression d'un droit qui progresse sous l'impulsion de la volonté collective" (Borgeaud, Etablissement, p. 53) muß, obwohl aus starren, festgesetzten Normen bestehend, mit der fortschreitenden Lebensrealität des Staates Schritt halten.

Vgl. in diesem Zusammenhang auch Duguit, Les transformations du droit public, Paris 1913.

Dieser Forderung, die das staatliche Leben an seine Verfassung stellt, wird mit der Statuierung der Möglichkeit einer Verfassungsänderung nur unzulänglich genügt. Gesetzgebungstechnische und menschlich-psychologische Gründe wirken zusammen dahin, daß die Verfassungsänderung nur in höchst seltenen Fällen vorgenommen wird. Wir sehen das in der Praxis der Vereinigten Staaten, in Frankreich und im deutschen Kaiserreich. Man soll aber nicht etwa denken, daß das eine besondere Wirksamkeit der Verfassung, ihr stetiges Befolgtwerden und einen Beweis ihrer Fähigkeit, das staatliche Leben tatsächlich zu beherrschen, bedeuten solle, denn man kennt in Amerika die Praxis der Verfassungsinterpretation und der usages of the constitution, im deutschen Kaiserreich die Praxis der materiellen Verfassungsänderung und der Spezialgesetze, und in Frankreich, wo die schematischen Verfassungsnormen nicht mehr als 25 Artikel zählen, sind sogar manche darunter und zum Teil die wichtigsten obsolet geworden. Wo eine Verfassungsänderung nicht häufig vorkommt, da gibt es eben Verfassungswandlungen.

2. *Verfassungswandlung als das Ergebnis der dreifachen Sonderstellung der Verfassung gegenüber anderen Rechtsgebieten.* Nicht aber sind Verfassungswandlungen nur etwas vom Staat als Lebenswirklichkeit der Verfassung als seiner rechtlichen Regelung gewaltsam Aufgezwungenes, sondern sie sind zum Teil von der Verfassung selbst gewünscht, begünstigt. Dies geht zurück auf die Unvollständigkeit der Verfassungsnormen gegenüber den staatlichen Lebensaufgaben einerseits, auf die Elastizität ihrer Normierung andererseits. Denn „der Staat lebt natürlich nicht nur von den in seiner Verfassung geregelten Lebensmomenten: die Verfassung selbst muß zu ihrer Ergänzung, um überhaupt in politisches Leben umgesetzt zu werden, auf die Triebgrundlage dieses Lebens und die ganze sonstige Fülle sozialer Motivierungen rechnen. Aber auch die von ihr selbst geregelten Lebensfunktionen des Staates kann sie nicht vollständig erfassen: auch diese kommen, wie alles politische Leben, aus der Totalität der Einzelpersönlichkeit und wirken in jedem Augenblick zu der überpersönlichen Totalität des Staates zusammen. Eine solche Lebensfülle kann von wenigen, noch dazu recht schematischen Verfassungsartikeln nicht voll erfaßt und normiert, sondern nur angedeutet und angeregt werden" (S m e n d, aaO., S. 78). Also solange die normierten Institutionen in dem ihnen aufgegebenen Sinnzusammenhang ergänzt und erweitert werden, entspricht das vollkommen dem Sinn der Verfassung und der Staat lebt durchaus in der ihm in seiner Verfassung fixierten Daseinsweise und es liegt darin weder ein verfassungsrechtliches noch ein irgend wie juristisches Problem; anders aber, wenn diese „Ergänzungen und Erweiterungen" der Institutionen aus dem ihnen aufgegebenen Sinnzusammenhang hinausragen, wenn sie sich nicht mehr ganz dem in der Verfassung verkörperten System entsprechend entwickeln; dann sind sie reguläre Verfassungswandlungen, und zwar auch, wenn sie formal die Verfassungstexte gar nicht verletzen. Diese „Unvollständigkeit" der Verfassung gibt natürlich besonders häufig Gelegenheit zu Verfassungswandlungen: denn es ist klar, daß eine Abweichung von dem in der Verfassung aufgestellten System viel leichter dort zustande kommt, wo das System nur ideell vom Sinnzusammenhang getragen wird, als dort, wo feste, aufgezeichnete Rechtsnormen einzelne Seiten dieses Systems unzweideutig festlegen.

Die vielen nicht ganz unzweideutig gefaßten Normierungen,

die die Verfassungen aufzunehmen nicht umhin können, machen eine Verfassungsänderung recht wenig notwendig und sind zu Verfassungswandlungen zu führen in besonderem Grade geeignet. Jene elastische, ergänzende, von aller sonstigen Rechtsauslegung weit abweichende Verfassungsauslegung ist also vor allem die erste Folge der besonderen Beschaffenheit der Verfassungsnormen selbst. — Man vergleiche die Verfassungsnormen bezüglich der Exaktheit, Klarheit und Ausführlichkeit gegenüber dem in ihr normierten Gegenstand mit den Rechtsnormen anderer Rechtsgebiete! Ihre bewußte Handhabung in der Praxis, die verfassungswandelnde Verfassungsinterpretation, ist dann eben eine natürlich gegebene Erfüllungsweise der von der staatlichen Lebenswirklichkeit gestellten Verfassungsaufgabe. Wenn in der Tat jede Verfassung eine Art „Rechtsgefäß ist, in das, soweit es Umfang und Form erlaubt, jedes Zeitalter seinen Inhalt hineingibt" (v. Jagemann, Deutsche Reichsverfassung, S. 244), so kommt das vor allem daher, daß Umfang und Form es erlauben.

Der Selbstzweck des Staates, der ihn als Gegenstand rechtlicher Regelungen von anderen Rechtsgebilden unterscheidet, wirkt sich aus in der notwendigen Erfüllung der dem Staat als Lebenswirklichkeit gestellten Aufgaben, die oft den fixierten Normen der Verfassung nicht vollkommen entsprechen kann, und führt zu Verfassungswandlungen. Denn die Wirklichkeit des Staates „hängt von der Auswirkung aller politischen Lebenskräfte des Volksganzen ab" (Smend, aaO., S. 78), diese Auswirkung ist aber keine mathematisch genau berechenbare Größe, die von der Verfassung voll erfaßt und genau fixiert werden kann, und so machen sich in der staatlichen Lebensentwicklung Bedürfnisse und Notwendigkeiten geltend, die ganz anders beantwortet werden müssen als die Verfassung es vorgesehen hat. Denn obwohl die Verfassung gewisse Richtlinien für die in ihr normierten Materien genau vorgezeichnet hat, wird ihnen die Wirkung dennoch völlig versagt, sobald tatsächliche Lebensverhältnisse diese Materien betroffen, abgeändert haben. Das Versagen dieser Rechtsnormen beruht nicht auf der Unzulänglichkeit des Rechts gegenüber der Wirklichkeit, sondern auf der kategorischen Notwendigkeit der von der staatlichen Wirklichkeit gestellten Lebensaufgaben, auf der Selbstzwecknatur des Staates. Wo die Lebensnotwendigkeiten des Staates in Frage stehen, da sind die Normierungen einer rechtlichen

Regelung nur noch von sekundärem Wert; denn der Sinn der Verfassung ist doch die Erfassung des Staats als Lebenstotalität und nicht die Fixierung einzelner starre heteronome Geltung heischender Rechtssätze, und so muß eine Erfüllung dieser von der Notwendigkeit diktierten Aufgaben, trotz einzelner Abweichungen von den geschriebenen Rechtsnormen, „dem Sinn auch der Verfassung eher entsprechen als ein paragraphentreues, aber im Erfolge mangelhafteres Verfassungsleben" (S m e n d, aaO., S. 78).

Außerdem gibt es neben den Fällen, wo die tatsächliche staatliche Lebensentwicklung eine buchstabentreue Befolgung der Verfassungsnormen unzweckmäßig erscheinen läßt, auch solche Fälle, in denen die Normierung in der Verfassung von vornherein unglücklich gefaßt war, sei es, daß sie sich hinsichtlich der zu regelnden Materie nicht genügend bedacht hat, sei es, daß sie manche wesentlichen Momente und Fälle übersehen hat, wo eine Abweichung von den Normen dann um so natürlicher und erlaubter empfunden wird. Widerspricht die Sozialgesetzgebung in den Vereinigten Staaten der in ihrer Verfassung proklamierten Vertragsfreiheit, weil die Väter der Verfassung an die technische und industrielle Entwicklung der Nation nicht gedacht haben, so beruht die nicht ganz verfassungsmäßige Permanenz des deutschen Bundesrats einfach auf der Unterschätzung des Umfangs der von ihm zu erledigenden Geschäfte durch die Väter der Verfassung.

Endlich ist die Erkenntnis der Bedeutung der Letztinstanzlichkeit des Staates und daher der Selbstgarantie der Verfassung für das Problem der Verfassungswandlung von großer Wichtigkeit. Denn dank dem Mangel eines Organs, das die Lebenstätigkeit des Staates auf seine Übereinstimmung mit seiner Verfassung zu überwachen und anzuhalten hat, können Verfassungswandlungen weder verhindert, noch, wenn sie einmal eingetreten sind, wieder beseitigt oder korrigiert werden. Es beruht auf einer durchaus richtigen Beobachtung, wenn H a t s c h e k in der Betrachtung des Problems der Verfassungswandlung besonders auf die „Tätigkeit der obersten Staatsorgane und ihr Verhältnis zueinander" hinweist (Deut. und Preuß. Staatsrecht, I, S. 13). Und sachlich ist wohl dasselbe gemeint, wenn E. K a u f m a n n die Grenze des Staatsrechts darin sieht, daß der Staat keine übergeordnete Gemeinschaftsordnung habe, von der er Stütze für die wirkliche Geltung ableitet, so daß es nach ihm hier besonders auf das „Zutrauen" ankommen muß (Wesen des Völkerrechts, S. 139 f.).

3. *Der Begriff des Werteinmaligen im Verfassungsrecht und die Deutung der Verfassungswandlung als Rechtsvorgang.* Mit der bisherigen Erörterung über die Verfassungswandlung als das Ergebnis der Sonderstellung der Verfassung gegenüber anderen Rechtsbereichen ist zugleich eine Begriffsbestimmung des Werteinmaligen im Verfassungsrecht gegeben: es ist etwas von den existenten Verfassungsnormen nicht Vorgesehenes; es ist etwas von der Wirklichkeit des Staatslebens Entwickeltes, als notwendig Herausgestelltes; es ist etwas von den üblichen Rechtsorganen nicht Überprüfbares und an den üblichen Rechtsnormen nicht Kontrollierbares.

Und hieraus ergibt sich zugleich eine rechtliche Betrachtung der Verfassungswandlung, die Lösung unseres gestellten Problems: ist das Werteinmalige im Verfassungsrecht etwas von der Staatswirklichkeit als notwendig Herausgestelltes und damit die Verfassungswandlung etwas verfassungsintentional Erlaubtes, so ist die Verfassungswandlung weder Verfassungsbruch, noch bloße Konventionalregel, sondern sie ist Recht. Sie ist Recht, obwohl sie mit dem Gesetzeswortlaut nicht in Übereinstimmung steht, sie ist Recht, obwohl sie mit den formal-juristischen Rechtsbegriffen und Konstruktionen nicht begriffen und erfaßt werden kann: ihr Rechtsgrund liegt in dem Werteinmaligen im Verfassungsrecht, in dem sogenannten politisch Notwendigen, in den Vitalitätsforderungen und -äußerungen des sich realisierenden, sich entwickelnden Staates.

Unserem Ergebnis nahegekommen ist Radnitzky, der sowohl den Rechtscharakter der Verfassungswandlung, als auch ihren Unterschied vom Gewohnheitsrecht wie auch die Bedeutung der politischen Notwendigkeit als Schöpferin dieses Rechts erkannt hat. (Dispositives und mittelbar geltendes Recht, AöR XXI, 1907, S. 390 ff.). Aber seine Lehre beruht vorwiegend auf einer empirischen Erfassung, nicht auf einer verfassungstheoretischen Würdigung des Problems, und so kann seine Begriffsbestimmung des „dispositiven, mittelbar geltenden Rechts", daß „es sich ohne jeden Willensakt durch das bloße Nichtmehrzutreffen der Klausel rebus sic stantibus ändert (S. 407)", nicht als glücklich bezeichnet werden. — Überhaupt ist unser Problem empirisch leichter erfaßbar als juristisch, zumal formal-juristisch. Denn es war völlig zutreffend, wenn Hänel von Konzessionen sprach, die an die Forderungen und Nötigungen der praktischen Politik gemacht wurden und den Rahmen der Reichsverfassung übersprangen (Studien, II/1, 1880, S. 61). Was aber später über das Problem gedacht und geschrieben wurde, das konnte aus der Vinkulierung der formaljuristischen Betrachtungsweise niemals an den letzten Kernpunkt des Problems herankommen. — Als Andeutung dieses Problems bei einem Nichtjuristen vgl. z. B. Fr. v. Gottl-Ottlilienfeld, Wirtschaft und Wissenschaft, Jena 1931, II, S. 978.

Geht die Verfassungswandlung auf das Werteinmalige im Verfassungsrecht zurück und ist sie daher von vornherein Recht, so gilt es jetzt einer Lehre entgegenzutreten, nach der die Verfassungswandlung kein Recht ist, sondern nur erst Recht werden kann. Bilfinger, der Vertreter der Lehre von der Verfassungswandlung in der neuen Staatsrechtslehre, erkennt zwar auch an, daß das durch Wandlung entstandene Recht und das Gewohnheitsrecht sich nicht decken (Reichssparkommissar, 1928, S. 18), er hält aber an dem „Gegensatz des nur faktischen Vorgangs zum rechtlichen Akt" fest und läßt nur eine „Möglichkeit des Übergangs tatsächlichen Verhaltens in Recht auf dem Gebiet des Verfassungswesens" zu (S. 18). Denn die „Wandlung, soweit sie geschriebenes Verfassungsrecht ändert, wird durch einen nicht rechtmäßigen Vorgang, durch ein Faktum bewirkt, das geradezu mit dem Wortlaut und der Absicht der Reichsverfassung nicht vereinbar sein kann" (Verfassungsumgehung, AöR, NF XI, 1926, S. 176). So meint er z. B. vom Reichssparkommissar: „Der Sparkommissar bleibt zunächst verfassungswidrig; wird ein verfassungswidriger Kommissar als notwendiges und rechtmäßiges Institut hingenommen so bedeutet dies insoweit eine Wandlung des Verfassungsrechts". Bei der Frage, wer „der Träger der opinio iuris et necessitatis bei der Verfassungswandlung" sei, meint er, „die Erfahrung scheint zu zeigen, daß der Konsens der Regierung und des Parlaments — gleichviel wie er sich äußert — einen wesentlichen Anhaltspunkt für die Feststellung der Wandlung bilden kann" (S. 18). Vor allem „festzuhalten ist der rein tatsächliche, niemals rechtliche Charakter des Wandlungsvorgangs; unerheblich ist hier für diese Unterscheidung die eingeschlagene Methode: z. B. der einfachen oder qualifizierten Gesetzgebung. Das verfassungswidrige Gesetz kann nur auf Grund der von ihm herbeigeführten oder begünstigten Wandlung faktisch Recht erzeugen oder zur Entstehung von Recht beitragen. Die Quelle des so entstandenen Rechts beruht auf der normativen Kraft des Faktischen und sie liegt insofern außerhalb des Rechts" (S. 18).

Hiernach muß streng unterschieden werden zwischen dem Verfassungswandlungsvorgang und der Verfassungswandlung selbst. Diese ist nur eine Folge von jenem: diese ist Recht einer besonderen Entstehungsquelle, jener ein tatsächliches juristisch unerfaßbares Geschehen. Dieser Vorgang — er kann ein Akt, ein Gesetz oder ein Institut sein — ist zunächst rein faktischer Natur, meistens rechtswidrig, aber er kann Recht erzeugen oder zur Entstehung von Recht beitragen: dann namentlich, wenn er nachträglich als notwendig und rechtmäßig hingenommen wird; mit anderen Worten: was zunächst kein Recht ist, das kann noch Recht werden. Diese Trennung von Wandlungsakt und Wandlungsfolge hat gedanklich etwas mit der allgemeinen Vorstellung vom Gewohnheitsrecht Gemeinsames: ist das Gewohnheitsrecht nicht eine einfache Gewohnheitsregel selbst, sondern eine von der Rechtsüberzeugung getragene Gewohnheitsregel, so ist ein aus „politischer Notwendigkeit" vorgenommener Akt selbst noch keine Verfassungswandlung, sondern er wird es erst durch die Anerkennung seiner politischen Notwendigkeit. Also nicht durch die politische Notwendigkeit selbst, sondern erst durch die Anerkennung dieser Notwendigkeit wird die Verfassung gewandelt. Und so ist die Voraussetzung des Gewohnheitsrechts, die sogenannte opinio iuris et necessitatis, auch die Voraussetzung der Verfassungswandlung geworden. Und der einzige Unterschied zwischen Gewohnheitsrecht und Verfassungswandlung besteht darin, daß die opinio — da die Übung beim Gewohnheitsrecht und das Geschehen bei der Verfassungswandlung beide gleich faktischer Natur sind —, einmal mit dem tatsächlichen Vorgang gleich gegeben ist, ein andermal erst zu ihm hinzutritt. Diese Theorie der Verfassungswandlung, nach der ein und dasselbe Faktum einmal Faktum bleibt und einmal zu Recht wird, bedeutet in Wirklichkeit etwa dasselbe wie wenn man sagt, der Mensch sei nicht in dem Augenblick tot, wo er gestorben ist, sondern erst dann, wenn er als leblos erkannt wird. Der Fehlschluß dieser Lehre beruht auf der Verkennung des rechtschaffenden Werteinmaligen und diese auf der Annahme der Lehre von der normativen Kraft des Faktischen. Denn die Bedeutung des Faktischen, d. h. die Bedeutung eben jedes wertindifferenten Faktums, muß die Bedeutung des spezifisch Werteinmaligen notwendig verschleiern.

IV. Die Doppelnatur des Verfassungswandlungsbegriffs.

1. *Sie ergibt sich aus der Doppelnatur der Verfassung.* Aus der doppelten Natur der Verfassung, einmal als einer Summe einzelner, positiver Gesetzesnormen, einmal als eines die Daseinsweise des Staates völlig umfassenden, bestimmenden Sinnsystems, das aber nur von schematischen andeutenden Sätzen ideell getragen wird, ergibt sich ein doppelter Begriff der Verfassungswandlung.

Einmal bedeutet es eine Verfassungswandlung, wenn die positiven Normen einer geschriebenen Verfassung mit dem tatsächlichen Verfassungszustand nicht mehr in Kongruenz stehen, wenn eine Differenz zwischen dem geschriebenen und dem tatsächlich geltenden Verfassungsrecht eintritt: Verfassungswandlung im formellen Sinne oder Buchstabenwandlung.

Sodann bedeutet es ebenfalls eine Verfassungswandlung, wenn sich in der staatlichen Lebensrealität Rechtsverhältnisse entwickeln, die zu dem in der Verfassung verkörperten — gleichviel ob normenmäßig fixierten oder nur sinngemäß involvierten — System im Widerspruch stehen: es kann ein Rechtsinstitut sein, das nicht ganz dem in der Verfassung angedeuteten System entspricht, es können tatsächliche Verhältnisse sein, die eine in den Verfassungsnormen bekundete Intention nicht zur Verwirklichung kommen lassen: gleichgültig, ob diese Realität zu bestimmten Verfassungsnormen in einem direkten Widerspruch steht, oder ob sie mit dem Verfassungswortlaut formal gar nicht in Berührung kommt: Verfassungswandlung im materiellen Sinne, System- oder Bedeutungswandlung.

Da die aufgezeigte Doppelnatur der Verfassung eine natürliche Gegebenheit ist, so wurde der Begriff der Verfassungswandlung auch stets in seinem doppelten Sinn verstanden und angewendet, ohne daß aber seine Doppelnatur selbst klar erkannt wurde. Die Vorkriegspublizistik, die die Verfassung vorwiegend von ihren formalen Seiten begriff, sah natürlich an erster Stelle nur die Problematik der Verfassungswandlung im formellen Sinne. Das prägt sich z. B. in den Redewendungen aus: daß die Verfassungswandlungen „gegen höhere Gesetze verstoßen" (Hatschek, Konventionalregeln, S. 4), daß sie doch „mit dem Wortlaut und der Absicht der Verfassung nicht vereinbarlich" seien (Jellinek, Verfassungsänderung, S. 34). Aber ab und zu drang die Bedeutung der Verfassungswandlung im materiellen Sinne auch hier durch — ohne daß man aber ihres verfassungstheoretischen Gehalts ganz bewußt war —, so wurden z. B. die Kaiserliche Initiative und die Stellvertretung des Reichskanzlers durchaus als problematische Fälle empfunden. In der neueren Staatsrechtslehre, in der die formalistische Denkweise der Vorkriegsschule so gut wie ganz aufgegeben ist, gelangt die Bedeutung der Verfassungswandlung im materiellen Sinne auch immer mehr zur Erkenntnis: so sagt z. B. H e l f r i t z, „daß nicht nur geschriebene Sätze, sondern auch die Grundgedanken einer Staatsverfassung sich ändern können" (Allgemeines Staatsrecht, Berlin 1925, S. 86) und nach G i e s e bestehen die Wandlungen aus „stillschweigender Fortbildung des geschriebenen Verfassungsrechts, aber selbst ungeschrieben" (Änderung und Wandlung, S. 396) usw.: man sieht, wie der formalistische Ausgangspunkt immer mehr verlassen wird. — Aber die Wandlungen im formellen Sinne, sind sie doch das Hauptstück der bisherigen Lehre von der Verfassungswandlung, wurden auch hier als Verfassungswandlungen — ohne von den Wandlungen im materiellen Sinne unterschieden worden zu sein — weiter beibehalten.

Indessen ist eine Unterscheidung dieser beiden Wandlungsbegriffe von grundsätzlicher Bedeutung. Hat man das Wesen der Verfassung darin erkannt, daß sie die rechtliche Regelung des Staates als Lebenstotalität ist und nicht eine Summe einzelner heteronomer Gesetzesnormen einer einheitlichen Aufzeichnung bedeutet, so muß die Bedeutung der Verfassungswandlung in beiden Fällen eine verschiedene sein.

Ist das Wesen der Verfassung nicht in den einzelnen Paragraphen erschöpft, sind die geschriebenen Paragraphen mehr nur „Andeutung und Schranke" des in der Verfassung angedeuteten Sinnsystems, so bedeutet eine Verfassungswandlung im formellen Sinne nicht notwendig zugleich auch eine Verfassungswandlung im materiellen Sinne. Wir haben oben gesehen, daß nicht nur die Lebensfunktionen des Staates, auch selbst wenn sie in der Verfassung normiert sind, nicht vollständig von ihr erfaßt werden können, sondern daß auch oft unzulänglich gefaßte Normierungen selbst dazu führen, daß die Lebensentwicklung von ihnen abweicht. In diesem Fall ist es nicht nur keine Wandlung, sondern eher ein Zeichen der besonderen Wirksamkeit der Verfassung, wenn die in ihr normierten Institutionen in dem ihnen aufgegebenen Sinnzusammenhang — bei aller formellen Abweichung von den geschriebenen Verfassungsparagraphen — durch die Wirklichkeit „ergänzt und erweitert" werden. Man wird z. B. doch niemals ernsthaft behaupten wollen, daß der Erwerb Elsaß-Lothringens und der Schutzgebiete durch das Deutsche Reich und der Eintritt der elsaß-lothringischen Abgeordneten in den Reichstag, obwohl hier eine Buchstabenwandlung zweifellos vorliegt, eine materielle Wandlung des Bismarckschen Verfassungsrechts bedeuten; auch die Befriedung des Reichstagsgebäudes und der Landtagsgebäude bedeutet in Wahrheit keine Wandlung der in der Weimarer Verfassung proklamierten Versammlungsfreiheit, ebenso wird in dem Erfordernis der Zustimmung des Reichstags zur Begnadigung eines vom Staatsgerichtshof Verurteilten keine dem System der Verfassung zuwiderlaufende Einschränkung des dem Reichspräsidenten eingeräumten Begnadigungsrechts zu sehen sein.

Demgegenüber ist eine Verfassungswandlung im materiellen Sinne nicht auch notwendig zugleich eine Wandlung im formellen Sinne. Das haben wir bei den Fällen der Verfassungswandlung durch eine formal die Verfassung nicht verletzende Verfassungspraxis bereits beobachtet. Aber auch die Verfassungswandlung durch die Interpretation der Verfassung bedeutet in gewissem Sinne eine Wandlung im materiellen Sinne, freilich ist dies nicht unzweifelhaft: denn in vielen Fällen handelt es sich dabei mehr um eine Anpassung gewisser untergeordneter Verfassungsnormen an die staatliche Lebensnotwendigkeit, als um eine Wandlung des in den Verfassungsnormen festgelegten Systems oder einer in ihnen angedeuteten Wertintention. Bedeutet z. B. der Interpretationswandel bei dem Abolitionsrecht des Großherzogs von Baden eigentlich keine schwerwiegende Verfassungswandlung im materiellen Sinne, so hat die Interpretationspraxis der Supreme Court der Vereinigten Staaten mit ihrer Lehre von den „implied powers" oft zu bedeutenden materiellen Wandlungen des Verfassungsrechts geführt.

2. *Über die materielle Verfassungswandlung insbesondere.* Wird die Verfassungswandlung im materiellen Sinne darin gesehen, daß die staatliche Lebensrealität einer in der Verfassung verkörperten Wertintention — gleichviel ob sie in einzelnen Rechtssätzen fixiert ist oder nicht — nicht entspricht, legt man also bei

dieser Betrachtung das Hauptgewicht auf die Realisierung der in der Verfassung angedeuteten Tendenz, so wird selbst in der nicht ganz der Verfassungsintention entsprechenden Entwicklung (Verschiebung) der staatlichen Lebensverhältnisse, die also formal gesehen in keiner Weise ein Versagen des Funktionierens der Verfassungsnormen bedeuten muß, auch eine Verfassungswandlung zu sehen sein. Diese Betrachtungsweise möge an folgenden Beispielen veranschaulicht werden.

Der Art. 54 der Weimarer Verfassung, in dem die Grundlage des von ihr angestrebten parlamentarischen Regierungssystems festgelegt ist, enthält zwei Sätze: „Der Reichskanzler und die Reichsminister bedürfen zu ihrer Amtsführung des Vertrauens des Reichstags. Jeder von ihnen muß zurücktreten, wenn ihm der Reichstag durch ausdrücklichen Beschluß sein Vertrauen entzieht". Beide Sätze besagen also ein und dasselbe Prinzip: nämlich, daß die Regierung zu ihrer Amtsführung des Vertrauens des Reichstags bedarf; der erste Satz beschreibt seinen positiven Inhalt, der zweite seine negative Folgerung. Aber dieser ursprüngliche Sinn ist nicht zur Geltung gekommen. Die Parteienverhältnisse des heutigen deutschen Reichstags haben dahin geführt, daß „nicht der erste Satz, nach welchem die Regierung des Vertrauens des Reichstags bedarf, praktisch maßgebend ist, sondern der zweite Satz, nach welchem sie erst dann zurücktritt, wenn sie ein ausdrückliches Mißtrauensvotum erhalten hat" (Schmitt, Verfassungslehre, S. 343). So hat der Art. 54 einen ganz anderen Sinn bekommen als den, den ihm die Väter der Weimarer Verfassung beigelegt haben: das Vertrauen, von dem der Artikel spricht, bedeutet in Wahrheit nichts anderes als ein Nicht-Mißtrauen und dieses Nicht-Mißtrauen bedeutet in Wahrheit nichts anderes als ein Nicht-Zusammentreffen der einzelnen verschiedenen und heterogenen Parteien in der Ablehnung der bestehenden Regierung (vgl. Schmitt, aaO.).[1]

Im Art. 137 der Weimarer Verfassung ist das Prinzip der sogenannten Trennung von Staat und Kirche unzweideutig ausgesprochen worden: der Absatz I sagt: „Es besteht keine Staatskirche"; Absatz III: „Jede Religionsgesellschaft ordnet und verwaltet ihre

---

[1] Anders freilich U. Scheuner, Über die verschiedenen Gestaltungen des parlamentarischen Regierungssystems, in AöR, NF, XIII, 1927, S. 209 ff., 337 ff.

Angelegenheiten selbständig innerhalb der Schranken des für alle geltenden Gesetzes"; Absatz IV: „Religionsgesellschaften erwerben die Rechtsfähigkeit nach den allgemeinen Vorschriften des bürgerlichen Rechts." Dafür spricht auch der Art. 138, in dem die Ablösung, d. i. eine (gegen Entschädigung erfolgende) Aufhebung der „auf Gesetz, Vertrag oder besonderen Rechtstiteln beruhenden Staatsleistungen an die Religionsgesellschaften" vorgesehen wird. Die politischen Verhältnisse aber, die damals in der Weimarer Nationalversammlung obwalteten, ließen dieses Prinzip nicht streng durchführen und die verfassungsgesetzliche Regelung des deutschen Staatskirchenrechts blieb bewußt ein dilatorisches Kompromiß: es wurde einerseits das Trennungsprinzip ausgesprochen und eingeleitet (angeregt): so Art. 137 I, III, IV, 138; andererseits die Erhaltung des status quo, d. h. der bis zur Umwälzung besonders bei der evangelischen Landeskirche herrschenden engen Verbindung von Staat und Kirche normenmäßig statuiert: so Art. 137 V: „Die Religionsgesellschaften bleiben Körperschaften des öffentlichen Rechts, soweit sie solche bisher waren"; Absatz VI: „Die Religionsgesellschaften, welche Körperschaften des öffentlichen Rechts sind, sind berechtigt, auf Grund der bürgerlichen Steuerlisten nach Maßgabe der landesrechtlichen Bestimmungen Steuern zu erheben"; Absatz VIII: „Soweit die Durchführung dieser Bestimmungen eine weitere Regelung erfordert, liegt diese der Landesgesetzgebung ob."

Diese verfassungsgesetzliche Regelung des deutschen Staatskirchenrechts in der Weimarer Verfassung, wie sie auch im einzelnen unklar und widerspruchsvoll ist, läßt jedenfalls die ihr zugrundeliegende Intention durchaus erkennen, die grundsätzlich nach einer radikalen Trennung von Staat und Kirche gerichtet ist: Art. 137, I, III, IV, und 138; die aber aus politischen Notwendigkeiten den bisherigen status quo, d. h. die Privilegierung des christlichen Glaubens, zunächst anerkennt: Art. 137, V, VI; und nach der die den Ländern eingeräumte Selbständigkeit in der Kirchenpolitik, Art. 137 VIII, nur ein Liquidationsstadium darstellt. Diese Intention ist aber in der politischen Wirklichkeit nicht zur Verwirklichung gekommen. Die Verbindung zwischen Staat und Kirche — in der Form von Staatsleistung und Kirchenhoheit — ist nach der Umwälzung nicht nur unbeseitigt geblieben, sondern sie ist geradezu gestiegen. Aus finanziellen Schwierigkeiten war den Ländern eine Abfindung der Kirche einfach nicht möglich und man mußte an den Staatsleistungen weiter festhalten, andererseits konnten sich die Länder, da die Kirchen vollkommen auf die finanziellen Unterstützungen staatlicherseits angewiesen waren, die Duldung und Anerkennung weitgehender Aufsichtsbefugnisse von der Kirche erzwingen. So sind in den Bestimmungen des ausgedehnten staatlichen Mitwirkungs-, Bestätigungs-, Genehmigungs- und Einspruchsrechts, in den vom Staat übernommenen Pflichten zu finanziellen Leistungen und Unterstützungstätigkeiten in Steuer- und Verwaltungssachen — vgl. besonders die kirchenpolitische Gesetzgebung Preußens im Jahre 1924! — Rechtsverhältnisse entstanden, die das kirchenpolitische System der Weimarer Verfassung völlig als illusorisch erscheinen lassen.

Es ist hier nicht der Ort, auf das Problem näher einzugehen. Vgl. hierzu R u c k, Kirchenrecht, Berlin 1926, S. 16 ff., 19; A n s c h ü t z, Kommentar, Art. 137, 138 und die dort angegebene Literatur. Die allgemeine Doktrin (S c h ö n, A n s c h ü t z u. v. a.) hält freilich daran fest, daß die „über die allgemeine Vereinsaufsicht hinausgehende Kirchenhoheit ein notwendiges Korrelat der den Kirchen staatlicherseits gewährten öffentlichrechtlich gehobenen Stellung" sei (S c h ö n, Der Staat und die Religionsgesellschaften in der Gegenwart, Verwaltungsarchiv, XXIX, 1922, S. 20). Aber das ist nicht richtig. Die öffentlichrechtlich gehobene Stellung ist ein Privileg, die Aufsicht ist aber alles andere als ein Privileg. Freilich kann man sagen, daß die Finanzaufsicht eine Ausstrahlung des staatlichen Steuersystems sei, aber die Kirchenhoheit ist n i c h t n u r Finanzaufsicht. Vgl. die Gesetzgebung in kirchlichen Sachen G i e s e, Staat und Kirche im neuen Deutschland (JöR, XIII), 1925, S. 249 ff.

3. *Das Verhältnis der beiden Arten der Verfassungswandlung.* Daß die Verfassungswandlung im materiellen Sinne und die Verfassungswandlung im formellen Sinne selten zusammenfallen, liegt auf der Hand. Wir haben oben gesagt, daß eine Abweichung von dem in der Verfassung verankerten System viel leichter dort vonstatten geht, wo dies System nur ideell im Sinnzusammenhang getragen wird, als dort, wo es in festen Gesetzesnormen unzweideutig festgelegt ist. Hat man den Grund der seltenen Vornahme von Verfassungsänderungen darin gesehen, daß „man sich in der Regel scheut, an dem festen Bau des Textes der geschriebenen Verfassung zu rütteln, um nicht die Frage weiterer Verfassungsänderungen in Fluß zu bringen" (H e l f r i t z, Allg. Staatsrecht, S. 86), so wird diese Scheu auch bei der Verfassungswandlung, falls sie eine normenmäßig statuierte Institution betrifft, von entscheidender Bedeutung sein.

Aber andererseits kann doch nicht gesagt werden, daß ein Zusammenfall beider völlig unmöglich sei. Wir haben gesehen, daß durch das Obsolet-Werden des art. 5 des französischen Verfassungsgesetzes vom 25. Februar 1875 nicht nur ein Verfassungsrechtssatz außer Geltung gekommen ist (Wandlung im formellen Sinne), sondern daß damit auch eine Entwicklung der Rechtsstellung des französischen Präsidenten vollzogen ist, die dem in der Verfassungsgesetzgebung angestrebten System gänzlich widerstrebt (Wandlung im materiellen Sinne). Wollten die Verfassungsgesetzgeber von 1875, im Hinblick auf die in Aussicht gestellte Wiederherstellung der Monarchie, eine starke Präsidentenschaft schaffen, so hat sich in Wirklichkeit die Rechtsstellung dieser Präsidentenschaft zu einer Bedeutung entwickelt, die der eines „politischen Balljungen" gleichkommt.

4. *Normergänzende und systemwiderstrebende Verfassungswandlung.* Die hier versuchte Unterscheidung von Verfassungswandlung im formellen Sinne und Verfassungswandlung im materiellen Sinne hat aber noch eine weitere Konsequenz. Gibt es Verfassungswandlungen, die inhaltlich keine Wandlung der Verfassung sind — wenn die in der Verfassung normierten Institutionen entgegen den Buchstaben aber gemäß dem ihnen aufgegebenen Sinnzusammenhang „ergänzt oder erweitert" werden — und solche Verfassungswandlungen, die formal gesehen keine Wandlung der Verfassung, d. h. der geschriebenen Verfassungsrechtssätze darstellen — materielle Verfassungswandlungen, Artt. 54, 137 Weimarer Verfassung —, so entsteht jetzt die Frage, wie sind diese Erscheinungen verfassungstheoretisch zu beurteilen?

Für S m e n d, nach dem die Verfassung „jene elastische, ergänzende, von aller sonstigen Rechtsauslegung weit abweichende Verfassungsauslegung" nicht nur erlaubt, sondern sogar f o r - d e r t (aaO., S. 79), ist es „der immanente und selbstverständliche Sinn der formulierten Verfassung, daß sie diese Elastizität hat und daß ihr System sich gegebenenfalls von selbst ergänzt und wandelt. So ist ein zusammenhängendes Verstehen des von ihr gewollten und geregelten Gegenstandes, des tatsächlichen Integrationssystems, aber auch ihrer eigenen objektiven Intention, nur möglich unter Einbeziehung dieser Elastizität, dieser Wandlungs- und Ergänzungsfähigkeit und der auf Grund davon sinngesetzlich vollzogenen und wirklich und normenergänzend gewordenen Wandlungen und Erweiterungen ihres Systems" (aaO., S. 79).

Diese Auffassung geht wohl etwas zu weit. Denn nicht nur „die Elastizität und Anpassungsfähigkeit des geschriebenen Normensystems an die Lebenswirklichkeit geht nicht soweit, daß der mit den einzelnen Bestimmungen eindeutig zu verbindende geisteswissenschaftliche Sinn möglicherweise in sein Gegenteil verkehrt wird" (L e i b h o l z, Wesen der Repräsentation, S. 106), sondern vor allem hat die Intention der Verfassung nach der Elastizität und Anpassungsfähigkeit begrifflich ihre Schranke, sie hat ihre Schranke an dem in ihr festgelegten Verfassungssystem. Gewiß bedeutet die Verfassung „die Rechtsordnung des staatlichen Lebens", gewiß erheben die Verfassungen keinen „Anspruch starr-heteronomer Geltung" und „entsprechen oft einzelne Abweichungen von den Verfassungsbuchstaben eher dem Sinn der Verfassung als ein paragraphentreues Verfassungsleben", aber die Verfassung bedeutet doch, soll sie irgend welche sachliche Bedeutung haben, die Rechtsordnung des Staates mit einer irgendwie gearteten bestimmten Wertintention, das System der staatlichen Daseinsweise von einem irgendwie gearteten bestimmten Werttypus. Denn die schematischen Verfassungsartikel, die einzelne Lebensmomente des Staates nur mehr andeuten als erfassen und normieren, bedeuten nicht n u r „Anregung", sondern eben auch „Schranke" des Verfassungslebens (aaO., S. 81). Denn wozu enthalten sonst die Verfassungen „zum guten Teil auch Rechtssätze, die gerade ausdrücklich als starr und unelastisch gegenüber jenen fließenden soziologischen Mächten gemeint sind" (aaO., S. 77)?

Näher besehen, ist in dieser Lehre vornehmlich an die Verfassungswandlung im formellen Sinne gedacht worden: an die Wandlungen als „Ergänzungen und Erweiterungen" des in der Verfassung verkörperten Sinnsystems. Und gegenüber diesen Wandlungen hat die Lehre ihren vollen Wahrheitsgehalt und bedeutet die glückliche Lösung des bisher viel diskutierten aber niemals verstandenen Problems der Verfassungswandlung. Soweit aber die Verfassungswandlungen im materiellen Sinne in Frage stehen, da erscheint die Lehre etwas zu elastisch gefaßt. Hat man bei der Stellvertretung des Reichskanzlers noch mit gewissem Recht sagen können, daß es sich hier um „eine immer von neuem, auch ohne Anhalt im formellen Rechtszustand sich durchsetzende Wahrung gewisser ursprünglicher Prinzipien des Reichsverfassungsrechts" handle (S m e n d, Stellvertretung des Reichskanzlers, S. 321), so kann man doch wahrlich schwer annehmen, daß die geschwächte Rechtsstellung des französischen Präsidenten eine in dem in art. 5 des betreffenden Verfassungsgesetzes aufgegebenen Sinnzusammenhang vollzogene Wandlung sei, oder daß die Vertrauensfrage im deutschen Reichstag und die tatsächliche Verbindung von Staat und Kirche „normenergänzend gewordene Wandlungen und Erweiterungen" der Art. 54 und 137 darstellen und daß ohne ihre Einbeziehung die „eigene objektive Intention" der Weimarer Verfassung nicht recht verstanden werden könne.

Vielmehr müßte nach dem Vorhergehenden gesagt werden: es gibt Verfassungswandlungen, die von der Verfassung erlaubt und gefordert werden, das sind eben die Ergänzungen und Erweiterungen des in ihr ideell aufgegebenen Sinnsystems; und es gibt Verfassungswandlungen, die von der Verfassung zwar nicht gewollt und gewünscht sind, die aber von der Verfassung weder verhindert noch unterdrückt werden können: das sind Wandlungen des in ihr aufgestellten Sinnsystems oder mancher in dem System normierten Institutionen oder manifestierten Intentionen. All diese Wandlungen gehen aber ihre eigenen Wege, sie sind Konstellationen der praktischen Politik und des realen Staatslebens; sie sind namentlich nicht davon abhängig, ob die Rechtsnormen oder -institute, die die Wandlung erfahren, als starre oder elastische, d. h. als wandlungswiderstrebende oder wandlungsdisponierte gedacht sind. Die Erklärung der beiden Arten der Verfassungswandlung ist ein und dieselbe: sie sind begründet in dem Werteinmaligen des Verfassungsrechts; in der Unvollständigkeit der Verfassungsnormen gegenüber den staatlichen Lebensnotwendigkeiten und ihrer elastischen Normierung, in der Selbstzwecknatur des Staates, in der Selbstgarantie der Verfassung und der Unüberprüfbarkeit der obersten Staatsorgane.

V. Einige Grenzprobleme der Verfassungswandlung.

1. *Grenzen der Verfassungswandlung, insbesondere im Verfassungssystem.* Diese Betrachtung der Verfassungswandlung im materiellen Sinne führt uns zu einer weiteren Frage. Wir haben bisher gesehen, daß Verfassungswandlungen im formellen Sinne, wenn sie nicht zugleich Verfassungswandlungen im materiellen

Sinne bedeuten — nach der Aufzeigung der Doppelnatur der Verfassung —, verfassungstheoretisch unproblematisch sind: sie sind eben die von der Verfassung erlaubten und geforderten Ergänzungen und Erweiterungen des in ihr angedeuteten Sinnsystems. Bei der Verfassungswandlung im materiellen Sinne aber, wo der Gegensatz zwischen dem tatsächlichen Verfassungsrechtszustand und der in der Verfassung manifestierten Intention einmal festgestellt ist, entsteht die Frage nach der Grenze der Verfassungswandlung.

Der nächstliegende Gedanke bei dieser Fragestellung ist der an das in der Verfassung angedeutete System selbst. Aber mit dem Begriff der Verfassungswandlung im materiellen Sinne ist zugleich eine Verneinung der Grenze der Verfassungswandlung an dem System der Verfassung notwendig gegeben. Es mag richtig sein, daß in den Vereinigten Staaten bei all der nicht vollkommen der Verfassung entsprechenden Staatspraxis die „general principles" der Verfassung dennoch unverändert geblieben sind, etwa „limited Government, delegated powers, supremacy of federal law, protection of private rights etc." (vgl. Martin-George, American Government, p. 186), aber unsere bisherige Betrachtung zeigt doch, daß das Problem der Verfassungswandlung eben gerade darin seine Bedeutung hat, daß das System der Verfassung einer materiellen Wandlung nicht entraten kann. Es gilt eigentlich in besonderem Maße für die Verfassungswandlung im materiellen Sinne, was Bilfinger von der Verfassungswandlung schlechthin gesagt hat, daß sie sich „notwendig nicht an die Schranken des Verfassungssystems" halte (Reichssparkommissar, S. 18).

2. *Verfassungswandlung und Staatsform.* Sieht man in dem „Sytem der Verfassung" einen zu verschwommenen und nicht unzweideutigen Begriff und will durch ein sachliches Herausgreifen gewisser Materien aus dieser Inhaltsfülle unsere Fragestellung präzisieren, so wird der als erster ins Auge fallende Sachgehalt die Staatsform sein. Aber in Wirklichkeit ist der Begriff der Staatsform selbst in hohem Maße problematischer Natur und eine Lösung des Staatsformproblems liegt jetzt „ganz besonders im argen".[1] Beruht die Dreiteilung in der antiken Staatslehre auf einer verhältnismäßig einfachen Denkweise, die die Gegebenheit des Staates naiv voraussetzt und seine Beherrschung

---

[1] Smend, Verf. u. Verfassungsrecht, S. 110.

durch einen, wenige oder viele als das einzige und zulängliche Unterscheidungsmerkmal hinnimmt, so wird die Unzulänglichkeit dieser Einteilung seit R o u s s e a u, der mit Recht in dieser Unterscheidung nur eine Unterscheidung der R e g i e r u n g s form sah (Contrat social, III chp. 3) immer mehr und jetzt ganz allgemein erkannt (vgl. H e g e l, Rechtsphilosophie, § 273). Während aber bei R o u s s e a u die Demokratie die einzige existente Staatsform war, knüpft sich die theoretische Behandlung des Problems von der Staatsform in den jüngsten Jahren im wesentlichen an den Gegensatz zwischen Demokratie und Parlamentarismus. Augenblicklich scheint in der politischen Entwicklung der verschiedenen Staaten Europas der Angelpunkt der Staatsformenlehre in dem Gegensatz zwischen Demokratie, Parlamentarismus und Diktatur zu liegen.

Das interessante Problem der Staatsform kann hier nur angedeutet werden. Vgl. zu der antiken Staatsformlehre M e h r i n g, Der Formalismus in der Lehre vom Staat, Stuttgart u. Tübingen 1883, S. 4, 74 ff.; siehe zu dem Problem überhaupt vor allem S m e n d, Verf. u. Verfassungsrecht, S. 110 ff. und: Die politische Gewalt im Verfassungsstaat und das Problem der Staatsform (Festschrift für W. K a h l), Tübingen 1923, S. 21 ff. — Über Änderung und Wandlung der Staatsform B l u n t s c h l i, Politik, Stuttgart 1876, S. 304 ff. — Die Bedeutung des Problems der Staatsform verneinen neuerdings Th. L i t t, Idee u. Wirklichkeit des Staates, Leipzig 1931, S. 26 f.; F. A. H e r m e n s, Demokratie und Kapitalismus, München u. Leipzig 1931. — Für die wirkliche Staatsform (Staats- und Sozialordnung, Rechts- und Gesellschaftsleben) sehe ich namentlich in den sogenannten Grundrechten gewisse Richtlinien und Schranken. Die Disqualifikation der Weimarer Grundrechte bei Carl S c h m i t t (Verfassungslehre, S. 32 ff., 118 f.) halte ich nicht für ganz begründet. Ist jede geschriebene Verfassung das Ergebnis einer vorhergehenden kulturell-politischen Entwicklung und hat damit sowohl die Intention, in der Gegenwart zu gelten, als auch die Tendenz, in die Zukunft zu wirken — als Beleg für diese handgreifliche Wahrheit sei genannt B o r g e a u d, Etablissement et révision, p. 48 et s., v. G e r b e r, Grundzüge des deutschen Staatsrechts, 3. Aufl., Leipzig 1880, S. 33 —, so haben auch „dilatorische Formelkompromisse" ihre Bedeutung und ihren Wert. Ist doch jeder Aufnahme eines Rechtssatzes in die Verfassung die Idee der Unverbrüchlichkeit, die Idee der höheren Geltung immanent (vgl. K. L ö w e n s t e i n, Erscheinungsformen, S. 305 Note 2 u. f.). An die Bedeutung der Formelkompromisse für das Zustandekommen einer Verfassung, d. h. für die Konstitution einer politischen Einheit, mag nur erinnert werden. Selbst wenn aus diesen Formelkompromissen tatsächlich ein „Wille des Gesetzes" nicht bestimmt werden kann und eine sachliche Entscheidung also nicht getroffen wird (S c h m i t t, aaO., S. 34), so wird doch ihre eine Bedeutung nicht zu bestreiten sein, daß nämlich „die verschiedenen Parteien und Prinzipien sich auf den Verfassungstext berufen können" (aaO., S. 34) und dieser Schutz der Minderheiten, sobald und soweit sie ihn aus der Verfassung herauszuinterpretieren imstande sind, liegt doch sicherlich auch innerhalb der Absicht der Verfassung. Und bei den „leerlaufenden" Grundrechten halte ich ihre Bedeutung schon in ihrer bloßen Erwähnung in der Verfassung für gegeben: hat doch jede geschriebene Rechtsnorm grundsätzlich eine gewisse Geltungskraft (Motivationskraft).

Die Frage also, ob die Verfassungswandlung an der Staatsform ihre Grenze habe, kann deshalb nicht eindeutig beantwortet werden, weil es nicht feststeht, was unter Staatsform verstanden werden soll. Stellt man besonders auf die tatsächliche Regierungsform ab — die heute immer mehr in den theoretischen Vordergrund gerückt wird —, so wird hier wohl keine Grenze für Verfassungswandlungen sein. Denn in Frankreich ist der Parlamentarismus stärker Wirklichkeit geworden als die Verfassung von 1875 vorgesehen hatte, in Deutschland dagegen ein Parlamentarismus, wie er in der Weimarer Nationalversammlung konzipiert war, nicht zur Verwirklichung gekommen. Auch die Entwicklung des deutschen Kaiserreichs — man denke an die Kaiserliche Initiative und die tatsächlich herausgebildeten Reichsministerien — müßte wohl als eine Wandlung der Staatsform angesehen werden. Aber kann man deshalb sagen, daß die Staatsform für die Verfassungswandlung überhaupt nichts mehr bedeutet? Es beruht heute der Schwerpunkt der Staatsindividualität in der Tat mehr auf der tatsächlichen Regierungsweise als auf der immer mehr rein äußerlich werdenden Erscheinungsform — es gibt parlamentarische Monarchie und diktatorische Republik —, und die äußere Erscheinungsform hat immer mehr eine nur sekundäre Bedeutung; kann man aber deshalb sagen, daß ein Übergang von einer Monarchie zu einer Republik oder von einer Republik zu einer Monarchie bei allem formellen Bestehen der geschriebenen Verfassung auf dem Wege der Verfassungswandlung vor sich gehen könne? Dann gäbe es, da selbst eine s t a a t l i c h e Umwälzung auf dem Wege der dynamischen Wandlung vor sich gehen kann, keine Revolution mehr?

3. *Die Revolution als Grenzfall der Verfassungswandlung.* In der Tat bedeutet die Revolution — mag man sie selbst als eine Verfassungswandlung ansehen — einen Grenzfall der Verfassungswandlung. Das „Gewaltsame" an dieser Art Staatsumwälzung läßt die Grenze des Dynamischen und Elastischen, der Wandlungsfähigkeit der Verfassung erkennen. Es ist hier nicht unsere Aufgabe, die Revolution als R e c h t s problem näher zu untersuchen —, etwa die Frage nach dem „Recht auf die Revolution",

d. i. eine naturrechtliche Fragestellung; oder nach der Revolution als Rechtsaufhebungs- und Rechtsbegründungsgrund, das sind mehr rechtsphilosophische Fragen —, auch nicht die s o z i o l o - g i s c h e n Triebkräfte und ihre Auswirkung zur Revolution näher zu analysieren; sondern für uns wesentlich ist hier nur die Revolution als Phänomen, als Grenze der dynamischen Wandlung, nicht aber ihr Rechtsgrund oder -charakter oder ihre tieferliegenden soziologischen Triebkräfte.

Bedeuten die politischen Revolutionen im allgemeinen völlige Umwälzungen der bestehenden Staatsordnung, so heben sie doch in den meisten Fällen niemals die Rechtsordnung gänzlich auf. Sie zerstören selten den ganzen Rechtszustand des Staates, sie durchbrechen die Rechtskontinuität nur an einzelnen Punkten; in den häufigsten Fällen handelt es sich nur um eine zeitweilige Beschränkung oder Suspendierung einzelner Teile und Komponenten des staatlichen Herrschaftsverhältnisses. Andererseits ist wieder eine mehr oder weniger gewaltsame Umwälzung in den wesentlichen Teilen eines bestehenden Rechts- und Kultursystems, oft ohne als „Revolution" zu gelten, denkbar und vorgekommen. Die Aufhebung der Leibeigenschaft, die Gewährleistung der völligen Religionsfreiheit, die Aufhebung von Eigentum und Ehe sind für die Kontinuität eines Rechts- und Kultursystems von bei weitem größerer Bedeutung als die Ablösung eines lebenslänglichen Präsidenten durch einen Kaiser, oder eines Königs durch einen anderen.

Aber Verfassungswandlungen, wie wir bisher sahen, sind selten von solcher überragenden Tragweite; sie betreffen selten die Grundelemente des Rechts- und Kultursystems, selten auch die Staats- und die Regierungsform.

Das Problem der Revolution ist heute noch sehr ungeklärt. Durch die große Anzahl der gemachten Lösungsversuche, namentlich seit dem Kriege, sind wohl manche neue Gesichtspunkte gewonnen worden, aber noch keine befriedigende Beantwortung der gestellten Frage. Eine richtige Behandlung des Problems wird wohl vom Begriff des Rechts und des Staates auszugehen haben, die dann aus der Relation beider den Begriff der Revolution näher bestimmt. War die Revolution in der lehnsrechtlichen Welt als Rechtsvorgang empfunden und normiert und lag somit in einer völlig unproblematischen Sphäre — man denke an die positive Regelung des Widerstandsrechts in den zahlreichen Königsgesetzen —, so war der Grund dafür der, daß damals eine gewisse Einheit von Staat und Recht vorhanden war, in der jedes politische Faktum rechtlich konstruiert werden konnte und konstruiert wurde. Nach der Differenzierung, der Verengung des rechtlichen Denkens ist natürlich eine solche Betrachtung nicht mehr möglich und die Revolution ein Problem geworden. Bei dieser Lage wird eine Behandlung des Revolutionsproblems als einfacher Gegebenheit ohne Einbeziehung von Staat und Recht schwerlich der Aufgabe beikommen können. Übrigens besteht eine merkwürdige Analogie zwischen der Revolution und der Diktatur: jene war früher eine geregelte Frage, heute ist sie ein Problem, diese früher eine ungeklärte Materie, heute beinahe ein Rechtsbegriff. Man könnte gewissermaßen sagen, daß früher eine Revolution von unten legalisiert war (Forderungen einer im Laufe der Zeiten veränderten Gesellschaft oder einzelner Gesellschaftsklassen an den Staat), während man heute eine Revolution von oben (Forderungen des Staates an die Gesellschaft oder Gesellschaftsklassen) zu legalisieren im Begriff ist. Vgl. im übrigen über das Problem Stier-Somlo, Reichs- und Landesstaatsrecht, I, S. 49; Binder, Philosophie des Rechts, S. 623 ff., und die hier angegebene Literatur; Ulrich, Gedanken zur Soziologie der Revolution, Breslau 1927; H. Herrfahrdt, Revolution und Rechtswissenschaft, Greifswald 1930.

4. *Verfassungswandlung als ein Problem des Bundesstaatsrechts.* Vielleicht ist aber die Verfassungswandlung überhaupt ein spezifisch bundesstaatliches Problem. Denn die Kompetenzverteilung und -verschiebung zwischen dem Bundes- und den Einzelstaaten haben die häufigsten Gelegenheiten zu Verfassungswandlungen gegeben: das deutsche Kaiserreich, die Vereinigten Staaten und die Schweizerische Eidgenossenschaft liefern uns hierfür die zahlreichsten Belege, und die praktischen Fälle, die Laband und Jellinek zu der theoretischen Frage der Verfassungswandlung geführt haben, sind zum großen Teil Fragen des Reichsstaatsrechts. Ob aber nun diese Wandlungen in der Regel nach einer Unitarisierung tendieren — "a political force has a natural tendency to expansion, a tendency which works even apart from the knowledge and intentions of those through whom it works" (Bryce, American Commonwealth, Vol. I, pp. 403 sqq.)[1] —, mag zunächst dahingestellt bleiben. Da aber die Verfassungswandlung einmal als das natürliche Ergebnis des eigentümlichen Verhältnisses von Staat und Verfassung erkannt ist, kann nicht davon die Rede sein, daß das Problem der Verfassungswandlung, mag es auch hier seine besondere Bedeutung haben, ausschließlich auf bundesstaatliche Verfassungen beschränkt sei.

Die neue von K. Löwenstein (Erscheinungsformen) gemachte Unterscheidung von Verfassungsüberschreitung und Verfassungsdurch-

---

[1] Vgl. auch Meinecke, Weltbürgertum und Nationalstaat, 3. Aufl., Berlin 1915, S. 510 ff., 516, 517.

brechung betont in eindrücklicher Weise die Bedeutung der Frage der Kompetenz im Verfassungsrecht (s. S. 191 f., 219 ff., bes. 231 ff.) und bestätigt damit unsere These, daß die Verfassungswandlung im wesentlichen ein Problem des Bundesstaatsrechts sei. — Vgl. über das Problem der Verfassungswandlung in der Schweiz H. v. Frisch, Widersprüche in der Literatur und Praxis des Schweizerischen Staatsrechts, Zürich 1912; Fleiner, Fortbildung der schweizerischen Bundesverfassung (JöR, I), 1907, S. 408 ff.; Burckhardt, Kommentar der Schweizerischen Bundesverfassung, 2. Aufl., Bern 1914, Einltg., S. 7 ff.; Ruck, Verfassungsrecht und Verfassungsleben in der Schweiz, Berlin 1925.

5. *Die politischen Verfassungstheorien.* Unsere bisherige Betrachtung der Verfassungswandlung ist davon ausgegangen, daß das Problem, ein spezifisches Problem der Verfassungsrechtstheorie, nicht nach den „überlieferten streng rechtlichen Rechtsvorstellungen" (Bilfinger, Verfassungsfrage und Staatsgerichtshof, ZfPol. XX, 1930, S. 94) und mit den traditionellen formaljuristischen Begriffen untersucht und gelöst werden kann, und hat dabei insbesondere versucht, auf die Eigentümlichkeit des Verfassungsrechts hinzuweisen und diese besonders zu unterstreichen, damit stellt sie sich aber zugleich auch in Gegensatz zu den rein politischen oder im wesentlichen politischen Verfassungstheorien:

Nach Lassalle sind die in der Gesellschaft bestehenden tatsächlichen Machtverhältnisse eines Staates seine eigentliche Verfassung, — etwa: das gehorchende Heer und die Kanonen, der bei König und Hof einflußreiche Adel, die Herren Borsig und Egels seien die wirkliche preußische Verfassung —, im Gegensatz zu dem, was auf das Blatt Papier geschrieben wird, das aber der realen Lage der Dinge völlig gleichgültig ist (Über Verfassungswesen, Berlin 1862). Das bedeutet aber in Wahrheit eine Überschätzung der bestehenden Sozialverhältnisse und eine Unterschätzung der tatsächlichen Bedeutung der geschriebenen Verfassung. Es kann gewiß nicht behauptet werden — und das wäre auch eine Verkennung des Wesens der Verfassung —, daß die geschriebene Verfassung das ganze politische Dasein des Staates prompt und strikt festlegen und sicher und optimal beherrschen könne. Ihre gewollte Elastizität und notwendige Nachgiebigkeit sind bedingt durch die Natur ihres Gegenstandes, durch den Staat. Diese können vielleicht formaljuristisch als ein Versagen der Verfassung empfunden und aufgefaßt werden, aber sollte man deshalb die geschriebene Verfassung lediglich als ein „Blatt Papier" ansehen und ihr jede Bedeutung aberkennen können? Bestreitet man jede Motivationskraft der Rechtsnormen, weil man sie nicht schwarz auf weiß nachweisen kann, — eine Denkweise, mit der der Wert des geschriebenen Rechts überhaupt in Abrede gestellt wird — und beachtet nur handgreifliche Erscheinungen, so würde man doch ebenso gut sagen können und müssen, daß das wirkliche Zivil- und Strafrecht eines Landes in nichts anderem bestehe als in den Gerichtsvollziehern und Gefängniswärtern!

Ganz abgesehen davon, daß die Verfassung als positives Recht nicht nur Norm, sondern auch Wirklichkeit bedeutet, vgl. hierüber Smend, Verf. u. Verfassungsrecht, S. 80 ff.

E. Kaufmann sieht in den „wirklichen maßgebenden soziologischen Kräften", namentlich in den Praktiken und Traditionen einer machtbewußten, parlamentarischen Körperschaft und in den großen gesellschaftlichen Organisationen der politischen Parteien, den „eigentlichen Schöpfer und Wandler des lebendigen Verfassungsrechts" (Regierungsbildung in Preußen und im Reiche, in der „Westmark" 1921, S. 207). Diese spezifisch real-politische Betrachtungsweise — die in gewissem Sinne an Bagehot erinnert, von dem Dicey sagte, "who deals or means to deal mainly with political understandings or conventions and not with rules of law" (Introduction, p. 20) — wird aber dem rechtlichen Charakter der Verfassung nicht ganz gerecht. Ganz abgesehen davon, daß die Verfassung eine Reihe von als überstaatlich-allgemein gedachten Rechtsgrundsätzen und Minderheitsrechten aufstellt, die dann eigentlich nicht von Parlaments- und Parteienpraxis und ihrer Wandlung betroffen werden, sieht er in dem „lebendigen" Verfassungsrecht nur die von der Verfassung nicht zu verhindernden Wandlungen, nicht aber die von ihr gewollten und geforderten „Erweiterungen und Ergänzungen". Er sieht, daß das geschriebene Recht der realen Politik gegenüber sich als machtlos erweisen kann, übersieht aber, daß eine zeitweilige schlechte Verfassungspraxis noch keineswegs die völlige Wertlosigkeit der Verfassung beweist.

Beide Theorien, die hier nur kurz angedeutet werden können, sind deshalb abzulehnen, weil sie in ihrer Konsequenz der geschriebenen Verfassung jede wirkliche Bedeutung abstreiten müssen, und daß das nicht angängig ist, beweist die Geschichte, das Bestehen und die Entwicklung der geschriebenen Verfassung.